Dieter Völkner

Überlebt

Mein Weg durch Stalins Kerker
und Schweigelager

Der Autor

Dieter Völkner wurde 1926 in Schwerin geboren und wuchs im brandenburgischen Kyritz auf. Ab 1939 besuchte er dort die Jahn-Oberschule. Als Fähnleinführer im Jungvolk wurde er 1942 vom Einsatz als Luftwaffenhelfer und aus gesundheitlichen Gründen 1944 vom aktiven Wehrdienst zurückgestellt. Stattdessen mußte er als Heereszivilangehöriger, dienstverpflichtet, eine Tätigkeit in der Kreisverwaltung aufnehmen.

Den Einmarsch der Roten Armee erlebte Dieter Völkner in Kyritz. Im Juli 1945 begann er eine Ausbildung zum Drogisten. Am 15. 10. 1946 wurde er vom sowjetischen Geheimdienst NKWD festgenommen und bis zum 27. 7. 1948 in den Gefängnissen von Kyritz und Brandenburg und in den Sonderlagern Ketschendorf und Fünfeichen inhaftiert. Nach der Entlassung setzte er die Ausbildung in Kyritz fort.

Wegen einer erneuten Vorladung durch den NKWD im Dezember 1948 Flucht nach Westberlin und von dort Ausreise nach Hamburg. Beendigung der Ausbildung. Von 1952–1957 zunächst im Außendienst, dann bis 1986, dem Beginn des Ruhestandes, im Management verschiedener Unternehmen in der Bundesrepublik Deutschland tätig.

Nach der Wende in der DDR ermöglichten ihm politische Ehrenämter bei humanitären und politischen Aufgaben in Mecklenburg-Vorpommern und im Land Brandenburg mitzuwirken. Ein besonderes Engagement galt seiner Heimatstadt Kyritz und dem dort wiedererstandenen Gymnasium. Er wurde Leiter eines Freundeskreises und Vorstandsmitglied eines Fördervereins dieser Schule.

Dieter Völkner

Überlebt

Mein Weg durch Stalins Kerker und Schweigelager

Kremer-Verlag

Für den Umschlag
wurde eine Zeichnung verwendet,
die ein Mithäftling von Dieter Völkner
am 19. 6. 1948
kurz vor der Entlassung
aus dem Lager Fünfeichen anfertigte

Paul-Klee-Straße 44, Telefon und Fax 02 14 / 9 37 42

Satz: Zentralsatz Noe, Köln
Druck: Heggendruck, Leverkusen
Umschlagentwurf: Athesia Grafik, Bozen

Printed in Germany 1997

ISBN 3-9803049-7-3

Inhalt

Vorwort

Mai 1945 – die bedingungslose Kapitulation Deutschlands beendet den Krieg in Europa und auch die Diktatur des Nationalsozialismus. In der sowjetischen Besatzungszone folgt nahtlos die kommunistische Diktatur. Damit verbunden dehnt das sowjetische System des GULAG den politischen Terror bis an die Elbe aus.

Von 1945 bis 1950 werden annähernd 200 000 Menschen verhaftet und interniert. Jugendliche, Männer und Frauen bis ins hohe Alter und aus allen Berufen und Schichten der Bevölkerung verschwinden in elf Schweigelagern, total isoliert von der Außenwelt. Die Sowjets nennen sie Sonderlager. Weder die Angehörigen noch irgendwelche Behörden erfahren etwas über ihren Verbleib.

Die Grundlage dieses Geschehens sind die Vereinbarungen der alliierten Siegermächte über die Ausrottung des Nationalsozialismus und des deutschen Militarismus. Das Potsdamer Abkommen vom 2. August 1945 enthält in diesem Zusammenhang folgenden Abschnitt: „Nazi-Führer, einflußreiche Nazi-Anhänger und hohe Amtsträger der NS-Organisationen und -Einrichtungen sowie alle anderen für die Besatzung und ihre Ziele gefährlichen Personen werden festgenommen und interniert“.

Jeglicher Willkür waren damit Tür und Tor geöffnet. Jedermann konnte von der Besatzungsmacht verhaftet werden. Ab Ende 1945 folgten Tausende von mißliebig gewordenen Mitgliedern der in der Sowjetzone inzwischen zugelassenen Parteien, selbst von Mitgliedern der KPD, als „Neupolitische Häftlinge“ den sogenannten „Nazi-Verbrechern“ in die Sonderlager des NKWD.

Ich war der Häftling Nr. 58982! Zwanzig Jahre alt, wurde ich im Oktober 1946 vom NKWD verhaftet und mußte den Weg durch Kerker und zwei Sonderlager antreten. Wir alle dort waren Tag für Tag unbeschreiblichen Qualen und Leiden durch seelische und körperliche Folter ausgesetzt, hilflos, wehrlos und rechtlos.

Jeglicher menschlichen Würde und Persönlichkeit beraubt, mußten wir dahinvegetieren und suchten uns mit letzter Kraft, aber ohne Hoffnung, am immer dünner werdenden Faden des Lebens zu halten. Hunger, Seuchen, Krankheiten und Ungeziefer quälten uns unablässig. Sie endeten für Zigtausende von Häftlingen mit einem langsamen Sterben und einem grauenvollen Tod. Namenlos wurden sie in Massengräbern verscharrt.

Die Chance zu überleben bestand für die meisten von uns nur darin, den unbändigen und nie erlahmenden Willen zum Überleben aufzubringen. Wer Selbstdisziplin übte und im kameradschaftlichen Verhalten der Häftlinge untereinander eine Zuflucht fand, konnte damit die Chance des Überlebens weiter erhöhen.

Ich bin den Massengräbern der Sonderlager Ketschendorf und Fünfeichen nur knapp entronnen. Viele Tausende meiner Weggefährten haben noch weitaus Schlimmeres an Demütigungen, Drangsalierungen, Mißhandlungen bis hin zu Folterungen und noch größere seelische und körperliche Belastungen ertragen müssen als ich.

Im Gedenken und in stiller Ehrfurcht für die Opfer, die Toten und ihre Angehörigen, muß dieses Geschehen vor dem Vergessen und der Unterdrückung der Wahrheit über die Verbrechen und die Opfer des stalinistischen Terrors in Deutschland bewahrt bleiben.

Die Verhaftung

„Davaj, Davaj!" ruft mir der Rotarmist zu, der als Posten vor dem Eingang zur Bergmann'schen Villa in der Schulze-Kersten-Straße aufgezogen ist, als ich mich nähere und vor ihm stehen bleiben will. Seine gleichzeitige Handbewegung soll mir klarmachen: „Los, mach daß Du wegkommst!" Ich hätte sie augenblicklich befolgt, wenn ich geahnt hätte, was mir erspart geblieben wäre.

In diesem Haus in Kyritz im Lande Brandenburg befindet sich die Kommandantur der sowjetischen Geheimpolizei NKWD. Einige Monate nach dem Einmarsch der Roten Armee am 2. Mai 1945 war sie von der Poststraße hierher gezogen. Seitdem residiert in diesem Haus ein Major, sind einige Offiziere, Soldaten, ein Dolmetscher und eine Dolmetscherin hier tätig. Zahlreichen Einwohnern und mir sind die meisten von ihnen von Ansehen bekannt. Mit ihrer Anwesenheit und ihrem Erscheinen in den Straßen unserer kleinen Stadt ist man nach mehr als einem Jahr Besatzungszeit relativ vertraut. Kaum jemand begegnet ihnen mit Argwohn, und niemand weiß und kümmert sich um ihr Tun. Sie fallen nur durch ihre grünen Schirmmützen auf, die sie als einzige von den Angehörigen der Roten Armee tragen.

Wir schreiben den 15. Oktober 1946. Das Chaos der ersten Monate nach der deutschen Kapitulation, die den II. Weltkrieg beendet hat, liegt lange hinter uns. Die Lebensverhältnisse haben sich jedoch keineswegs normalisiert. Wir leben unter sowjetischer Besatzung hinsichtlich der Versorgungslage und speziell der Ernährung recht erbärmlich. Ein Ende des umfassenden Mangels ist nicht abzusehen. Jeder schlägt sich mehr schlecht als recht durch.

Längst hat die sowjetische Geheimpolizei ihre Hauptaufgabe und ihre aktivste Phase hinter sich. In den ersten Wochen und Monaten nach dem Zusammenbruch Hitlerdeutschlands waren zahlreiche Funktionsträger der NS-

Partei und ihrer umfangreichen Gliederungen aus allen Stufen der Hierarchie, hohe und mittlere Beamte aus den Verwaltungsbehörden, Polizisten, bereits aus der Kriegsgefangenschaft heimgekehrte Wehrmachtsoffiziere und Soldaten, Gutsbesitzer, Fabrikbesitzer und andere, nicht einzuordnende Personen verhaftet worden. Im allgemeinen Sprachgebrauch hieß es: Die haben die Russen abgeholt. Mit dem Hinweis „Zu einer kurzen Vernehmung" geschah das zumeist nachts – aus der Wohnung. In Kyritz verschwanden spurlos der Ortsgruppenleiter der NSDAP, Carl Holtz, der Landrat des Kreises Ostprignitz, Dr. Prange, der Chefarzt des Kreiskrankenhauses, Dr. Neu, der Kreisgendarmeriechef, Görigk und einige Inspektoren von Kreis- und Stadtverwaltung.

Die Angst ging um. Den meisten Menschen war dieses Geschehen nicht geheuer. Verängstigt und eingeschüchtert sprachen sie nur „hinter vorgehaltener Hand" darüber. Vermutungen und Gerüchte über das Schicksal und den Verbleib der Abgeholten kursierten in der Stadt. Im Laufe der Zeit geriet das Geschehen jener Wochen und Monate in Vergessenheit. Nur die betroffenen Familien litten weiterhin unter der Ungewißheit. Jeder hatte genug mit sich und mit seinen Problemen zu tun. Das Leben ging weiter, und wer wollte schon Gefahr laufen, bei der neuen deutschen Obrigkeit oder gar bei der Besatzungsmacht mit unbequemen Fragen und Nachforschungen aufzufallen, um am Ende selbst abgeholt zu werden und spurlos zu verschwinden.

Alle diese Geschehnisse des Jahres 1945 kamen mir jedoch nicht in den Sinn, als ich aufgefordert worden war, zu einem Gespräch in die NKWD-Kommandantur in der Bergmann'schen Villa zu kommen. Schließlich hatte ich mich schon sehr früh zur Demokratie bekannt. Im Herbst 1945 war ich Mitglied im FDGB – Freier Deutscher Gewerkschaftsbund – nach Erhalt einer Lehrstelle geworden, im November desselben Jahres auch Mitglied in der FDJ – Freie Deutsche Jugend – und in der Sozialdemokratischen Partei Deutschlands mit ganz niedriger Mitgliedsnummer. Einige Tage zuvor hatte ich zwar bei einer FDJ-Versammlung abgelehnt, eine Funktion zu übernehmen. Eine plausible Begründung erschien mir der Hinweis auf meine Berufstätigkeit als Lehrling.

So bestehe ich also am Nachmittag jenes 15. Oktober 1946 hartnäckig darauf, Einlaß zu finden und laß mich von den wiederholten „Davaj, davaj"-Rufen des Postens nicht vertreiben. Deutsch-Russisch radebrechend und mit Gesten und Gebärden kann ich ihm endlich klarmachen, daß ich herkommen sollte. Er geht ins Haus und kommt wenige Minuten später wieder heraus. „idi sjuda" ruft er mir zu – „komm her" – und mit einer einladenden Handbewegung fordert er mich verhalten freundlich auf, ihm ins Haus zu folgen.

Im Flur empfängt mich Sascha, der Dolmetscher, den ich schon oft in den Straßen der Stadt gesehen hatte, mit ernster Miene und führt mich in das Dienstzimmer des dicken pockennarbigen Majors, der seine grüne Mütze aufgesetzt hat. Blitzartig durchzuckt mich der Gedanke: hier wird's dienstlich. Da ist kein lockeres Gespräch zu erwarten, wie ich ohne Argwohn angenommen hatte. „Guten Tag" sage ich artig nach guter Väter Sitte, und der Major grüßt kurz und knapp mit „zdravstrujte" „grüß Dich" und sagt dann „sadis" „setz Dich". Mit einer Handbewegung weist er mir einen Stuhl an einem größeren ovalen Tisch zu. Dabei entsteht nur ein kurzer Augenblick der Entspannung, ehe der Major und sein Dolmetscher Platz nehmen; der Major an der Stirnseite des Tisches rechts neben mir, der Dolmetscher mir gegenüber an der anderen Seite des Tisches. Es wirkt schon alles recht förmlich und zeremoniell. Mir wird dabei zum ersten Mal ein wenig mulmig. Noch ist mein Wahrnehmungsvermögen nicht beeinträchtigt – nicht zuletzt, weil das Umfeld recht zivilisiert und normal wirkt in dem geräumigen Zimmer, das seinen Bewohnern sicher als Eßzimmer gedient hat, bevor sie das Haus innerhalb von Minuten verlassen und frei machen mußten für die Besatzungstruppen. Mit und in der gesamten Einrichtung einer früher wohlhabenden Familie konnten die NKWD-Russen gut leben und arbeiten.

Der Major knöpft seinen Waffenrock, dessen obere Knöpfe noch offen waren, ganz zu, rückt seinen Stuhl zurecht, gibt sich einen Ruck – als wolle er sagen „jetzt wird's dienstlich“ – ehe er zu sprechen beginnt. Er spricht mit leicht schnarrender Stimme; kurz und abgehackt klingen seine Worte. Sein Gesichtsausdruck wird ernst. In mir macht sich ein Gefühl der Beklommenheit breit. Ich ahne nichts Gutes, als ich plötzlich aus seinem Wortschwall in russischer Sprache die deutschen Worte „Hitlerjugend“ und „Stamm- und Standortführer“ heraushöre. Ehe ich mir lange Gedanken darüber machen kann, übersetzt Sascha, der Dolmetscher, auch schon: „Uns liegt ein Bericht vor über Sie. Sie sollen ein großer Führer in der Hitlerjugend gewesen sein. Sie waren Stamm- und Standortführer. Stimmt das, geben Sie das zu und was haben Sie zu dieser Beschuldigung zu sagen?“

Zunächst erschreckt mich diese Frage nicht, obgleich mir allmählich klar wird, daß es sich hier um eine „Vorladung“ und nicht um ein Gespräch, sondern eher um ein Verhör oder eine Vernehmung handeln wird. Ich denke noch, wenn es sonst nichts ist und es nur darum geht. So antworte ich erst einmal ohne wenn und aber mit ja. Dann erkläre ich die damaligen Umstände. Ich war nur ein Jahr von 1943 bis 1944 Hitlerjugendführer, weil ich als Schüler eines Gymnasiums mit einem weiteren Klassenkameraden vom Einsatz als Luftwaffen- oder Marinehelfer zurückgestellt war für die Führungsaufgabe in der Hitlerjugend. Siegfried Abel und ich waren die ältesten Jungen in der Schule und in der Stadt und mußten statt älterer, bereits zum Wehrdienst einberufener Hitlerjugendführer als 17jährige diese Führungspositionen einnehmen. Schon im Mai 1944 habe ich diese Aufgabe wegen Einberufung zur Wehrmacht abgegeben und seitdem mit Politik bis Kriegsende nichts mehr zu tun gehabt. So meine Aussage.

Der Dolmetscher übersetzt es dem Major, der inzwischen eine auf dem Tisch liegende Zigarettenschachtel aufnimmt und mir und dem Dolmetscher eine „papirosy“ anbietet. Es ist nicht zu übersehen, wie seine Hände und Finger zittern, als er eine Zigarette für sich aus der Schachtel nimmt. Mir fällt auf, daß seine Bewegungen nervös und fahrig werden. Schweißperlen treten ihm auf die Stirn. Dienstbeflissen gibt ihm der Dolmetscher Feuer. Mir ist jedoch nicht nach Rauchen zumute, und ich habe keine „papirosy“ genommen. Warum schwitzt der Major so, was hat der mit mir vor und warum geht es so ernst zu? Ich komme auf den Gedanken, daß möglicherweise mehr dahinter steckt, als ich mir vorstellen kann. Oder ist es nur so heiß in diesem Raum und deshalb irgendwie ungemütlich – auch für den Major? Der beginnt wieder zu sprechen und der Dolmetscher übersetzt: „Sie geben das also zu und wissen auch, was Sie erwartet?“ Beide lassen mich nun ausführen, daß ich mich im Mai 1945, einem Aufruf der Besatzungsmacht folgend, bei der sowjetischen Ortskommandantur gemeldet und als ehemaliger Hitlerjugendführer habe registrieren lassen. Diese Angaben habe ich auch beim Eintritt in die neuen demokratischen Organisationen gemacht, ohne daß jemand Anstoß daran genommen hat, will ich den Major wissen lassen. Der Dolmetscher kommt nach meinem Eindruck gar nicht dazu, meine Ausführungen komplett zu übersetzen. Der Major stoppt ihn mit einer unwirschen Handbewegung und läßt mir sagen, daß alles das nichts hiermit zu tun hätte und es nur um die vorliegende Anschuldigung ginge.

Mir bleibt nicht lange Zeit zum Nachdenken, wohin ich geraten bin und ob man mir nach fast zweieinhalb Jahren zurückliegender ehrenamtlicher politischer Tätigkeit im „Dritten Reich“ daraus noch einen Strick drehen könnte.

Plötzlich erhebt sich der Major, und zögernd steht auch der Dolmetscher auf. Er verkündet, was die jetzt barsche Stimme des noch immer nervös wirkenden NKWD-Offiziers mir befiehlt: „Stehen Sie auf! Legen Sie alles, was sich in Ihren Taschen befindet, auf den Tisch! Sie sind verhaftet!“

Zögernd – weil ich nicht begreife, was mit mir in diesem Augenblick geschieht –, aber ruhig und gelassen stehe ich auf und folge der Aufforderung. Sie war ja unmißverständlich genug. Umständlich leere ich den Inhalt meiner Taschen und lege Stück für Stück auf den Tisch. Es kommt mir dabei erst zum Bewußtsein, wie ernst die Situation für mich ist. Aber diese Zeremonie ist noch nicht beendet. Einen kurzen Satz spricht der Major zum Dolmetscher, der dann zu mir sagt: „Heben Sie das Jackett hoch." Ehe ich begreife, was das nun soll, ergreift er die Schnalle meines Gürtels in der Hose und zieht ihn aus den Schlaufen. Als nächstes fordert er mich auf, die Schnürsenkel aus den Schuhen zu ziehen. Er legt den Gürtel auf den Tisch und ich die Schnürsenkel zum Inhalt meiner Taschen. Mit einer hastigen Handbewegung greift der Dolmetscher alles, was sich von mir auf dem Tisch befindet, rafft es zusammen und wirft es auf einen in der Nähe stehenden Schreibtisch. In einer anderen, nicht so prekären Situation hätte ich wohl gedacht: Aha, hier geht es auch nach Dienstvorschrift. Vielleicht denke ich: „Wie es nun weiter geht?" oder etwas ähnliches. Das Zeremoniell im Dienstzimmer des Majors sieht aber offenbar keine weiteren Aktionen vor, denn dieser wendet sich ab, geht gemessenen Schrittes an ein Fenster und sieht hinaus in den Garten.

Ohne ein weiteres Wort an mich zu richten, geht der Dolmetscher zur Tür und ruft einen Posten herein, der auf dem Flur vor dem Dienstzimmer des Majors steht. Diesem gibt er eine kurze Anweisung. Der Posten tritt darauf ins Zimmer und sagt „davaj". Eine Geste mit vorgehaltener Maschinenpistole fordert mich auf, den Raum zu verlassen und ihm zu folgen. Im Flur reißt er eine Tür vor einem Kellerabgang auf, und wieder heißt es: „davaj". Das Licht durch die offene Tür erhellt nur spärlich den Raum, von dem die Türen zu den einzelnen Kellerräumen abgehen. Der Posten ruft lautstark etwas in die finstere Gegend. Er reißt eine Kellertür auf und schubst mich mit Druck des Kolbens der MP hinein in den Kellerraum. Von einem mir wohlbekannten russischen Fluch begleitet knallt er die Kellertür zu. Da ist es nun „zappenduster" – wie man aus mancherlei Anlässen von böser Natur zu sagen pflegt.

Ich höre noch den Posten die Kellertreppe hinaufgehen und die Tür zum Kellerabgang ins Schloß fallen. Dann ist Stille um mich her, und ich stehe noch einige Minuten wie gelähmt in diesem etwa 20 qm umfassenden Kellerraum. Ich befinde mich in einem Zustand, wie ich ihn noch nie in meinem jetzt 20jährigen Leben erfahren habe. Es ist eine totale Leere, die mich erfaßt hat. Wie Keulenschläge müssen die Geschehnisse der vergangenen halben Stunde Geist und Körper getroffen haben und erst jetzt ihre Wirkung zeigen. So ist es vielleicht, wenn ein Boxer im Ring stehend den k.o. erleidet oder ein Mensch ohnmächtig wird, dabei aber stehen bleibt und nicht umfällt. Mit Ohnmacht beschreibe ich den Zustand wohl am besten. Nein, nichts trifft; es ist mit Worten nicht zu beschreiben.

Ich weiß nicht, wie lange ich so dastehe und wie lange es dauert, bis die Erstarrung in diesem Zustand sich allmählich löst. Als erstes kehrt das optische Wahrnehmungsvermögen zurück. Ich nehme wahr, daß der Keller im Halbdunkel liegt – ohne Tageslicht und ohne eine Lampe oder eine andere Lichtquelle. Außer einem großen Haufen Briketts in einer Ecke des Raumes kann ich nur noch einen Haufen Gerümpel von verschiedenen Gegenständen in einer anderen Ecke in diesem Halbdunkel ausmachen. Vergeblich suche ich nach einer Sitzgelegenheit. Weder eine Holzpritsche noch eine andere Möglichkeit, sich hinzulegen, kann ich entdecken. Also kann ich nur auf dem Zementboden liegen.

Ich fange an Briketts an einer Wand bis zu einer Höhe von etwa 60 Zentimeter zu stapeln, auf die ich mich setzen kann. Warum trotz eines über der Erde liegenden Kellerfensters der Raum auch am hellen Tage im Halbdunkel bleibt, ist mir sofort klar. Oft habe ich nach dem Einzug vom NKWD in die Bergmann'sche Villa die hölzernen grün gestrichenen Sichtblenden vor den Kellerfenstern im Vorbeigehen gesehen, ohne mir sonderlich Gedanken zu machen über den Zweck. Hier werde ich nun in die ersten Lektionen totalitärer Systeme und ihrer Unterdrückungsapparatur eingeführt, und das macht mich trotz des Halbdunkels wieder hellwach, bereit zum Denken und fähig, zu fühlen und zu empfinden. Das ist in dieser Situation teils positiv, teils negativ. Vieles bleibt zwar noch an der Oberfläche meines Bewußtseins, aber schon hier entstehen erste Wurzeln eines späteren unbändigen Hasses in mir.

Die Sichtblenden sollen dem Häftling verwehren, wenigstens optisch mit der Außenwelt in Verbindung zu bleiben, der Außenwelt keinen Blick in die Räume des Gebäudes erlauben und damit vor allem verhindern, daß beide Seiten die Möglichkeit haben, Kontakt miteinander zu halten. Es soll auch von Angehörigen nicht zu erkunden sein, ob der Häftling überhaupt noch da ist. Der NKWD hat vor den Kellerfenstern – in manchen Fällen auch vor Fenstern der Vernehmungszimmer, so auch bei diesem Gebäude – Gitterstäbe einmauern lassen, um eine Flucht, oder das Springen aus dem Fenster aus Verzweiflung, zu verhindern.

Mancherlei Gedanken gehen mir durch den Kopf. An Flucht ist in dieser Stunde überhaupt nicht zu denken, denn ich gehe noch davon aus, daß mir Schlimmeres eigentlich nicht widerfahren kann und ich vielleicht morgen oder in einigen Tagen wieder herauskommen werde. Mein Vater war Mitte 1945 auch schon mal am Stadtrand von sowjetischen Soldaten einen ganzen Tag lang in einem Kohlenkeller eingesperrt gewesen. Ihn hatten sie beschuldigt, im Krieg Offizier der Wehrmacht gewesen zu sein, weil er Schaftstiefel trug. Am Abend hatten sie ihn wieder freigelassen. Daran denke ich. Manche absonderlichen Verhaltensweisen der Besatzer sind wir inzwischen gewohnt.

Trübe Gedanken und Fragen drängen sich mir auf. Langsam bringe ich sie in eine gewisse Reihenfolge. Ich frage mich, indem ich zunächst an meine Eltern, meinen jüngeren Bruder und meine Freundin Erika denke, ob sie schon wissen, wo ich abgeblieben bin, daß ich im NKWD-Haus verschwunden bin und ob mich jemand gesehen hat, als ich hineinging? An meinem Arbeitsplatz in der Drogerie hatte ich mich abgemeldet und gesagt, daß ich zum NKWD gehen mußte. Ich kann mir als Anwort nur vorstellen, daß meine Eltern bei meinem Lehrherrn nachfragen werden, wenn ich – völlig ungewohnt für sie – spät abends noch nicht im Hause sein würde. Der Gang zum NKWD erschien mir so ungewöhnlich nicht, eher nebensächlich. Deshalb hatte ich mit meinen Eltern nicht darüber gesprochen. Ich hatte mir überhaupt nicht vorstellen können, daß darin ein Risiko bestand und schon gar nicht , daß mir eine Verhaftung drohen könnte.

Willkürlich bin ich aus meiner Sicht verhaftet worden, willkürlich lassen sie mich morgen vielleicht wieder laufen. Wie immer sich die Dinge entwickeln und ausgehen werden, ich weiß daß mir Unrecht zugefügt und diese Verhaftung meine Einstellung zu diesem System nachhaltig beeinflussen und prägen wird. Wenn ich auch hier und heute nicht geprügelt und gefoltert worden bin, so ist das Eingesperrtsein in diesem Keller deprimierend und entwürdigend genug für einen Menschen, der nichts verbrochen hat. Selbst daß der Dolmetscher mich mit „Sie" angeredet hat, nimmt nichts davon. Und welche Begründung und Rechtfertigung haben diese Leute dafür, mich ohne einen richterlichen Haftbefehl – denn deutsche Justizbehörden sind eineinhalb Jahre nach Kriegsende wieder tätig – einfach festzunehmen und mir Freiheitsentzug aufzuerlegen?

Die Gegenwart ist mehr als bedrückend. Warum ist sie so? Haben diese Menschen ein Recht, mich einzusperren? Ein um's andere Mal werden diese Fragen mich beschäftigen. Ich bin in einem christlichen, preußisch geprägten Elternhaus aufgewachsen und habe bisher nichts Ungesetzliches oder moralisch Verwerfliches getan. Ich habe mir in der Schulzeit als Jungvolk- und Hitlerjugendführer nichts zuschulden kommen lassen. Niemanden, den ich als Gegner Hitlers und des Nationalsozialismus kannte, habe ich denunziert – und davon kannte ich einige. Andersdenkende hatte ich zur Kenntnis genommen, ohne im Sinne des Systems aktiv zu werden. Meinen Vater – nicht Mitglied der NSDAP – der seit

1943 den Feindsender Radio London gehört hatte, auf dessen Empfang schwerste Strafen standen – hätte ich unter keinen Umständen angezeigt, wie das durch andere, fanatische Jugendliche vereinzelt geschehen ist. Mir wäre nicht im Entferntesten in den Sinn gekommen, den Direktor unserer Jahnschule, Dr. Wegener, anzuzeigen, weil er nie mit „Heil Hitler" grüßte und bei öffentlichen Veranstaltungen nur das „Deutschland-Lied" sang und nie das zur Nationalhymne gehörende „Horst-Wessel-Lied". Meine Erziehung verlief in dem Spannungsfeld zwischen antifaschistischem Elternhaus und zumindest politikfreier Schule einerseits und nationalsozialistischer Jugendbewegung andererseits. So habe ich schon in jungen Jahren viele Details im positiven wie im negativen Zeitgeschehen in Deutschland erfahren und aus der Wertung älterer Menschen einzuordnen gelernt. Kritik und Zweifel sind auch in jungen Jahren meine geistigen Wegbegleiter gewesen. Sie haben mich nicht zuletzt auch davor bewahrt, mein Leben für die seinerzeitigen Machthaber mit „Endeffekt Heldentod" einzusetzen.

Die Zeichen hatten schlecht gestanden, aus mir einen fanatischen und überzeugten Hitlerjungen zu machen. Als ich 1938, zwölf Jahre alt, entsprechend einer Auswahl unter den gleichaltrigen Pimpfen für den Besuch der „Adolf-Hitler-Schule", einer Eliteschule, vorgesehen worden war, empfing mein Vater zwar den Fähnleinführer zu einem Gespräch, lehnte diese Umschulung aber ab. Meine Eltern erlaubten mir auch nicht ein einziges Mal, ein Jugendlager des „Deutschen Jungvolks" mitzumachen. Meine Freunde, die 1938 an einem solchen Lager in Kuhlmühle teilnahmen, mußten mir eine Ansichtskarte schreiben mit der Anschrift „An das Muttersöhnchen Dieter Völkner", einer verhöhnenden Bezeichnung in jenen Zeiten. Ich entsprach auch nicht den Vorstellungen des „Führer Adolf Hitler", der folgenden „Fahnenspruch" für deutsche Jungen ausgegeben hatte: „Jungvolkjungen sind hart wie Kruppstahl, zäh wie Leder, schnell wie Windhunde. Des Jungvolkjungen Höchstes ist die

Ehre." Dennoch wurde ich bald Jungenschafts-, Jungzug- und mit 16 Jahren Fähnleinführer, weil durch den Abgang der älteren Jahrgänge zum Reichsarbeitsdienst und anschließend zur Wehrmacht viele Führungspositionen im Jungvolk und in der Hitlerjugend zu besetzen waren. So wurden notgedrungen manche Pimpfe und Jungmädel zu Führern befördert, die nicht gerade Sportskanonen oder nachgewiesene treue Gefolgsleute des Führers waren. Zu den „Bannerträgern des Dritten Reiches" hat man mich nie zählen können. Ich besaß als Junge eine gewisse natürliche Autorität und eine Sicherheit im Auftreten, die in der Jugendorganisation genutzt worden war. Meine ambivalente Erziehung verhinderte, daß ich dem Einfluß nationalsozialistischer Erziehung und Propaganda erlag und einseitig und bedingungslos jeden Befehl ausführte – gleichgültig wie unsinnig er war.

Seit dem mißlungenen Attentat auf Hitler am 20. Juli 1944, meinem Geburtstag, war mir klar, daß es Kräfte in diesem Lande gab, die erkannt hatten, welches Ende der Krieg nehmen und in welches Verderben Hitler das deutsche Volk führen würde. Unter diesen Umständen war mit dem Ende des „Dritten Reiches" 1945 der Nationalsozialismus für mich schon Geschichte.

Ich nehme mir vor, dem Major das alles zu erklären, falls ich ein weiteres Mal zum Verhör geholt werden sollte. Heute hatte ich nach meinem Eindruck erst eine Anschuldigung über mich ergehen lassen müssen. Ich denke, daß ich noch Gelegenheit bekomme, ausführlich dazu Stellung nehmen zu können. Ich bin mir offensichtlich nicht darüber im klaren, daß ich es nicht mit einem Gericht zu tun habe.

Jetzt bin ich erst einmal im dunklen Keller des NKWD gefangen. Der Abend füllt den Keller mit vollkommener Dunkelheit. An regelmäßiges und pünktliches Essen gewöhnt, stellt sich auch der Hunger ein. Hier geht es mit Sicherheit nicht zu wie bei Muttern. Ich denke jedoch, sie werden mir heute doch wohl etwas Eßbares bringen. Irgendwann öffnet der Posten die Kellertür, der mich hier eingesperrt hat. Wortlos stellt er mir eine kleine Tonschüssel in den Eingang zu meinem Verließ und legt ein größeres Stück Brot dazu. Ich hebe Brot und Schüssel vom Boden auf und hocke mich auf den Kohlenhaufen solange noch dieses wenige Licht der offenen Tür in den Kellerraum fällt. In der Tonschüssel erkenne ich noch gerade so etwas wie Malzkaffee, dann knallt die Tür wieder zu. Ich wundere mich nicht darüber, daß mir das trockene Brot schmeckt und schon gar nicht, daß ich in der miserablen Lage, in der ich mich befinde, überhaupt essen mag. Das Brot sättigt mich, und bald stellt sich mit der Sättigung ein gewisses Gefühl der Entspannung ein – oder gar eine gewisse Zufriedenheit?

Das Gefühl der Entspannung dauert nicht lange an. Die bohrenden Fragen kehren zurück. „Was werden sie mit mir noch anstellen?“ Dann folgt bald wieder meine Antwort – gewissermaßen als Trotzreaktion: „Was wollen die eigentlich von mir? Die können mir gar nichts wollen.“ Langsam beginnen sich die Fragen im Kreise zu drehen. Ich begreife, daß ich damit aufhören muß. Doch die letzte Frage für heute: „Lassen sie mich morgen oder nach ein paar Tagen raus oder muß ich hier noch wer weiß wie lange sitzen?“

Die Nacht bricht herein und irgendwann übermannt mich der Schlaf an diesem ersten Tag meiner Haft. Ich lerne, daß wer müde ist, selbst auf Zementboden schlafen kann. Im Einschlafen fröstelt es mich ein wenig, denn es ist bereits Herbst, und ich habe nur meinen Mantel, um mich zuzudecken.

Schwach schimmert ein erster Strahl der Morgensonne durch den Schlitz, den die Sichtblende außen vor dem Kellerfenster und der Fenstersturz bilden. Vom Öffnen der Kellertür werde ich wach. Derselbe Russe wie am Abend zuvor erscheint und legt wieder einen Kanten Schwarzbrot hin mit einer Blechschüssel voll Malzkaffee. Abwechslungsreich ist die Kost hier ja nicht gerade, denke ich noch, als meine Gedanken wieder den anderen Fragen meines zweifelhaften Aufenthalts in diesem Keller nachgehen. Wenn ich das richtig sehe, werde ich mich nicht waschen können in diesem Haus. Wo bleibe ich eigentlich, wenn mich ein menschliches Bedürfnis überkommt? Alles bedacht, geht es hier absolut unhygienisch zu. Die Antwort auf die Bedürfnisfrage läßt nicht lange auf sich warten. Der Posten kommt wieder, um mich mit „davaj“ herauszuholen. Er gibt mir zu verstehen, daß ich die Kellertreppe hinaufgehen soll und bugsiert mich im Erdgeschoß in eine Toilette. Aha, denke ich, das geht hier auf Kommando! Aber immerhin, es klappt. Ich klopfe schließlich an die Tür, der Posten kommt und öffnet die Tür und ab geht es wieder in den Keller.

Am Vormittag holt mich der Dolmetscher mit dem Posten nach oben. Sie führen mich in das Dienstzimmer des Majors. Ich erwarte ein richtiges Verhör, bei dem ich die Möglichkeit haben werde, alles, was mir in den gestrigen Nachmittags- und Abendstunden durch den Kopf gegangen ist, auszuführen. Ich will versuchen, den Major davon zu überzeugen, daß ich nie ein Faschist war und seit 1945 durch die Mitgliedschaft in den neuen demokratischen Organisationen meine Bereitschaft bekundet habe, beim Aufbau des neuen Deutschlands mitzuarbeiten.

Meine Hoffnungen und Erwartungen sollen sich schon bald als unrealistisch erweisen. Der Major sitzt bereits wie gestern auf seinem Platz, und der Dolmetscher und ich müssen sich ebenfalls wie gestern hinsetzen. In den ersten Sätzen des Majors höre ich wieder meinen Dienstrang bei der Hitlerjugend und das Wort Faschist. Der Dolmetscher übersetzt es. Ich höre nun fast wörtlich dieselben Feststellungen, die schon gestern das sehr einseitige Gespräch mit dem Major bestimmten. Eigentlich war es kein Gespräch, und wie es jetzt den Anschein hat, gibt es heute wohl auch keins. Ich versuche damit zu beginnen. Kaum hat der Dolmetscher angefangen zu übersetzen, unterbricht ihn der Major, und ich höre von ihm erneut das Wort Faschist. Nun wird der Dolmetscher ungehalten und sagt in scharfem Ton: „Wenn der Major sagen, Du Faschist, dann Du Faschist, karascho?“

Mir fällt auf, daß das „Sie“ vom „Du“ abgelöst worden ist. Das ist sicher kein gutes Zeichen.

Plötzlich schiebt der Major seine grüne Mütze aus der Stirn in den Nacken und setzt sich leger in seinen Stuhl, in dem er sich etwas zurücklehnt. Er fährt fort und der Dolmetscher übersetzt: „Kannst Du Namen nennen von Kameraden, die auch Führer waren in der Hitlerjugend, damit wir bei ihnen prüfen können, ob alles stimmt?“ Ich denke, was soll das nun? Es wird als eine Chance für mich dargestellt. Was dahinter steckt, kann ich mir vorstellen, wenn es tatsächlich darum geht ehemalige Führer der Hitlerjugend in solchen Positionen zu belangen. Ich soll auch solche namhaft machen, die mir unterstanden hatten. Ich sage dem Dolmetscher, daß keiner von denen mehr hier wohnt und sie in den Westen geflüchtet seien. Nach einigem Nachdenken komme ich auf Helmut Westphal, der nach meiner Einschätzung wegen seines SED-Engagements als ehemaliger Scharführer nicht gefährdet sein dürfte. Ihn nenne ich, kann aber nicht angeben, wo er jetzt in Kyritz wohnt. In diesem Augenblick sehe ich noch immer keine Gefährdung für mich und schon gar nicht für ihn. Diese Einschätzung erweist sich später als für ihn zutreffend, leider nicht für mich.

Wozu brauche ich eine Chance, will ich gerade fragen, als der Dolmetscher sagt: „Sie brauchen einen Leumundszeugen, der bestätigen kann, daß Sie als Faschist keine Kriegsverbrechen begangen haben“. Dann übersetzt er einen Satz des Majors: „Der Genannte wird als Zeuge vernommen. Sie können gehen“. Gemeint ist, in den Keller darf ich gehen, denn dazu wird der Posten ins Zimmer beordert.

Für den langen Rest dieses zweiten Tages in Haft bleibt mir reichlich Zeit, um mir die vielfältigsten Gedanken zu machen. Eine erdrückende Stille herrscht in diesem Kellergeschoß. Von Zeit zu Zeit höre ich vom Flur im Erdgeschoß Geräusche – hauptsächlich, wenn eilige Schritte und das Öffnen und Schließen von Türen zu vernehmen sind. Bisweilen höre ich auch kurze Sätze von Männern und Frauen in russischer Sprache. Dann ist es wieder still im Haus, und aus der Ferne schallt das Lachen und lautes Rufen von Kindern in mein Verließ.

Eine willkommene Unterbrechung teilt zur Mittagszeit den Tag, als der „Muschik“ – so nennt man den einfachen russischen Soldaten – eine Schüssel mit Suppe durch die Tür reicht. Er bleibt wie immer wortlos. Aber was sollte er auch sagen, wenn er kein Deutsch versteht und ich kein russisch. Ich könnte zwar „Danke“ in russisch sagen, jedoch mir ist inzwischen die mir eigene Freundlichkeit gegenüber jedermann abhandengekommen. Eine geschmacklich undefinierbare Graupensuppe mit einigen Rindfleischstücken darin und ein paar Fettaugen auf der Oberfläche kann den Hunger einigermaßen stillen. Im Vergleich zu den warmen Mahlzeiten, die meine Mutter trotz der miserablen Ernährungslage „zu zaubern versteht“, werde ich hier trostlos mit trocken Brot, Malzkaffe und einer solchen Suppe verpflegt. Um die Suppe essen zu können, erhalte ich nicht etwa einen metallenen Eßlöffel, sondern ich lerne die sogenannte „Stalinkelle“ kennen. Das ist ein aus Holz geschnitzter Löffel von ungefähr gleichem Fassungsvermögen eines üblichen Löffels aus Metall. Statt oval, ist die Form eher rund. Es ist ein recht klobiges Eßwerkzeug. Dafür ist die Stalinkelle komplett bunt bemalt. Ich fühle mich nicht gerade als Steinzeitmensch, denn ich kann gut damit umgehen. Ich kann auch nicht behaupten, daß mir der Verlust an Zivilisation zu schaffen macht.

Außer daß der offenbar für den „Kellerdienst“ abgestellte Russe noch einige Male in den Keller kommt, mich den Gang zur Toilette machen läßt und mir am Abend Brot und Suppe bringt, bleibe ich hier unten ungestört. Ich ertrage den Tag ziemlich gelassen und gleichgültig. Es bewegt mich vordergründig die Frage, wie lange ich noch in diesem halbdunklen Raum zubringen muß. Einerseits sage ich mir, solange ich in meinem Heimatort bleibe, nur von der gewohnten Umgebung ferngehalten, scheint es mir nicht ganz aussichtslos in Kürze freizukommen. Andererseits warte ich ungeduldig darauf, daß die Dinge sich weiter entwickeln – so oder so. Ich erhoffe mir den deutlichen Fortgang in „meinem Fall" durch die Anhörung von Helmut Westphal. Aber damit kann ich frühestens am nächsten oder übernächsten Tag rechnen, wenn überhaupt. Sind das am Ende alles nur „Schattenspiele?"

Was hier stattfindet wird immer undurchsichtiger für mich je länger ich darüber nachdenke. Verzagtheit und manchmal auch Verzweiflung wechseln mit Optimismus für einen guten Ausgang dieses Horrortrips. Verzweiflung überkommt mich stets, wenn mir bewußt wird, daß offenbar weder meine Eltern noch mein Lehrherr geschweige denn die Organisationen, denen ich angehöre, einen Versuch oder jedwede Anstrengungen unternehmen oder unternehmen können, um mich hier herauszuholen. Dann weiß ich am Ende solcher Gedanken, welcher absoluten fremden Gewalt ich auf Gedeih und Verderb ausgeliefert bin. Mein Verstand sagt mir, daß ich von diesem Kellerverließ aus nicht die geringste Chance habe, den Zustand zu ändern. Daß Selbstmord – wie immer er auch zu bewältigen wäre – eine Lösung sein könnte, kommt mir nicht in den Sinn. Sicher auch deswegen nicht, weil nichts entschieden ist über die weitere Behandlung meines Falles. Dennoch bin ich mir nicht sicher, ob ich mit einer solchen Einschätzung meiner Situation richtig liege.

Es gelingt mir immer öfter und über immer längere Zeitspannen, meine „Gehirnaktivitäten" auszuschalten und stur und stupide dazusitzen auf dem Block der gestapelten Briketts. Intuitiv weiß ich wie notwendig das ist, um nicht auszurasten und durchzudrehen. Bis zum Abend dieses zweiten Hafttages habe ich nicht einmal geweint, geschrien oder randaliert. Ich habe nicht mit den Fäusten gegen die Kellertür getrommelt, obgleich mir in manchen Sekunden und Minuten einer ohnmächtigen Wut mehr als einmal danach zumute war. Den Posten umrennen, wenn er die Tür öffnet, die Kellertreppe hinaufzurennen – und weiter komme ich in Gedanken schon nicht mehr. Spätestens der Posten vor dem

Gebäude mit schußbereiter Maschinenpistole hätte den Fluchtversuch brutal beendet.

Die Situation ist hier und heute anders als im Mai 1945, als ich aus einer Gruppe von etwa 50 versprengten Landsern, die von den Russen gefangengenommen worden waren, flüchten konnte. Ich war in diese auf dem Marsch nach Osten befindliche Gruppe geraten, als sie durch die Hamburger Straße in Kyritz marschierte. Während des Tages hatten zwei Landser flüchten können. Damit die Anzahl wieder stimmig wurde, griffen sich die Sowjetsoldaten zwei Männer, die am Straßenrand standen und zwangen sie, mitzumarschieren. Einer dieser Männer war unglücklicherweise ich. Als wir zwecks Marschpause und Übernachtung in einem ehemaligen Schulgebäude eingesperrt wurden, gelang es mir dank meiner Ortskenntnis und Hilfe der Landser, mich der auf mich zukommenden Gefangenschaft in der Sowjetunion zu entziehen. Die Umstände waren abenteuerlich und gefährlich. Die Möglichkeiten zur Flucht waren aber im Vergleich mit dieser Situation erfolgversprechend. Manche schwierige Situation hatte ich in den ersten Wochen der sowjetischen Besatzung bewältigen müssen im Umgang mit russischen Soldaten. In meiner jetzigen Lage bin ich jedoch völlig hilflos, und das deprimiert mich.

Ich finde es beunruhigend, daß außer mir offenbar niemand in den anderen Kellerräumen als Häftling ein gleiches Schicksal erleidet. Warum muß ich gerade hierher geraten? In dieser Isolation finde ich auf viele Fragen keine Antworten. Hätte ich besser daran getan, alles abzustreiten anstatt freimütig zu meiner ehemaligen Tätigkeit in der HJ zu stehen, weil ich nichts Unrechtes dabei finden konnte? Wie wäre es mir dann ergangen? Hätten sie mich dann so schonend behandelt oder hätten sie mich zu einem Geständnis „dieses Verbrechens" gezwungen? Warum verhalte ich mich passiv und beschimpfe sie nicht wegen dieser unsinnigen Anschuldigung, wegen der Verhaftung und der menschenunwürdigen Unterbringung im dunklen, kahlen

Kellerraum? Spüre ich vielleicht instinktiv, daß ich in der Gewalt dieser NKWD-Leute zu den Gesetzlosen und Verfolgten zähle? Kann ein Häftling gegen sie überhaupt etwas ausrichten? Ist das die letzte Instanz, die über Haft oder Freilassung entscheiden kann?

Den ganzen Tag über kann ich meinen Gedanken und Überlegungen nachhängen. Die Nacht deckt mit einem festen Schlaf alle Fragen zu. Ich denke am nächsten Morgen nicht darüber nach, warum ein Gefangener selbst auf Zementboden noch gut schlafen kann!

Kaum bin ich erwacht, macht sich auch schon der Posten an der Tür zu schaffen „und serviert das Frühstück". Was mag dieser dritte Tag wohl bringen?

Am frühen Vormittag holt mich der Posten erneut aus dem Keller. Er führt mich in das Dienstzimmer des Majors. Als die Tür aufgeht, sehe ich den Major an seinem Schreibtisch sitzen, und neben ihm steht eine Frau in Uniform. Zwischen einem kurzen Satz von ihm höre ich meinen Namen – sehr ungewöhnlich ausgesprochen: „Völkner, Dieter, Vater Germann". Der Major steht auf und setzt sich auf den Stuhl an seinem offensichtlichen Stammplatz. Er spricht die Frau mit „Vera" an und veranlaßt sie auch, sich hinzusetzen. Ich setze mich ebenfalls und denke, nun kann alles wie gehabt losgehen. Und richtig, Vera, eine wasserstoffgebleichte Blondine mit einem massiven Körperbau, fungiert heute als Dolmetscherin. Sie hat sich – zumindest rein äußerlich – längst akklimatisiert und macht einen gepflegten Eindruck.

Ich höre aus ihrer Übersetzung der Worte des Majors nichts Neues. Bald brauche ich gar nicht mehr zuzuhören, denn ich kenne die Litanei schon fast auswendig und muß nur noch ja oder nein sagen. So habe ich sogar in meinen Gedanken etwas Raum für abschweifende Feststellungen. Mit ihrer weichen, melodischen Stimme bildet Vera einen angenehmen Kontrast zu der schnarrenden, hektischen Stimme des Majors. Ihr Auftritt verleiht der für mich barbarischen Situation ein wenig Entspannung und Versöhnlichkeit. Ihre

Art der Übersetzung nimmt den Anschuldigungen die gewohnte Schärfe und Härte. Am Ende kommt nichts anderes dabei heraus, als an den Tagen zuvor. Es bleibt bei mir nur der Eindruck, daß durch die Anwesenheit der Dolmetscherin ein wenig Abwechslung in die fast ermüdend zu nennende Prozedur gekommen ist.

Wieder im Keller, in den mich der Posten bringt, lasse ich die letzten Minuten noch einmal Revue passieren. Es ist schon das dritte Verhör bei dem ich weder eine Akte gesehen habe noch irgendwelche schriftlichen Unterlagen. Von keinem dieser Verhöre ist nach meiner Einschätzung ein Protokoll angefertigt worden. Jedenfalls habe ich bis heute auf keinem wie auch immer gearteten Papier eine Unterschrift leisten müssen. Das macht mich nachdenklich und beunruhigt mich einerseits, gibt mir aber andererseits die Hoffnung, hier relativ ungeschoren herauszukommen. Ich möchte daraus schließen, daß ich für den Major denn wohl kein so schwerer Fall bin. Aber was weiß ich schon von NKWD-Methoden und was sie denken oder nach welchen Spielregeln sie handeln? Was weiß ich von russischer Mentalität, und was weiß ich von Recht und Bestimmungen einer Besatzungsmacht? Macht hier jeder was er will, oder wer bestimmt, was Recht und Ordnung ist? Sind das die Symptome der Willkürherrschaft in totalitären Staaten?

Meine bisherige Lebenserfahrung reicht nicht aus, um objektiv richtige Schlüsse aus dem Geschehen zu ziehen und einen entsprechenden Standpunkt zu finden. Die Irritation ist vollkommen. Bin ich für diese Leute überhaupt ein Fall?

Was hilft in einer solchen Lage? Einstweilen glaube ich, ein Rezept darin zu finden, in stoischem Gleichmut – wenigstens aber in einer gewissen Gelassenheit – der Dinge zu harren, die auf mich zukommen. Alles in allem ist meine Lage noch erträglich, wenn auch nicht normal.

Der Verlust der persönlichen Freiheit, nichts dagegen tun zu können, setzt mir am ärgsten zu. Es ist bitter, hilflos der Willkür anderer Menschen ausgeliefert zu sein und in Ungewißheit gelassen zu werden, welches Schicksal einem zugedacht ist.

Was mich hochhält und woran ich fest glaube, ist meine Schuldlosigkeit an dieser Situation. Ich habe nicht gegen moralische, humanitäre und ethische Gesetze, die ungeschrieben das Zusammenleben der Menschen bestimmen, verstoßen. Das gibt mir die seelische Kraft, diese Misere zu ertragen.

Am Nachmittag dieses Tages höre ich, wie jemand im Erdgeschoß an der Haustür verabschiedet wird mit „Auf Wiedersehen". Ein paar belanglose Worte ruft jemand – allerdings auffallend und ungewöhnlich laut – dem offenbar an der Tür stehengebliebenen Dolmetscher Sascha zu. Ich erkenne die Stimme von Helmut Westphal, der wohl so laut gesprochen hatte in der Hoffnung, daß ich es im Keller hören könnte. Ich schöpfe neue Hoffnung, weil ich glaube, daß er positiv über mich berichtet hat. Ich bin und bleibe Optimist. Was bleibt mir sonst auch übrig?

Noch ein weiteres Ereignis belebt – wenn auch stark negativ – den Rest des Tages. Mit großem Gepolter und begleitet von den mir inzwischen bekannten russischen Flüchen des Postens, mehr fliegend als laufend, wie es mir scheint, kommt jemand schreiend die Kellertreppe herunter. Die Kellertür geht auf, und es wird vom Posten ein Mensch mit dem Kolben der Maschinenpistole in den Keller gestoßen. Zuerst steht er wie versteinert und fassungslos im Raum und weint hemmungslos vor sich hin. Schluchzen, Stöhnen und Wimmern eines geschundenen Menschen erfüllen das Halbdunkel des Kellers. Erst nach einer geraumen Weile geht er einige Schritte auf mich zu, nachdem er mich entdeckt hat. Wortlos reichen wir uns die Hände. In diesen Sekunden der Begegnung mit einem ersten Leidensgenossen fallen so ziemlich alle Förmlichkeiten gewohnter Konventionen von mir ab. Aus dem bisherigen individuellen Denken und Handeln entwickelt sich schlagartig ein „Wir", das zwei Menschen, die ein gleicher Schicksalsschlag getroffen hat, verbindet. Ich fühle, daß der Mann, der mit mir in diesem Kellerraum eingesperrt ist, eine gleichgeartete Wandlung erlebt.

In Sekundenschnelle erfasse ich, warum er von Weinkrämpfen geschüttelt wird. Ich muß in diesem Dämmerlicht des Kellers nicht erst seinen äußeren Zustand erkennen, um zu wissen, welche schweren Mißhandlungen er über sich ergehen lassen mußte. Seine Unterlippe ist aufgeplatzt und blutet, das Gesicht verquollen, und offensichtlich nicht nur vom Weinen. Mir wird klar, welche Behandlung mir bisher erspart geblieben ist. Gemessen an seinem augenblicklichen Zustand habe ich hier nichts Vergleichbares zu beklagen.

Dieser neue Häftling ist Richard Strenge, der bis heute in Kolrep, in einem Dorf in der Nähe von Kyritz, gewohnt hat. Vor wenigen Tagen war er in seinen Heimatort zurückgekehrt, aus englischer Kriegsgefangenschaft entlassen. Er stammt von einem Bauernhof, den er als achtzehnjähriger junger Mann verließ, um Soldat zu werden. Er ist jetzt Anfang 30. Das sind die ersten Äußerungen von ihm, nachdem ich ziemlich hilflos versucht habe, ihn zu beruhigen und zu trösten. Wie unbeholfen ich dabei bin, wird mir klar.

„Du kannst Dich hier auf diesen Stapel Briketts setzen" weise ich ihn auf den von mir improvisierten Sitzplatz hin. Ich merke ihm den erschöpften Zustand an. Erst einmal verhalte ich mich so still wie er. Ohne mehr von ihm erfahren zu haben, kann ich mir vorstellen, wie sie im Erdgeschoß, oder wo auch immer, mit ihm umgegangen sind.

Er ist deutlich größer als ich und stämmig von Statur. Unter normalen Umständen hätte sicher keiner gewagt, sich unbesonnen mit ihm anzulegen oder ihn herauszufordern. Aber alle sonst geltenden Regeln im Umgang mit Menschen sind hier außer Kraft gesetzt. Wer kann sich zur Wehr setzen gegenüber Schlägern, wenn die mit griffbereiter oder sogar vorgehaltener Pistole einen Menschen zusammenschlagen?

In diesem NKWD-Dienstsitz unterliegen alle Verhafteten offenbar den Gesetzmäßigkeiten und der Willkür dieser Offiziere und Soldaten der Besatzungsmacht. Bald erfahre ich von Richard Strenge, daß die Russen ihn in Kolrep festgenommen und hierher gebracht haben. Zweifellos hat ein Dorfbewohner den Russen berichtet, daß er schwarz über die Demarkationslinie zwischen der britischen und sowjetischen Besatzungszone gekommen ist, denn das werfen die NKWD-Leute ihm vor. Die Anschuldigung „unserer Gastgeber" gegen ihn ist aber noch weitgehender. Sie verdächtigen ihn, sich beim britischen Geheimdienst verpflichtet zu haben, nach seiner Heimkehr in die sowjetische Besatzungszone für die Engländer zu spionieren. „Du Spion, Du Agent" haben sie ihn fast eine Stunde traktiert und geprügelt, weil er das nicht gestehen wollte.

Unter Tränen erzählt er mir, daß er doch nicht gestehen kann, was jeder Grundlage entbehrt. Immer wieder hätten sie ihn angeschrien, der Major und der Dolmetscher hätten ihn wechselseitig am Kopf geschlagen und aufgefordert, alles zuzugeben. Als er hartnäckig alle Anschuldigungen über eine Stunde lang zurückgewiesen hatte, brachen sie das Verhör abrupt ab. Im Gegensatz zu mir, prügelte ihn der Posten anschließend die Kellertreppe hinunter.

Vielleicht bin ich bisher so glimpflich davongekommen, weil es einen Tatbestand gab, den zu leugnen unsinnig gewesen wäre. Viele Einwohner von Kyritz kennen mich, und ich sehe keine Veranlassung, etwas abzustreiten, was im Handumdrehen von der Gegenseite zu beweisen ist. Außerdem sehe ich nach wie vor in meiner Tätigkeit in der HJ nichts, was strafbar sein könnte. Ich kann mir jetzt allerdings gut vorstellen wie es mir ergangen wäre, hätte ich den Versuch unternommen, die gegen mich erhobene Anschuldigung als unzutreffend zurückzuweisen. Allmählich erkenne ich wie vom NKWD vorgegangen wird und welche Spielregeln hier gelten.

Wenn mir in den letzten Tagen der Einzelhaft die Zeit auch im Fluge vergangen ist und ich mich fast ungestört tagsüber mit meiner Situation beschäftigen konnte, so ist mir die Gegenwart und die Gesellschaft von Richard Strenge doch höchst willkommen. Schnell findet man zum „Du“ unter solchen Vorzeichen. Das gleiche Schicksal läßt schnell ein Vertrauensverhältnis entstehen, und man erträgt die Pein einer Haft unter diesen Umständen etwas leichter. Ganz wesentlich ist für das Entstehen einer Notgemeinschaft das Verhalten derjenigen, die die Macht ausüben und damit die Umstände schaffen für die Menschen, die in ihre Gewalt geraten.

Wir diskutieren und tauschen beide unsere Gedanken, unsere Ängste und Hoffnungen aus. Wir machen uns gegenseitig Mut. Wir halten es durchaus für möglich, daß wir schon bald getrennt werden könnten. Nach unseren Überlegungen könnten die Russen wegen der Unterschiedlichkeit unserer Fälle uns unterschiedliche weitere Prozeduren auferlegen oder eine jeweils andere Behandlung – auch an anderen Orten – zuteil werden lassen. Nach unserer Logik müßten sie uns eigentlich bald erklären, was weiterhin mit uns geschehen soll.

Ein neuer Morgen zieht herauf und ein Tag, an dem Richard wieder verhört wird. Als er nach ungefähr 20 Minuten in den Keller zurückkommt, macht er zwar einen verstörten Eindruck, ist aber – wie er sagt – nicht mißhandelt worden. Mit massiven Drohungen und wiederholten lauten Flüchen auf russisch, hätten sie ihn erneut dazu bringen wollen, ein Geständnis abzulegen. Meine Frage, ob über das Verhör ein Protokoll angefertigt worden sei oder er irgendein Papier hätte unterschreiben müssen, verneint er. Auch er hat bis zur Stunde noch keine Akte während des Verhörs zu sehen bekommen. Uns wird immer unverständlicher, wie diese Leute vorgehen und sich uns gegenüber verhalten.

Daß ich nicht nach oben geholt werde, beunruhigt mich, weil am Tag zuvor Helmut Westphal im Hause war. Große Hoffnungen knüpfe ich an seine Aussage, die nach meiner Vorstellung nur positiv zu meinen Gunsten ausgefallen sein mußte. Sie müßte doch in die weitere Behandlung „meines Falls“ einbezogen werden und Berücksichtigung finden –

denke ich. Ob meine Vorstellungen realistisch sind, läßt sich leider nicht prüfen. Ob und wann ich zu einem weiteren Verhör geholt werde, steht in den Sternen.

So ahnungslos wie in diesem Punkt bin ich auch in anderer Hinsicht. An diesem Tag suchen der Dolmetscher und ein NKWD-Offizier meine Eltern auf. Sie wollen von meinen Eltern Wäsche für mich holen und zählen vor allem warme, lange Unterhosen, Unterhemden, Oberhemden und Pullover auf. Mein Vater fragt sie, wofür das nötig sei und wo ich mich befände. Über meinen Aufenthaltsort könnten sie nichts sagen, lügen sie meinen Eltern vor. Sie begründen das Abholen von Wäsche damit, daß ich eine längere Reise anzutreten hätte. Während meine Mutter eilig und mit den Nerven am Ende unter Tränen einige der geforderten Wäschestücke zusammensucht, versucht mein Vater die beiden Russen ins Gespräch zu ziehen. Diese geben sich jedoch mehr als wortkarg und beantworten weitere Fragen nicht. In eine Wolldecke gebündelt gibt ihnen meine Mutter Unterwäsche, einen Pullover, ein Paar Strümpfe, Strickhandschuhe und Taschentücher. Lediglich die Wolldecke und den Pullover bekomme ich in den Keller geworfen und kann daraus ableiten, daß jemand bei meinen Eltern war. Erst viel später erfahre ich etwas vom Verlauf dieses Russen-Coups.

Für meine Eltern ergibt sich daraus die Annahme und die Hoffnung, daß ich noch im NKWD-Keller in Kyritz sitze. Aus der Abholung der Wäsche schließen sie, daß ich nach Osten abtransportiert werden könnte. Diese Vermutungen setzen sich bei ihnen fest und belasten sie seelisch für eine lange Zeit. Ein Leidensweg beginnt sich für sie abzuzeichnen, der mit meinem gegenwärtigen Zustand nicht vergleichbar ist und ihn weit übertrifft hinsichtlich der seelischen und nervlichen Beeinträchtigung ihres Lebens. Ein finsterer Schatten von Niedergeschlagenheit und Kummer fällt auf ihr Leben, von dem auch der jüngere Bruder erfaßt wird. Wird sein Elternhaus dadurch nicht zu einem Ort von Traurigkeit, Verzagtheit und einem Ort ohne Lebensfreude? Düster und gefahrvoll schätzen Eltern und Bruder mein Schicksal ein, denn eine fast realistische Einschätzung vom NKWD und dessen Methoden sowie der Behandlung von Häftlingen haben sie durchaus.

Einen weiteren Tag bleiben wir noch in Kyritz. Da außer der Verpflegung durch den Posten dreimal am Tag sich rein gar nichts ereignet, sind wir mit dem Verlauf dieses Tages äußerst unzufrieden. Nur von Zeit zu Zeit hören wir Stimmen und Geräusche, die aus den zeitweilig offenen Fenstern im 1. Stock zu kommen scheinen, in denen die Russen wohnen. Die Tatsache, daß der Major und sein Dolmetscher sich nicht mit uns beschäftigen, beunruhigt uns fast mehr, als wenn sie das tun. Dabei ist es uns fast gleichgültig, was sie mit uns machen könnten. Ich glaube, es hat uns schon ein gewisser Fatalismus erfaßt.

Ohne es bewußt wahrzunehmen, koppeln wir uns von der zeitlichen Ordnung des Lebens ab, die Stunden und Tage zählt. Es ist die zwangsläufige Folge davon, daß wir weder über Uhr noch Kalender im Halbdunkel dieses Kellers verfügen. Wir haben weder Kreide, um für jeden Tag an einer Wand einen Strich zu machen, noch andere Hilfsmittel, die für eine Zeiterfassung geeignet sind. Auf die Idee, mit einem Brikett Striche an der Wand zu machen, bin ich nicht gekommen.

Ich weiß nicht, ob der sechste oder siebente Tag meiner Inhaftierung heraufzieht, als wir sehr früh am Morgen von dem Geräusch der aufgehenden Kellertür wach werden. Ungewöhnlich ist auch, daß wir vom Posten zur Toilette geführt werden, ehe er uns Brot und die Steingutschüssel mit Malzkaffee bringt. Unser Keller ist trotz der frühen Stunden nicht ganz so dunkel wie sonst. Wir schließen daraus, daß draußen, wo unser Leben nicht mehr stattfindet, sich ein schöner Herbsttag ankündigt. Wir sollen seiner und er soll unser bald ansichtig werden.

Ziel unbekannt

Kaum haben wir Brot und Malzkaffe an diesem frühen Morgen verzehrt, hören wir Schritte auf der Kellertreppe, die schnell näherkommen. Ein russischer Soldat öffnet die Kellertür und ruft uns zu: „Davaj, davaj alles!“ Diesmal soll es heißen: Es geht los; alles mitnehmen! Wir haben richtig verstanden. Alles ist nicht viel, denn Tag und Nacht haben wir bekleidet in diesem Keller verbringen müssen, um nicht zu frieren. Ich muß nur meine Wolldecke zusammenraffen, meinen Wintermantel anziehen und schon stehen wir vor dem Soldaten, den wir vorher noch nicht zu sehen bekommen hatten. Richard, mein Leidensgenosse, hat weder Mantel noch Decke und trägt nur das am Leibe, was er bei der Festnahme während der Landarbeit trug; zum Glück auch eine halblange, dicke Joppe.

Der Russe gibt uns durch einen Wink mit seiner Maschinenpistole zu verstehen, daß wir den Keller verlassen sollen. Wieder heißt es „Davaj, davaj“ – also los, los, und wir wundern uns über die Eile, mit der wir angetrieben werden. Oben, im Flur des Hauses, als wir die Kellertreppe verlassen, befiehlt uns der Soldat „Stoi“, und wir wissen, daß wir stehen bleiben sollen.

Einige Brocken russisch verstehe ich, denn ich hatte mir schon ein halbes Jahr vor dem Einmarsch der Roten Armee einen Wehrmachtsprachführer in russischer Sprache gekauft und speziell Vokabeln und Formulierungen wie „Hände hoch oder ich schieße“! und „Ich habe meine Uhr schon einem Kameraden von der Roten Armee gegeben“ gelernt. Der Ruf, daß die Russen alle Uhren klauen, derer sie habhaft werden können, ging der Roten Armee weit voraus.

Wir stehen nur kurz im Flur des Erdgeschoß, da kommt der Dolmetscher Sascha in Begleitung eines jungen Offiziers mit grüner Mütze aus dem Dienstzimmer des Majors. Der Offizier geht voran und öffnet die Haustür, während der

Dolmetscher uns auffordert, zu folgen. Wir gehen mit ihm die wenigen Stufen des Hauseingangs hinunter. In der links davon liegenden Auffahrt vor der Garage steht ein Auto, ein alter DKW. Wir müssen einsteigen und auf der hinteren Sitzbank Platz nehmen.

Bevor der Offizier einsteigt und sich hinter das Lenkrad setzt, werden wir vom Dolmetscher „vergattert“ wie wir uns zu verhalten haben. „Während der Fahrt habt Ihr stillzusitzen und alle verdächtigen Bewegungen zu unterlassen. Sprechen ist verboten! Wenn einer mal muß, Bescheid sagen,“ lauten seine Anweisungen. Er unterstreicht sie, indem er uns seine Pistole zeigt. Er steigt danach auch ein und setzt sich auf den Beifahrersitz. Die Pistole legt er in das Handschuhfach, das er offen läßt. So liegt die Waffe immer griffbereit vor ihm. Der Offizier läßt den Motor an. Nach wenigen Metern rollen wir vom Grundstück des NKWD-Gebäudes und biegen in die Schulze-Kersten-Straße ein. Erst jetzt tritt der Posten, der uns zum Wagen begleitet hat, ab und geht zurück ins Haus. So verlassen wir die erste Station unserer Inhaftierung sang- und klanglos, ohne den Major oder irgendwelche anderen Hausbewohner dieser ungastlichen Stätte noch einmal zu Gesicht zu bekommen.

In diesen ersten Minuten der Fahrt gerate ich wieder in einen Zustand, der sich sehr schwer beschreiben läßt. In bin wie benommen, unfähig bewußt etwas wahrzunehmen, geschweige denn meinen Verstand zu gebrauchen. Wie in Trance bin ich in den Sitz versunken. Mir kommt nicht in den Sinn, daß meine Eltern einige Jahre in der Schulze-Kersten-Straße gewohnt haben – auch nicht als der Wagen an dem betreffenden Haus vorbeifährt. Erst als wir am Ortsrand sind und auf einer Fernstraße in südliche Richtung fahren, in die offene Landschaft hinein, löst sich diese Blockade aller Sinne. Hier bringt mich die Wirklichkeit zurück in die augenblickliche neue Situation, als ich neben mir Richard Strenge wahrnehme und spüre, wie er mir einen vielsagenden Blick zuwirft. Im Keller konnten wir wenigstens unsere Meinungen und Einschätzungen der Lage austauschen. Während dieser Fahrt, von der wir nicht wissen, welches Ziel sie hat, müssen wir versuchen, uns mit Blicken oder Kopf- und Handbewegungen verständlich zu machen und zu vermitteln, was wir denken.

Nach und nach finde ich mich mit dieser neuen Situation ab und finde mich einigermaßen in ihr zurecht. Zunächst suche ich die geografische Orientierung. Wir passieren das Dorf Heinrichsfelde und fahren auf der früheren Reichsstraße 5 über Wusterhausen in Richtung Berlin. Bei Bückwitz biegt der Fahrer rechts ab auf die Fernverkehrsstraße 102 in Richtung Rathenow und Brandenburg/Havel. Über den Ort Sieversdorf bin ich als Junge mit dem Fahrrad nie hinausgekommen. So enden hier leider auch schon meine geografischen Kenntnisse und meine Orientierung.

Stumm sehen wir uns an, und mit einem unmerklichen Achselzucken will ich Richard signalisieren, daß ich mit meiner Ortskenntnis am Ende bin. Die beiden Russen unterhalten sich lebhaft, so daß der Dolmetscher uns nicht fortdauernd beobachten kann – auch nicht im Rückspiegel.

Als nächstes werden wir uns per Blickkontakt und unmerklichen Kopfschütteln darüber einig, daß an Flucht unter diesen Umständen nicht zu denken ist. Wir gehen davon aus, daß der Dolmetscher als erster und nach einem Anhalten auch der Offizier gnadenlos von ihren Schußwaffen Gebrauch machen würden. Zudem ist der DKW ein eintüriges Auto. Bei Verlangsamung der Fahrt hinausspringen, abrollen und wegrennen ist nicht möglich. Selbst wenn sich eine unerwartete Situation ergeben würde, kämen wir nicht weit in der Sowjetzone, wo es von Russen nur so wimmelt. Das können wir also vergessen.

Dennoch läßt mich ein Gedanke nicht los während dieser Fahrt in eine ungewisse Zukunft. Wie ist es möglich, daß ich mich – aber auch Richard – „wie ein Lamm auf die Schlachtbank führen lasse“? Daß ich inneres Aufbegehren gegen das, was mir geschieht, nicht einmal versucht habe in verbalen oder tätlichen Widerstand umzusetzen? Warum habe ich nicht wie verrückt an die Kellertür mit den Fäusten getrommelt und randaliert? Warum habe ich den Major, den Dolmetscher, die Posten oder wer mir sonst in die Quere gekommen ist, nicht angebrüllt und beschimpft? Warum lasse ich alles – auch diesen Transport – scheinbar willenlos über mich ergehen? Ist das Feigheit oder die Einsicht in das Unabänderliche, das mit solchem Widerstand sich nur verschlimmern könnte? Auf diese und ähnliche Fragen finde ich noch keine Antwort.

Wir durchqueren die Stadt Rathenow. Das Straßenpflaster läßt streckenweise nur ein langsames Tempo zu. Hier und da muß der Fahrer anhalten, weil ein anderes Fahrzeug die Vorfahrt hat. Passanten schauen aus kurzer Entfernung in das Fahrzeug. Sie sehen zwei unrasierte Gesichter von Männern, die verzweifelt dreinschauen und versuchen mit einem Gesichtsausdruck der Hoffnungslosigkeit auf sich aufmerksam zu machen. Vorn sehen sie den Fahrer in der russischen Uniform. Ob einer von ihnen soviel Phantasie hat, sich vorzustellen, was hier vor sich geht? Es ist müßig darüber weiter nachzudenken. Niemand könnte uns helfen. Niemand könnte uns befreien aus dieser mißlichen Lage.

Weiter geht die Fahrt auf der 102 in Richtung Brandenburg. Ist das der Zielort für uns? Dorf um Dorf bleibt hinter uns. Die Wiesen und Felder und die für die Mark typischen Chausseebäume und die Wälder mit ihrem herbstlich gefärbten Laub nehmen wir nicht bewußt wahr. Alles Denken und Fühlen kreist nur um die beiden Fragen: Wohin bringen sie uns und was erwartet uns dort?

Während der ganzen Fahrt hat sich der Dolmetscher nur mit dem Offizier unterhalten. Kein Wort spricht er mit uns. Gut, daß es Ortsschilder in Deutschland gibt. Nach fast zweistündiger Fahrt in der Herbstsonne, die wir nach den Tagen der Haft im Keller genießen – trotz unserer elenden Gemütsverfassung – erreichen wir den Stadtrand von Brandenburg. Der Fahrer kennt sich hier offenbar gut aus, denn er lenkt das

Fahrzeug sicher und zielstrebig durch die Straßen. Nach wenigen Minuten biegt er in eine breite Straße ein und nimmt nach ungefähr 200 Metern die Geschwindigkeit zurück. Wir fahren jetzt an einem roten, zweistöckigen Backsteinbau entlang und kommen an eine Auffahrt, die auf ein riesig dimensioniertes, stählernes Tor von etwa 5 Meter Höhe zu führt. Der Wagen hält davor und der Dolmetscher steigt aus. Unmittelbar rechts neben dem Tor ist ein Holzbrett mit einer aufgesetzten Klingel angebracht. Der Dolmetscher betätigt die Klingel und gleich darauf werden die beiden Türflügel von zwei sowjetischen Soldaten soweit aufgemacht, daß der Wagen hindurch fahren kann. Wir kommen in einen großräumigen Hof, der von einer etwa 5 Meter hohen Mauer umgeben ist. Kaum ist der Wagen auf den Hof gerollt, wird das Tor von den Soldaten wieder geschlossen. Der Offizier, der den Wagen gefahren hat und der Dolmetscher steigen aus. Ohne Aufforderung verlassen auch wir das Fahrzeug. Erst jetzt bemerke ich, daß der Dolmetscher zwei Aktendeckel in der Hand hält – unsere „Strafakten"? Die Russen begrüßen sich inzwischen kameradschaftlich lässig und lassen uns unbeachtet neben dem Wagen stehen.

Aus dem Gebäude kommt ein NKWD-Offizier mit grüner Mütze – also offenbar im Dienst – und geht auf die Gruppe zu. Er begrüßt die beiden Kyritzer NKWD-Leute. Von uns nimmt er keinerlei Notiz. In dieser Szenerie und Kulisse befällt mich ein Gefühl der Beklemmung. Die typischen grünen Sichtblenden haben wir bereits vor den Fenstern der Vorderseite des Gebäudes gesehen. Vor den Fenstern zum Hof sind sie ebenfalls angebracht. Die hohe Mauer und das ebenso hohe Stahltor verfehlen ihre Wirkung nicht. Hier sind wir rettungslos verloren und ohne Hoffnung.

Im NKWD-Gefängnis Brandenburg/Havel

Den im Gefängnishof palavernden Russen scheint plötzlich einzufallen, daß wir auch noch da sind. Der aus dem Gebäude gekommene Offizier gibt einem der Posten von der Torwache den Befehl, uns abzuführen. Auch hier wird offenbar alles mit „Davaj" in Gang gesetzt. Selten prägt sich mir ein russisches Wort so ein wie dieses. Wir trotten los, und der Posten folgt uns. Da nur eine Tür ins Haus führt, brauchen wir keine weiteren Kommandos. Wir betreten eine ungefähr 100 qm große Halle, von der etliche kleinere Türen abgehen. Mitten in der Halle müssen wir uns aufstellen.

Kurze Zeit nach uns betritt auch der Offizier den Raum, mit unseren Akten unterm Arm. Ein weiterer Offizier kommt aus einem angrenzenden Raum auf uns zu und übernimmt von dem anderen die Akten. Er verliest erst unsere Namen und fordert uns dann in relativ gutem Deutsch unvermittelt und ohne weiter Erklärungen auf, sämtliche Kleidungsstücke abzulegen. Wir befolgen seine Aufforderung, legen unsere Kleidungsstücke vor uns auf den Boden und stehen nun nackt in diesem großen – wie mir scheint – ungeheizten Raum. Es genügt nicht, uns hingestellt zu haben wie man halt so steht. Reichlich laut und barsch befiehlt er uns „Beine breit"! Wir befolgen nur zögernd diese Aufforderung. „Noch weiter auseinander"! setzt er nach. Wir entsprechen seinen Vorstellungen. Sie haben natürlich ihre Erfahrungen gemacht und wollen sicher sein, daß die Häftlinge nichts im After einschmuggeln. Da nichts „aus uns herausfällt" auf den Boden, dürfen wir uns wieder wie vorher hinstellen. Während dieser Prozedur filzt der andere Offizier unsere Kleidung, das heißt er durchsucht sie nach etwaigem versteckten Inhalt. Er findet nichts außer einem Taschentuch.

Mir bleibt keine Zeit, darüber zu sinnieren, ob das alles nur ein böser Traum oder ob das wahr sein kann. Nackt wie wir sind, müssen wir unsere Kleidungsstücke aufnehmen. Wir raffen hastig unser Zeug zusammen und werden von je einem Soldaten, von denen sich inzwischen einige im Raum befinden, abgeführt. Richard Strenge verschwindet durch eine Tür in einem Gang im Erdgeschoß, in dem ich weitere Soldaten sehe. Nachdem er den Gang betreten hat, prügeln sie ihn unter den übelsten russischen Flüchen und Verwünschungen regelrecht den Gang entlang. Kein Laut kommt aus seinem Mund. Nach ungefähr einer Minute – ich bin schon mit dem mich abführenden Soldaten auf der Treppe zum I. Stockwerk – ist der Spuk beendet, und es wird wieder still.

Der Gang, in den mich der Soldat im I. Stock mit dem Druck des Kolbens seiner Maschinenpistole schubst, liegt genau über dem unteren Gang, in dem Richard Strenge verschwunden ist. Ich sehe einige Soldaten – vielleicht 6 oder 7 – in Abständen von 2–3 Metern rechts und links an den Wänden stehen. Ihre Maschinenpistolen in den Händen, bilden sie quasi ein Spalier. In früheren Zeiten nannte man es „Spießrutenlaufen“, was mir hier oben jetzt offensichtlich bevorsteht. Ich bleibe kurz stehen, aber der Russe hinter mir drängt mich unbarmherzig vorwärts. Fast am Ende des Ganges sehe ich eine offenstehende Tür. Ich renne intuitiv los und halte meine Kleidungsstücke schützend vor den Oberkörper. Der erste Soldat, an dem ich vorbeilaufe, schlägt mit dem Kolben seiner Maschinenpistole zu und trifft mich am Oberarm. Ein wahnsinniger Schmerz durchzuckt den Arm. Ich beginne laut zu schreien. Ich weiß nicht, ob es der Schmerz ist oder mein Instinkt, es zu tun. Wie besessen renne ich, spüre Schläge von links und rechts an den unterschiedlichsten Körperstellen und Schmerzen. Dennoch nehme ich wahr, daß nicht alle Soldaten kräftig zuschlagen. Einige von ihnen tun nur so und berühren nicht meinen Körper oder wollen mich nur leicht treffen. Als ich durch bin, führt mich ein Russe zu der geöffneten Tür. Mit einem kräftigen Fußtritt befördert er mich in eine Zelle.

Laut schlägt die Zellentür hinter mir zu. Grelles, gelbliches Licht eines Scheinwerfers, der an der Wand über der

Zellentür angebracht ist, erhellt den Raum von etwa 20 qm. Ich bleibe stehen mit dem Scheinwerfer im Rücken und sehe vor mir eine Holzpritsche, die die Hälfte der Zelle bedeckt. Sie geht über die ganze Breite der Zelle und endet an der gegenüberliegenden Wand, in der sich ein vergittertes Fenster befindet. Die typische Sichtblende außen davor verhindert den Einfall von Tageslicht. Auf der Holzpritsche sitzt an der hinteren Wand zusammengekauert ein alter Mann. Ist es das Bild des Jammers und des Elends, das er in dieser öden Zelle bietet, ist es die Reaktion auf das, was mir in der letzten halben Stunde widerfahren ist oder ist es alles zusammen, was mich in hemmungsloses Weinen und Schluchzen ausbrechen läßt? Ein mir bis dahin nicht bekannter Weinkrampf schüttelt mich, der bis an die Grenze zur Besinnungslosigkeit geht. Ich weiß nicht zu sagen, wie lange dieser Zustand dauert, der in eine grenzenlose Hoffnungslosigkeit einmündet.

Behutsam nähert sich der alte Mann dem Platz an der Vorderkante der ungefähr 50 cm hohen Pritsche, auf den ich mich inzwischen gesetzt habe. Seine Nähe hilft mir, mich ein wenig zu beruhigen, und als ich nur noch still vor mich hin weine, beginnt er leise zu sprechen. Ich hebe den Kopf und sehe in sein unrasiertes Gesicht. Sein ungepflegtes Äußeres läßt mich vermuten, daß er schon eine längere Zeit hier ist.

„Mein lieber Junge, es ist gut, daß Du weinen kannst, aber nun ist es genug“ sagt er und legt seinen Arm auf meine Schulter. „Was Du heute erlebt hast und hier noch erleben wirst, das werden Hunderttausende in den nächsten Jahren in diesem Land durchmachen“, versucht er mich zu trösten. Ich weiß mit seiner Äußerung nicht recht was anzufangen und sehe ihn wohl reichlich ungläubig und ahnungslos an. Darauf erzählt er mir Bruchstücke seines Lebensweges, daß er bereits in den zwanziger Jahren Mitglied der Kommunistischen Partei Deutschlands geworden und bei Hitler im KZ gewesen sei. Nach Kriegsende hätte er sich in der neu gegründeten KPD aktiv betätigt, sei aber seit der Gründung der SED zunehmend ins Abseits geraten mit seiner politischen Einstellung und als „Altkommunist“ mit konterrevolutionären Ideen abgestempelt worden. Vor vier Wochen hatte ihn der NKWD verhaftet und wollte nun von ihm ein Geständnis über seine angeblichen konterrevolutionären Umtriebe erpressen. Trotz Mißhandlungen bei den Verhören hat er bisher nicht unterschrieben.

Sein Name prägt sich mir nicht ein, denn uns bleiben nur die wenigen restlichen Stunden dieses Tages. Was weiß ich zwanzigjähriger junger Mann von all den Ungereimtheiten dieser Welt in der Mitte des Jahrhunderts? An diesem alten, lebenserfahrenen Mann finde ich zur Stunde Halt und Trost.

Es ist gegen 18.00 Uhr, als die Zellentür aufgeht. Ein russischer Soldat reicht mir einen Kanten Brot und eine Steingutschüssel mit schwarzem Tee. Nachdem ich mein Brot gegessen habe, unterhalten wir uns noch lange über manche Themen, die uns im Zusammenhang mit unserer Haft bewegen. Obgleich der Scheinwerfer während der ganzen Nacht nicht ausgeschaltet wird, schlafe ich hier auf der Holzpritsche gut, worüber ich am nächsten Morgen sehr verwundert bin. Mein Fazit: Ich kann mich offenbar an veränderte Situationen gut anpassen und ziehe den Schluß, daß meine Nerven intakt sind.

Der zweite Tag meiner Haft im NKWD-Gefängnis in Brandenburg beginnt schon früh mit einer für mich neuen Gepflogenheit: der Leerung des Trockenklosetts, das als einziges Möbelstück die Zelle ziert und der gemeinschaftlichen Morgenwäsche. Ein „Dijurnui“, ein Wachhabender, holt uns aus der Zelle und führt uns wenige Schritte über den Gang zu einem großen Waschraum. In der Mitte des Raumes steht ein etwa 10 Meter langes Waschbecken, wie man es aus Kasernen und anderen meist großen Gemeinschaftsunterkünften kennt. In 20 cm Höhe darüber verläuft eine Wasserleitung, an der zahlreiche Wasserhähne mit etwa 1 Meter Abstand installiert sind. Es liegen zahlreiche Seifenstücke umher –

billigste Qualität. Wer was vom Zähneputzen hält, kann den Seifenschaum auch dafür benutzen. Welch ein Fortschritt gegenüber dem Keller in Kyritz!

Als erstes ist das Trockenklosett zu entleeren und zu reinigen. Es gibt hier keine Hausordnung. Offensichtlich geben die Häftlinge untereinander weiter, welche Abläufe einzuhalten sind. Bei dem Aufenthalt im Waschraum nutzt man die Gelegenheit, auf einer hier befindlichen Toilette, das „große Geschäft" zu erledigen, um so möglichst bis zum nächsten Morgen das Trockenklosett in der Zelle nicht aufsuchen zu müssen. Aus einem Blecheimer muß eine kleine Schaufel eines undefinierbaren Pulvers, das leicht nach Chlorkalk riecht, in den Behälter des Trockenklosetts geschüttet werden. Damit ist diese Prozedur beendet, und es geht an's Waschen. Handtücher liegen oder hängen an dem einem Futtertrog ähnlichen Waschbecken. Die ersten morgens im Waschraum haben noch trockene Handtücher. Wer später dran ist, braucht kein Handtuch mehr aufzunehmen. Je nach individuellen Gewohnheiten oder Empfindsamkeiten kann jeder dieses Hygiene-Angebot nutzen. Wenn man es nicht so genau nimmt, findet man diese Umstände gut.

Schon bald öffnet der Wachhabende die Tür, und wir müssen mit dem Waschen fertig sein. „Kübel auf!" könnte das Kommando lauten, und ab geht es in die Zelle. Wenig später hören wir auf dem Gang – erkennbar an einem halblauten Stimmengewirr – wie offenbar eine größere Gruppe zum Waschraum geführt wird. So dauert es also geraume Zeit, bis die Morgenwäsche aller Häftlinge vorüber ist. Aus der Zeitspanne bis zur morgendlichen Brotausgabe schließe ich, daß sich hier eine stattliche Anzahl von Häftlingen befinden muß.

Die Zellentür wird ein weiteres Mal geöffnet, und ein Soldat mit zwei Häftlingen erscheint. Einer der Häftlinge legt zwei 500 g schwere Stücke Schwarzbrot für uns auf den Rand der Pritsche, während der andere mit einer Kelle schwarzen Tee in zwei Steingutschüsseln füllt und dazustellt. Wortlos erledigen die beiden ihre Aufgabe.

Ich bin darüber verwundert, daß die beiden einen für russische Soldaten typischen Kasack und eine Uniformhose – erdbraunfarben – tragen. „Ich vermute, das sind Russen" flüstere ich meinem Zellengefährten zu, als die Tür sich wieder hinter ihnen geschlossen hat. Er bestätigt es und erzählt mir, daß es ehemalige Soldaten des russischen Generals Wlassow sind, der die sogenannte Wlassow-Armee in den letzten Kriegsjahren in Deutschland aufgebaut hatte. Er sollte und wollte Seite an Seite mit der Wehrmacht gegen die Rote Armee und den Bolschewismus Stalins kämpfen. Seine Armee rekrutierte er aus russischen Kriegsgefangenen, die freiwillig in die Verbände eintraten.

Unsere beiden Mithäftlinge hatten sich mehr als ein Jahr vor der sowjetischen Besatzungsmacht verborgen halten können, bis der NKWD ihrer habhaft geworden ist – sicher durch Denunziation aus ihrer persönlichen Umgebung. Wie ich höre, soll ihre „Verhandlung" abgeschlossen sein. Von einem demnächst zusammentretenden SMT – Sowjetisches Militär Tribunal – erwarten sie ihr Urteil. Sie müssen erfahrungsgemäß mit mehr als 20 Jahren Zwangsarbeit, wenn nicht gar mit der Todesstrafe rechnen. In der Zwischenzeit sind sie für die Essenausgabe eingeteilt. Daß sie nicht nur die karge Häftlingskost verteilen, sondern selbst gut abschneiden dabei, sieht man ihnen an. Sie sind gut genährt.

Im Laufe des Vormittags holt mich der Wachhabende aus der Zelle mit „Davaj, alles!" So völlig unvorbereitet auf einen Tapetenwechsel, bleibt nicht einmal die Zeit, dem Zellengefährten einen Abschiedsgruß zuzurufen. Was sollte man auch sagen? „Leb' wohl" oder „Auf Wiedersehen?" „Danke" hätte ich sagen müssen, denn er hat mir geholfen, mich in dieser Situation zurechtzufinden.

Ich folge dem Russen mit meiner Wolldecke und dem Mantel über dem Arm und trete auf den Gang hinaus. Erst jetzt erkenne ich bewußt das Ausmaß dieser Haftanstalt anhand der mindestens 12 oder 13 Zellentüren, die von diesem Gang abgehen. Vorbei an 3 oder 4 Türen führt mich der

Wachhabende zu einer geöffneten Tür. Es hätte keines Winks mit der Maschinenpistole bedurft, denn inzwischen diktiert die Logik des Ablaufs der Dinge das eigene Handeln und Verhalten. So einfach und klar sind hier die Verhältnisse. Ich trete ein in diese Zelle.

Auf den ersten Blick erfasse ich einen Raum, der mindestens doppelt so groß ist wie der, aus dem ich komme. Auf einer Riesenholzpritsche sitzen oder liegen zwischen 12 bis 15 Häftlinge. Einige von ihnen unterhalten sich in kleineren Gruppen, andere zu zweit. Ihre Gespräche verstummen, als sie mich bemerken. Neugierige, interessierte, musternde Blicke ruhen auf mir. Ich lege mein „Reisegepäck" auf den vorderen Pritschenrand und nehme daneben Platz für einen kurzen Augenblick der Besinnung; vielleicht auch, um erst einmal tief Luft zu holen. Die eingetretene Stille währt nicht lange. Einige der Männer erheben sich und kommen auf mich zu. Als erstes fällt mir ihr kahlgeschorener Kopf auf.

„Warum bist Du hier"? und „Woher kommst Du"? stellen sie ihre ersten und vordergründigen Fragen. Dann folgen Fragen nach aktuellen, vor allem politischen Ereignissen, als sie von mir erfahren, daß ich vor gut einer Woche noch in Freiheit lebte. Völlig isoliert von der Außenwelt und dem Weltgeschehen gefangen gehalten zu sein, ist eines der Probleme dieser Männer. Das größte sich aus der totalen Isolierung ergebende Problem, ist aber die Ungewißheit über das Schicksal der zurückgelassenen Familie und Angehörigen. Sie sind alle älter als ich – zum Teil erheblich älter – und haben alle Frauen und Kinder, denen durch ihre Verhaftung der Ernährer genommen worden ist. Ständig bedrängt sie die Frage, was aus ihnen geworden ist oder noch werden wird. Auch meine Gedanken gehen immer wieder in Richtung Elternhaus und Freundin. Hier besteht eine seelische Folter, deren ganzes Ausmaß mit jedem Tag der Haft sich steigern wird.

Einige meiner neuen Gefährten sind bereits wochenlang, andere monatelang in diesem Gefängnis. Klempnermeister

Voßköhler aus Havelberg ist innerhalb eines Jahres zum dritten Mal abgeholt und nach hier gebracht worden. Er war Mitglied der NSDAP, der Partei Adolf Hitlers, seit den zwanziger Jahren, trug also das „Goldene Parteiabzeichen“ und wird vom NKWD immer wieder malträtiert. Er hofft darauf, daß sie auch jetzt mit ihm nichts anzufangen wissen und ihn aus gesundheitlichen Gründen ein drittes Mal laufen lassen.

Manche der Männer sind unrasiert – wie es scheint schon längere Zeit – andere glattrasiert, als hätten sie gerade einen Rasierapparat benutzt. Meine diesbezüglichen Fragen werden so beantwortet: Zum Rasieren kommt einmal in der Woche ein Friseur ins Gefängnis, zum Kopfhaarscheren nach Bedarf, meistens alle 2 bis 3 Tage. Durch Wechsel und Verlegungen innerhalb der Zellen, entstehen unterschiedliche Erscheinungsbilder.

Auf der Holzpritsche, die zu ¾ den Raum ausfüllt, finden schätzungsweise 15 Männer im Liegen Platz – schön eng nebeneinander aufgereiht. Da zur Zeit keine volle Belegung erfolgt ist, darf ich mir einen Platz aussuchen. Bei Überbelegung muß abwechselnd auf dem Zementboden der Zelle geschlafen werden. Mit der Ablage von Mantel und Wolldecke markiere ich meinen Platz für die Nacht. Hier herrscht die gewohnte preußische Ordnung. Ich weiß nicht, ob es gerade die preußische Ordnung sein muß, aber eine gewisse Ordnung gibt – bewußt oder unbewußt – einen gewissen Halt. Wenigstens finde ich darin ein Stück Orientierung.

Ich sehe mich ein wenig um und finde in dieser Zelle kaum Abweichungen von derjenigen, in der ich mich befunden hatte. In einer Ecke steht das Trockenklosett und an der Wand über der Tür strahlt der Scheinwerfer. Es gibt hier kein Fenster, also nie frische Luft in dem mir überheizt scheinenden Raum. An einer Wand verläuft ein Abflußrohr von etwa 15 cm Durchmesser in 1 Meter Höhe.

Als ich von einigen meiner „Kameraden“ – so verstehen sich die Männer in dieser Zelle – Einzelheiten über die Umstände und die Gründe ihrer Verhaftung erfahre, über die

Stationen ihrer Haft und die Verweildauer, wird mir klar, daß ich mich auf eine längere Zeit in diesem Gefängnis einrichten muß. Das bedeutet, Geduld zu haben und sich mit den Umständen abzufinden, in die ich geraten bin und die in Zukunft noch zu erwarten sind. So hatte ich mir die Befreiung Deutschlands von der NS-Diktatur nicht vorgestellt. Damals, als ich mit meinem Vater den Feindsender Radio London gehört hatte, klang das alles ganz anders. Da war von Rache und Vergeltung nie die Rede. Die Beseitigung des verbrecherischen Regimes stand ganz oben in den Plänen der Alliierten, aber das deutsche Volk hätte nichts zu fürchten. Da war von Demokratie, Menschenwürde, Humanität und vielen anderen großartigen Errungenschaften der Freiheit zu hören, die man Deutschland bringen würde. Ich kann mich gut daran erinnern. Immer wieder waren die Worte „des großen Stalin" später an allen möglichen Stellen und Plätzen plakatiert worden: „Die Hitler kommen und gehen, aber das deutsche Volk wird ewig bestehen".

In den Gesprächen mit meinen Kameraden, in denen sie mir vermitteln, wie es hier zugeht und was erfahrungsgemäß auf jeden Neuankömmling zukommt, bildet sich bei mir nach und nach eine Einstellung heraus, die ich als inneren Widerstand empfinde und bezeichne. Daraus erwächst der unbeugsame Wille durchzuhalten und zu überstehen, egal was mir noch bevorsteht. Das eher unbewußte Wachsen einer solchen inneren Einstellung und Haltung führt unmerklich auch zu einer zunehmend realistischeren Einschätzung meiner Lage. Ich kann es so formulieren: Ich brauche mir nichts mehr vorzumachen.

So vergeht der zweite Tag meiner Haft in diesem NKWD-Gefängnis wie im Fluge. Außer der Essenausgabe zur Mittagszeit, die von den beiden ehemaligen Wlassow-Soldaten unter Aufsicht eines Postens vorgenommen wird, schreckt uns an diesem Tage nichts auf in unserer Zelle. Schnell gewöhne ich mich daran, daß von Zeit zu Zeit in unregelmäßigen Abständen der Wachhabende die Metallscheibe über dem Loch in der Tür anhebt und sich vergewissert, daß hier nichts Unstatthaftes geschieht.

Von meinen Kameraden habe ich gehört, daß hier die Verhöre vorzugsweise nachts stattfinden. Ich gehe aber nicht davon aus, daß es mich in dieser Nacht schon treffen könnte. Wir haben uns auf der Pritsche langgelegt. Hier und da flüstern sich zwei Kameraden noch ein paar Worte zu, ehe totale Stille eintritt und allem Anschein nach jeder schläft. Ich habe in den letzten beiden Tagen noch kein Zeitgefühl entwickeln können, wie einige meiner Kameraden es nach längerem Aufenthalt schon besitzen. So weiß ich nicht annähernd wie lange ich schon schlafe, geschweige denn wie spät es ist, als es plötzlich rappelt an der Zellentür und sie geöffnet wird. Ehe ich recht wach werde – quasi im Halbschlaf – höre ich den Wachhabenden rufen: „Völkner, Dieter, Vater Germann, davaj"! Indem ich mich aufrecht setze und verstört um mich blicke, kann ich sehen wie einige meiner Kameraden ebenfalls wach werden, sich der eine oder andere umdreht und auf die andere Seite legt, um gleich danach weiterzuschlafen. Die Rücksichtslosigkeit der Russen, denen nicht einmal die Nachtruhe der Häftlinge heilig ist, die vielleicht sogar bewußt praktiziert wird, um die Häftlinge zu zermürben, hat offenbar wenig Chancen zu wirken.

Das Vernehmungszimmer, in das ich gebracht werde, liegt ein Stockwerk höher. Auf dem Weg durch Gang und Treppenhaus erfaßt mich eine innere Ruhe und Gelassenheit, wie ich sie seit dem Tage meiner Verhaftung noch nicht erlebt habe. Angesichts meiner Lage und der gewohnten Nervosität, die mich früher manchmal in ungewohnten Situationen befallen hat, bin ich darüber verwundert. Etwas überspitzt, aber durchaus nicht abwegig, schätze ich das sogar als kaltschnäuzig bis kaltblütig ein. Ich frage mich nicht einmal, was mich hier oben erwartet, als wir vor dem Vernehmungszimmer angekommen sind.

Ein anderer Posten, der vor dem Vernehmungszimmer steht, öffnet die Tür zu einem geräumigen Büro, in dem zwei große Schreibtische, Aktenschränke und einige Stühle stehen. Zwei NKWD-Offiziere sitzen an ihrem Schreibtisch und beenden ein Gespräch, als ich den Raum betrete. Die Luft ist geschwängert von Zigarettenqualm.

Einer der Offiziere erhebt sich, nimmt den nächstbesten Stuhl und stellt ihn vor seinen Schreibtisch. Dann fordert er mich auf, Platz zu nehmen. Ich sitze nun direkt ihm gegenüber und blicke in ein offenes, ebenmäßiges Gesicht. Seine ruhigen, graublauen Augen mustern mich kurz. Sein Uniformrock ist korrekt zugeknöpft. Er wirkt auf mich in gewisser Weise sympathisch. Fast freundlich – oder bilde ich mir das nur ein, weil es in krassem Gegensatz zu dem steht, was ich seit meiner Verhaftung erlebt habe – beginnt er zu sprechen.

Er verliest aus einer Akte zunächst die Personalien. Da ich mich etwa 3 Meter vor seinem Schreibtisch auf den Stuhl setzen mußte, kann ich „Stielaugen machen“ soviel ich will, ohne daß ich etwas lesen kann. Ich sehe nur verschwommen kyrillische Schriftzeichen auf einem Blatt. Die Anordnung auf dem Blatt läßt mich ein Formular vermuten.

Außer Geburtsdatum und Geburtsort hat der Offizier nichts auf dem Blatt zu ergänzen. Unbefangen bestätige ich mit „Ja“ die Personalien, gebe freimütig die gewünschten Ergänzungen und glaube, daß ich nun endlich ein richtiges Verhör erleben werde.

Der Vernehmungsoffizier – so sehe ich ihn im Augenblick noch – stellt sachlich fest, daß ich Stamm- und Standortführer in der Hitlerjugend gewesen bin. Er fragt mich, ob das richtig sei, denn es liege eine entsprechende Anzeige vor. Ich denke, daß jetzt der Zeitpunkt gekommen sei, mich dazu zu äußern und beginne mit der Frage, woher die Anzeige kommt? Endlich ein Ansatzpunkt zur Klärung, hoffe ich. Ich höre jedoch: „Das werde ich nicht sagen. Das tut nichts zur Sache. Ich habe nur zu untersuchen, ob das stimmt, was hier steht“. Seine Miene verdüstert sich zusehends. Was soll ich machen, geht es mir blitzartig durch den Kopf, und schon habe ich mich entschieden zu schweigen.

Ich sehe mich in meiner Erwartung getäuscht, daß ich hier richtig verhört werde oder daß etwas stattfindet – wenigstens eine Art Gespräch – bei dem ich für meine Darstellung Gehör finde. Es genügt den Russen offenbar, wenn ich zugebe, Hitlerjugendführer gewesen zu sein. Weder nach der Zeitspanne, während der ich als Schüler für die Hitlerjugend tätig war, noch nach Details wird gefragt. Einerseits bin ich ganz froh darüber, daß sie „in meinem Fall" keinen Erfindungs- und Einfallsreichtum oder gar Phantasie entwickeln, um theoretische Möglichkeiten von Verbrechen oder Vergehen zu konstruieren. Andererseits fühle ich mich ungerecht behandelt, weil sie mir keine Gelegenheit geben, meine nachweisbare Abkehr vom Nationalsozialismus schon seit 1944 und erst recht seit 1945 ins Gespräch zu bringen. Kann es sein, daß mein Gegenüber froh darüber ist, mit mir keine Schwierigkeiten zu haben, so daß er in meinem Falle keine Zwangsmaßnahmen anwenden muß, um einen „Tatbestand" zu ermitteln? Mache ich ihm die Arbeit leicht? Eröffnet es mir die Chance, diese Institution ohne Prügel zu durchlaufen?

Unvermittelt sagt der Offizier: „Die Vernehmung ist beendet, Du gehen!" Wortlos stehe ich auf und gehe zur Tür, wo mich der herbeigerufene Posten abholt. Als wir wieder vor der Zelle angekommen sind und ich durch die Tür in die Zelle gehe, sind einige meiner Kameraden von den Geräuschen wach geworden und bemerken meine Rückkehr. Aber nur Paul Schuster, neben dem ich meinen Liegeplatz habe, setzt sich auf und wartet bis ich mich hinlege. Die Enttäuschung über das soeben Erlebte scheint mir noch im Gesicht zu stehen. „Was machst Du für ein Gesicht?" flüstert er, um niemand im Schlaf zu stören. „Was haben sie mit Dir gemacht?" Leise antworte ich: „Eigentlich gar nichts. Sie haben nur festgestellt, daß ich HJ-Führer war. Prozedur fast wie in Kyritz." „Dann bist Du ja heute gut davongekommen," stellt er fest – wie es mir scheint recht lakonisch. Damit ist unsere leise Unterhaltung beendet. Er dreht sich um und schläft weiter. Auch ich habe keine Schwierigkeiten, die unterbrochene Nachtruhe fortzusetzen, die heute nicht durch weitere Abholungen zu Verhören gestört wird.

Der dritte Tag in diesem Gefängnis hat irgendwann begonnen. Wann, das kann ich nicht genau sagen. In der Zelle mit der ständigen Beleuchtung durch den Scheinwerfer über der Tür, gehen Nacht und Tag und die Tage und Wochen nahtlos ineinander über. Nur die regelmäßigen täglichen Abläufe wie Wecken, Brotausgabe am Morgen und Ausgabe des Mittagessens bis zum abendlichen Aufruf eines Postens durch den „Spion", der „Schlafen" gebietet, lassen uns ungefähr erkennen wie die Zeit vergeht. Bis der Aufruf zum morgendlichen Gang in den Waschraum erfolgt, bleiben wir alle auf der Pritsche liegen. Vereinzelt beginnen Kameraden schon ein Gespräch; so auch mein „Nachbar" Paul Schuster mit mir. Er nimmt den Gesprächsfaden da auf, wo wir während der Nacht abgebrochen hatten. Er sieht ein gutes Zeichen darin, daß mir die Russen lediglich die ehemalige Führungsposition in der Hitlerjugend anlasten wollen und keine aus ihrer Sicht verbrecherischen Handlungen damit verbinden.

Nachdem wir aus dem Waschraum zurück sind, läßt die Brotausgabe nicht lange auf sich warten. Die Brotstücke sind nicht gerade gleichmäßig im Sinne von gleichgewichtig geschnitten. Wir können es optisch wahrnehmen, aber es gibt keinen Futterneid, wenn einer mal ein größeres und der andere mal ein kleineres Stück erhält. Da das Mittagessen – Buchweizengrütze mit Rindfleischstücken, aber nicht so dick wie Kascha – verhältnismäßig gut und reichlich ist und jeder davon satt werden kann, kümmern uns die Unterschiede beim Brot nicht. Zu der Steingutschüssel mit schwarzem Tee erhält jeder noch einen Eßlöffel voll Zucker. Der wird in eine Kuhle geschüttet, die mittels Druck des Daumens in den weichen Teil des Brotes entsteht. Von meinen Kameraden höre ich, das sei seit ewigen Zeiten bei „Knastbrüdern" Brauch.

Paul Schuster und ich setzen unser Gespräch fort. Paul ist ein schlanker, sportlich wirkender Mann und deutlich größer als ich. Früher hätte man ihn als drahtig bezeichnet. Sein fein geschnittenes Gesicht verrät Intelligenz und Lebenserfahrung. Von dieser Lebenserfahrung will ich profitieren und von seinem Optimismus, der uns allen in dieser Zelle hilfreich sein kann. Er war Kaufmännischer Direktor des größten deutschen Aluminium-Werkes, des Lautawerks. Deswegen ist er hier.

Er sieht uns beide in derselben oder mindestens vergleichbaren Situation. Auch er hat hier noch kein richtiges Verhör erlebt. Lediglich seine Tätigkeit in führender Position in der Rüstungsindustrie des Dritten Reiches wird ihm immer wieder stereotyp vorgehalten. Der Vernehmungsoffizier reitet beharrlich darauf herum, daß er mit der Herstellung von Aluminium am Bau von Kriegsflugzeugen beteiligt gewesen sei. Das wird als Kriegsverbrechen ausgelegt. Paul ist im Vergleich zu mir ein Mann in den besten Jahren – Mitte 40 – und ein wirklich handfester, cleverer Typ. Er sagt mir, er hätte bisher auch nicht die geringste Chance zu Erklärungen, Rechtfertigungen oder Gesprächen bekommen. Alle Versuche seien im Ansatz schon abgewürgt worden. Seine Vermutung – und dementsprechend seine Hoffnung – geht dahin, daß wir keine Verhandlung, keine Anklage und keine Verurteilung vom Sowjetischen Militär Tribunal befürchten müßten. Er hätte schon von Internierungslagern der Alliierten gehört und meint, daß sie uns schlimmstenfalls dort einsperren würden. Er will im Sender RIAS, Berlin, einen Bericht über solche Lager in der Sowjetzone gehört haben. Es sei berichtet worden über katastrophale Zustände in diesen Lagern, erinnert er sich.

Im Laufe der folgenden Tage lerne ich weitere Kameraden besser kennen. So bildet sich ein Vertrauensverhältnis, und es entsteht im gegenseitigen Vertrauen eine Notgemeinschaft, die jeden von uns die Stunden und Tage in dieser Zelle leichter ertragen läßt.

Auffallend niedergeschlagen und verzagt ist Gerhard

Manzen aus Rathenow. Seine Frau erwartet ein Kind in diesen Tagen. Er ist in großer Sorge; zum einen, ob alles gut verläuft für Mutter und Kind bei der Geburt und zum anderen, was aus den beiden werden soll, wenn der Ernährer der Familie fehlt.

Ihn verdächtigen die Russen der Spionage in der Sowjetzone für den britischen Geheimdienst. Vor zwei Wochen war er nach der Rückkehr von einer Reise in die britische Besatzungszone verhaftet worden. Wahrscheinlich hatte ihn jemand bei den Russen denunziert und sie informiert, daß er Funker in einem Divisionsstab der Wehrmacht gewesen war. Bei der Verhaftung hätten die Russen seine Wohnung durchsucht, erzählt er uns. Sie behaupteten, er hätte eine Funkgerät versteckt, das sie suchten. Um diese Beschuldigungen geht es in seinem Fall bei inzwischen mehrfach erfolgten Verhören.

Paul Schuster versucht auch ihn zu trösten. Doch Gerhard Manzen, Mitte 20, ist schwer von seinen sorgenvollen Gedanken abzulenken. Des öfteren beobachte ich, wie er still vor sich hin weint. Selten beteiligt er sich an unseren Gesprächen, weil seine Gedanken immer wieder bei seiner Frau weilen und bei der zu erwartenden Geburt. Doch diese Institution NKWD kennt kein Erbarmen.

Gerhard Manzen ist ein typischer Fall dafür, daß wir kein Verständnis und erst recht keine Gnade von den Vollstreckern anscheinend ungeschriebener Gesetze erwarten können.

Ein weiterer, sehr zurückhaltender Kamerad in unserer Zelle ist Johannes Stricker, der wie Gerhard Manzen aus Rathenow stammt. Er meidet geradezu die Gesellschaft der Kameraden. Von ihm erfahren wir nichts Persönliches aus seinem Leben. Er ist Mitte 30. Mit seinem unzugänglichen Verhalten erweist er sich in der Gemeinschaft unserer Zelle als Fremdkörper, und das lassen manche Kameraden ihn auch spüren, indem sie ihn völlig ignorieren. Mir tut er leid, aber auch ich habe schon mehrfach vergeblich versucht, ihn in ein Gespräch zu ziehen.

Wie ich bald merke, vergehen unsere Tage nicht ungezählt, denn einer von uns hat unbemerkt den Putz von einer lockeren Kachel im Waschraum soweit abkratzen können, daß er die Hälfte davon abbrechen und in die Zelle schmuggeln konnte. Er ritzt damit jeden Morgen eine kleine Kerbe in die Wand an einer Stelle, die man nicht von der Tür aus sehen kann. Und weiter als bis höchstens einen Meter ist bisher noch kein Russe in unsere Zelle hineingekommen. Auf diese Weise haben wir einen Kalender.

Die nun zum Inventar unserer Zelle gehörende Kachel verwenden wir auch als Spiegelersatz. Schön blankgeputzt, können wir im Gegenlicht des Scheinwerfers unser Gesicht wenigstens in groben Zügen erkennen, wenn auch etwas unscharf und verschwommen. Wichtiger ist vielleicht, daß wir damit ein kleines Stück Zivilisation zurückgewinnen.

Am 27. Oktober rücken wir einerseits der Zivilisation näher, andererseits jedoch dem typischen Aussehen von Häftlingen. Der Friseur kommt am Vormittag. Einzeln werden wir in den Waschraum geführt, wo er uns erwartet. Er ist nach meiner Schätzung ein Mann in den Fünfzigern und bewegt sich hier recht sicher. Wie er sich in seinem weißen Kittel mit einer von Hand zu bedienenden Haarschneidemaschine darstellt, gibt er mir das Gefühl einer normalen und gewohnten Lebenssituation. Kamm und Schere – nun schon geraume Zeit aus meinem Gesichtskreis entschwunden – tun ein übriges dazu. Störend ist nur der russische Soldat, der neben ihm steht. Als hätte er sich dafür zu entschuldigen, sagt der Friseur, während ich auf einem Schemel Platz nehmen muß: „Ich darf mich mit Euch nicht unterhalten".

Das lange Haupthaar wird mit der Schere so kurz es geht abgeschnitten. Die stehengebliebenen 1 bis 2 cm langen Stoppeln werden mit der Maschine geschoren. Für mich ist es nicht deprimierend, mit einem kahlgeschorenen Kopf umherzulaufen. Überrascht bin ich nur – weil gedanklich darauf nicht vorbereitet – als der Friseur mich auffordert, Hose und

Unterhose runterzulassen. Doch dann ist mir sogleich klar: alle Haare sollen entfernt werden, damit sich nicht Läuse ansiedeln können. Anschließend wird der schon beachtlich gewachsene Bart abrasiert. Dazu benutzt der Friseur ein Rasiermesser, das mir aus Großvaters Zeiten zu stammen scheint. Mir kommen gewisse Bedenken, ob er mich damit rasieren kann, ohne mir Schnittverletzungen zuzufügen, aber das befürchtete „Blutbad" bleibt aus.

Wieder in der Zelle, blicken wir einander etwas verwundert an. „Mensch, wie siehst Du nackend aus!" kommentiert Paul Schuster das Ergebnis der Aktion des Friseurs. Er macht damit eine Anspielung auf das Thema, über das wir uns erst vor einigen Tagen unterhalten hatten. „Was bleibt vom Menschen übrig, wenn alle Attribute der Zivilisation und der Konventionen von ihm abgefallen sind"? In einer solchen Situation glauben wir uns zu befinden. Das Stück Kachel macht die Runde. Fast jeden von uns verlangt es danach, einen Blick auf sein halbwegs erkennbares neues Konterfei zu werfen.

Gegen Mitternacht dieses Tages reißt uns der Ruf eines Postens aus dem Schlaf, der laut und barsch den Namen desjenigen nennt, den er zum Verhör bringen soll. Es ist Kurt Poitier aus Berlin, wohin er vor dem Sowjeteinmarsch 1940 aus dem Baltikum geflüchtet ist. Er hatte in Riga gelebt. Er ist ein großer, stattlicher Mann. Sein französischer Familienname weist darauf hin, daß seine Vorfahren Hugenotten waren. Mit den Russen hatte er schon einmal schlechte Erfahrungen gemacht. Weil er einer sogenannten bourgeoisen Familie angehörte, hatten sie ihn in den Wirren des zuendegehenden ersten Weltkrieges verhaftet und nach Sibirien in die Verbannung geschickt. Erst 1929 kam er aus der Verbannung zurück nach Riga. 1940 hatte er mit seiner Familie Zuflucht gefunden bei Verwandten in Berlin. „Wäre ich doch bloß noch weiter nach Westen geflüchtet" hatte er vor einigen Tagen gesagt, als er uns die Zeit der Verbannung, sein Leben in Riga und seine Flucht nach Berlin schilderte.

Verstört erhebt sich Kurt Poitier und folgt schlaftrunken dem Posten. Da er während der Haft schon einige Kilogramm abgenommen hat, rutscht ihm die Hose vom Leibe, wenn er sie nicht mit beiden Händen festhält. Wie uns anderen die Gürtel, so haben die Russen ihm bei der Verhaftung auch die Hosenträger abgenommen. Sobald er also aufsteht und geht, muß er schnell nach seinem Hosenbund greifen. Es sieht grotesk aus. Er weiß das und empfindet es als eine ganz persönliche Demütigung.

Ich wache erneut auf, als wohl eine halbe Stunde später der Posten ihn zurückbringt. Kurt Poitier bietet in dem um seinen Körper schlotternden Anzug ein Bild des Jammers. Dieser über 60 Jahre alte Mann kommt gramgebeugt und mit Tränen in den Augen vom Verhör. In dieser Nacht ist er erneut mißhandelt worden, weil er nicht gestehen kann und gestehen will, ein „Konterrevolutionär" zu sein. Dieses Verbrechens beschuldigen ihn die Russen und wollen ihn im Falle eines Geständnisses vor das Militärtribunal bringen. Kurt Poitier verweigert das Geständnis trotz des massiven Drucks auf ihn bei allen Vernehmungen, weil einerseits die Beschuldigung absurd und daher nicht beweisbar ist und ihm andererseits eine Verurteilung zu 10 oder 20 Jahren Zwangsarbeit droht.

Dieser alte, lebenserfahrene Mann, der so interessant erzählen kann, liegt in diesen Tagen links neben mir auf der Pritsche. Rechts ist auch Paul Schuster wach geworden. In dem schrecklichen Dilemma, in dem ich mich mit allen anderen Kameraden befinde, sind mir meine beiden „Pritschennachbarn" die größte Hilfe. Zu beiden habe ich Vertrauen wie zu keinem anderen. Daher versuche ich, ebenso wie Paul Schuster, ihn zu trösten. Aber kann man das überhaupt in einer solchen Situation? Die Beschimpfungen und die Mißhandlungen, mit denen sie ihn überziehen, wiegen im Vergleich zu uns anderen Häftlingen nicht nur seines Alters wegen bedeutend schwerer. Er versteht im Gegensatz zu uns ihre Sprache und bekommt alles mit, was sie gegen ihn und über ihn sprechen. Jeder Fluch und jedes Schimpfwort gehen direkt ein.

Die Tage vergehen und summieren sich allmählich zu Wochen. Kaum ein Tag ist quälend und langweilig, weil in dieser Zelle fast durchweg intelligente, kontaktfreudige und aufgeschlossene Menschen zusammen sind. Die einen hatten interessante Berufe und Positionen, andere hatten viel Außergewöhnliches erlebt und fast alle waren Soldat gewesen. Breiten Raum nehmen insbesondere die Kriegserlebnisse ein. So vergeht kein Tag ohne stundenlange Gespräche, Erlebnisberichte und Diskussionen. Der Posten auf dem Gang wirft mehrmals täglich einen lang anhaltenden Blick durch das Loch in der Zellentür und beobachtet uns. Es stört die Russen nicht, daß wir oft in mehreren kleinen Gruppen zu zweit oder zu dritt auf der Pritsche zusammensitzen und uns unterhalten. Wären nicht jede Nacht die Verhöre, zu denen manchmal pro Nacht auch 2 oder 3 Kameraden geholt werden, würden wir uns bald fragen, warum wir eigentlich hier sind.

Eines Nachts bin ich mal wieder an der Reihe. Ich denke, es wird wohl ablaufen wie gehabt. Doch dieses Mal gibt es eine Variante der Sitzordnung. Ein Stuhl steht mitten im Raum, auf dem ich Platz nehmen muß. Hinter seinem Schreibtisch steht der Vernehmungsoffizier, mit dem ich schon das erste Mal zu tun hatte, und raucht eine Zigarette. Er nimmt einen Stuhl, der neben seinem Schreibtisch steht, und geht damit auf mich zu. Unmittelbar vor mir dreht er den Stuhl um und stellt ihn so ab, daß die Lehne mir zugewandt ist. Ich will dieses Mal versuchen, einen anderen als den sonst gewohnten Ablauf herbeizuführen. Dabei fällt mir nicht auf, daß er unter dem rechten Arm eine Nagaika – eine Kosakenpeitsche aus Lederriemen – hält. Als er sich auf den etwa 1 Meter vor mir stehenden Stuhl setzt und anfangen will, bücke ich mich betont langsam und umständlich zu meinen Schuhen hinab und tue so, als drücke mich etwas im Schuh und ziehe den Schuh aus. Heute ist es mir wirklich egal, was passiert und was ich damit auslöse. Selbst Prügel bin ich bereit in Kauf zu nehmen, wenn ich damit erreiche, daß es einmal anders läuft als bisher. Wie wird mein Gegenüber wohl reagieren?

Er erkennt natürlich sofort meine Absicht, ihm eine gewisse Nichtachtung zu zeigen und so zu tun, als interessierte es mich wenig, was er mit mir vorhat. Die Nagaika, die er in der Hand hat, hebt er blitzartig und schon pfeift sie an meinem in Kniehöhe befindlichen Kopf einmal links und ein weiteres Mal rechts vorbei. Von dem übelsten russischen Fluch begleitet, den ich kenne, schreit er mich an: „Faschist" und ist offensichtlich außer sich vor Wut. Schnell setze ich mich wieder aufrecht hin und sehe ihn da mit zornigem Gesicht auf seinem Stuhl sitzen. Ich begreife, daß ich überzogen habe und so auch nicht weiterkomme. Ich sehe und muß anerkennen, daß er sich mühsam beherrscht, nicht auf mich einzuschlagen. Ich sehe ihm gerade und fest in die Augen und warte gelassen und ruhig auf den Fortgang des Geschehens. Ich weiß jetzt ziemlich sicher, was folgt, wenn ich mich in Sprache und Haltung aufsässig zeigen würde. Ich kann aus seinem Gesicht den Unmut ablesen, ehe er anfängt zu sprechen. Er beginnt wieder mit den persönlichen Daten und endet mit der Erwähnung meiner Führungsposition in der Hitlerjugend. Wie von mir verlangt, bejahe ich alles und bin damit in wenigen Minuten durch. Der Eindruck verstärkt sich bei mir, daß er mit mir nichts anzufangen weiß. Warum werde ich denn überhaupt noch hier festgehalten? Was sollen überhaupt diese Pseudo-Verhöre? Wollen die sich oder mich zum Affen machen? Diese Fragen gehen mir durch den Kopf, als der herbeigerufene Posten mich wieder zurückbringt in die Zelle. Leise fragen mich die erneut wachgewordenen Pritschennachbarn wie es gelaufen ist? „Es war kein richtiges Verhör" antworte ich. „Morgen mehr darüber" beende ich unser „Pritschengeflüster", um nicht andere im Schlaf zu stören.

Ich habe am nächsten Tag nicht viel zu berichten. Daß ich den Vernehmungsoffizier provoziert habe, finden einige Kameraden eher riskant als nützlich. Die Mehrheit kommt zu dem Ergebnis, daß es völlig gleichgültig ist, wie man sich verhält. Sie meinen, die Russen haben ihren Auftrag von höherer Stelle und danach handeln sie, unabhängig von dem, was dem einzelnen Häftling vorzuwerfen oder anzulasten ist. Das erscheint uns nach den bisherigen Erfahrungen eine realistische Einschätzung zu sein.

Schon mehr als zwei Wochen ist die Belegung unserer Zelle unverändert geblieben. Wir sind jetzt 14 Männer. Obgleich die meisten von uns zwei- oder dreimal zwischen einer viertel bis zu einer Stunde lang im Vernehmungszimmer gewesen sind, ist niemand aus dieser Zelle in eine andere oder jemand aus einer anderen Zelle in diese verlegt worden. Wir schließen daraus, daß wir zu einer Kategorie gehören, die gleichgeartete und gleichbewertete Haftkriterien aus Sicht des NKWD erfüllen und danach eingestuft und behandelt werden.

Heute haben wir allerdings einen Zugang zu verzeichnen. Ein Posten reißt am späten Vormittag die Zellentür auf, und mehr fliegend als gehend – fast kann man sagen taumelnd – kommt ein junger Mann von schätzungsweise 25 Jahren in die Zelle. Nach dem üblichen Spießrutenlaufen durch die vom „Empfangskomitee" gebildete „Prügelgasse", steht er nun nackt und mit seinem Bündel Kleidung unterm Arm vor uns. Verstört und hilflos sieht er uns an. Wir wissen alle, wie ihm zumute sein muß. Allmählich löst sich seine Erstarrung. Er kommt zur Besinnung und beginnt sich anzuziehen. Paul Schuster steigt von der Pritsche und geht zu ihm. Er veranlaßt ihn, sich neben ihn auf den vorderen Rand der Pritsche zu setzen. Behutsam fängt Paul an, mit ihm zu sprechen. Er muß ihm nicht erklären, wo er sich befindet. Am Beispiel aller, die wir in dieser Zelle versammelt sind, versucht er ihm zu helfen, sich in dieser Lage zurechtzufinden und sich damit abzufinden.

Nach und nach scheint „unser Zugang“ sich zu beruhigen und zu sammeln. Am Tage findet er noch auf der Pritsche Platz, nachts allerdings nicht mehr. Wir liegen bereits so eng nebeneinander wie Ölsardinen in der Büchse. Einige besonders neugierige Kameraden setzen sich – dem Beispiel von Paul folgend – um ihn herum und überschütten ihn förmlich mit ihren Fragen. „Woher kommst Du?“ und „warum bist Du verhaftet worden?“ sind und bleiben immer die ersten Fragen bei einer Begegnung von Häftlingen in einer solchen Situation. Viel später fragt man nach dem Namen oder erfährt ihn beiläufig. Man merkt sich vor allem den Vornamen.

Bereitwillig gibt Horst Schlieter Auskunft auf unsere Fragen. Er ist hier in Brandenburg am frühen Morgen dieses Tages aus der Wohnung seiner Großmutter abgeholt und verhaftet worden. Bevor er „gefilzt“ worden war, hat schon ein erstes Verhör stattgefunden. Der Vernehmungsoffizier hat ihm Spionage für den britischen Geheimdienst vorgeworfen.

Er ist als Oberleutnant bei den Panzerjägern in den letzten Kriegstagen in englische Gefangenschaft geraten und im Sommer 1946 entlassen worden in die britische Besatzungszone. Vor einigen Tagen war er „schwarz über die grüne Grenze gegangen“. Das heißt, er hatte nicht die nötigen Papiere, um die Demarkationslinie zwischen den Besatzungszonen offiziell zu überschreiten. Er wollte unauffällig seine Großmutter besuchen. Irgendwer mußte ihn bei den Russen „verpfiffen haben“. Eine Festnahme an der Demarkationslinie oder im Ort, in dem man sich aufhält, riskiert jeder „Illegale“. Nur die Russen scheinen gleich mehr daraus zu machen als die anderen Alliierten – wie uns nun schon mehrere Fälle zeigen. Sie haben den NKWD, und der stempelt nicht von ungefähr jeden, den sie schnappen, zum Spion und Agenten ab. Der Vorwand scheint ihnen zu reichen und besonders geeignet zu sein, Deutsche in ihre Gewalt zu bringen. Da solche Grenzüberschreitungen häufig illegal geschehen, ist das ein von der Zahl her lohnendes

Betätigungsfeld für sie.

Horst Schlieter wirkt nicht nur auf mich sehr sympathisch. Er paßt gut zu unserem engeren Kreis um Paul Schuster. Deswegen nehmen wir uns seiner besonders an. Schon in dieser Nacht wird er zum zweiten Verhör geholt. Sie setzen ihm verbal zwar hart zu, schlagen ihn aber nicht. Er berichtet nur kurz, als er wieder in die Zelle kommt. Zum Schlafen muß er sich wieder auf den Zementboden legen.

Einige Tage später erhalten wir einen weiteren Zugang. Er kommt aus einer anderen Zelle. Wir erkennen das an seinem kahlgeschorenen Kopf und auch daran, daß er bekleidet ist. Sein Mantel und seine Decke unterm Arm sind sein ganzes Gepäck. Ich schätze sein Alter auf Mitte 30. Ruhigen Schrittes und selbstsicher steigt er auf die Pritsche, kommt auf uns zu und stellt sich vor als Eugen Abel. Auch er findet tagsüber noch Platz auf der Pritsche. Wir müssen uns allerdings damit abfinden, daß von nun an jede Nacht zwei von uns auf dem Zementboden schlafen. Ich melde mich freiwillig für die nächste Nacht, da ich der Jüngste bin.

Kaum hat Eugen Abel seine Sachen hingelegt und sich gesetzt, bestürmen wir ihn ebenso mit unseren Fragen wie zuletzt Horst Schlieter. Er stammt aus Putlitz, einem Städtchen im nördlichen Teil der Mark Brandenburg und ist Lehrer. Nach seiner Entlassung aus der Gefangenschaft, hat er schon fast ein Jahr lang seinen Beruf ausüben können, obgleich er Offizier in der Wehrmacht gewesen war. Den Krieg hat er von 1939 bis 1945 mitgemacht als Fallschirmjäger. Er war auch mehrmals verwundet. Von der Insel Kreta, über der er am 20. Mai 1941 gemeinsam mit dem ehemaligen Weltmeister im Schwergewichtsboxen, Max Schmeling, abgesprungen ist, bis zum Gran Sasso in Italien, wo er mit Skorzeni am 12. September 1943 Benito Mussolini, den Duce, auf Befehl von Adolf Hitler in einem Handstreich befreit hatte, mußte er an vielen Fronten kämpfen. Für den Einsatz zur Befreiung des Duce, hatte er persönlich vom Führer das Deutsche Kreuz in Gold erhalten.

Die Russen wollen zweifelsohne Eugen Abel vor das Sowjetische Militär Tribunal bringen. Sie konstruieren mit erfundenen Behauptungen und Halbwahrheiten den damaligen Hergang und eine Anklage gegen ihn. Nun haben die NKWD-Leute hier in Brandenburg endlich mal ein Ereignis der Kriegsgeschichte zu behandeln, aus dem sich richtig was machen läßt. Vielleicht „ein großer Fall"?

Skorzeni war am 12. September 1943 mit einem „Fieseler Storch", einem Flugzeug, das für Start und Landung eine extrem kurze Piste brauchte, auf dem Plateau des Gran Sasso gelandet. Gleichzeitig landete ein Stoßtrupp von Fallschirmjägern unter dem Kommando von Eugen A., der damals Oberleutnant war. Durch den Überraschungsangriff der deutschen Fallschirmjäger aus der Luft, waren die italienischen Soldaten, die den Duce bewachten, so geschockt, daß sie ihren Gefangenen ohne Gegenwehr herausgaben. Die Russen behaupten jetzt, auf dem Gran Sasso sei von deutscher Seite geschossen und ein italienischer Soldat verletzt worden. Mit dieser Beschuldigung wollen sie ein Kriegsverbrechen konstruieren und Eugen zur Rechenschaft ziehen. Er weigert sich beharrlich, ein Geständnis abzulegen und zu unterschreiben, da bei dieser Aktion nach seiner Darstellung zwar von deutscher Seite wie wild in der Gegend in die Luft geschossen, aber kein Italiener verwundet worden sei.

In diesen Tagen bringen die Zugänge eine willkommene Abwechslung in das Einerlei des gewohnten Ablaufs. Ich fühle mich gut aufgehoben in der Gemeinschaft der Häftlinge in dieser Zelle. Es ist immer ein Ansprechpartner da, ob für ein Gespräch, einen Stoßseufzer oder für eine bissige Bemerkung.

Es geschieht auch einmal etwas, das von außen her unsere Stimmung auflockert und uns begrenzt erheitert. Für grenzenlose Heiterkeit bieten Zeit, Raum und unsere Situation leider keinerlei Voraussetzungen.

Bei der Ausgabe des Mittagessens, die noch immer von den beiden ehemaligen Wlassow-Soldaten besorgt wird, fragt einer von ihnen nach einem Friseur. Reichlich ratlos sehen wir uns um in der Runde. Niemand meldet sich spontan. Offenbar haben wir keinen Kameraden unter uns, der auch nur annähernd von dem Handwerk etwas versteht. Plötzlich ruft Paul Schuster „hier"! – so laut er kann. Dabei schlägt er mir auf die Schulter und scheucht mich hoch. Er schiebt mich vorwärts in Richtung vordere Pritschenkante und flüstert hinter mir her: „Los, mach schon. Es wird schon gehen! Es gibt bestimmt einen Schlag Essen extra".

Dann bin ich auch schon runter von der Pritsche und stehe bei den Russen. Einer der beiden Wlassow-Russen fragt mich: „Du verstehen Haare schneiden?" Ich sage: „Da, da" ohne recht zu wissen wie das gehen soll und auf was ich mich einlasse.

Sie setzen ihre Essenausgabe in den anderen Zelle fort, und ich kann noch in Ruhe essen. Dann geht nach einer Weile die Zellentür wieder auf und die beiden stehen mit einem Posten davor und rufen nach dem Friseur. Im Gegensatz zu uns waren sie nicht kahlgeschoren und hatten ihr Haupthaar behalten dürfen. Das war reichlich lang gewachsen, so daß ein Haarschnitt zwar erwünscht, aber nicht unbedingt jetzt sein mußte. Warum wohl sollten oder wollten sie nicht warten, bis der Friseur aus Brandenburg wieder ins Gefängnis kam? Ehe ich darüber lange nachdenken kann, waren sie mit mir schon im Waschraum angelangt.

Der eine von ihnen drückt mir eine alte Haarschneidemaschine in die Hand – ölverschmiert die Scherenblätter und an einigen Stellen mit Rostansatz. Ein Kamm, dessen teilweise fehlenden Zinken bei mir den Begriff „Lauseforke" assoziiert und eine normale Hausschere vervollständigen mein „Arbeitsgerät".

Erwartungsvoll setzt sich der erste Russe auf einen Schemel, nachdem er sich ein Handtuch über die Schulter gelegt hat. Ich denke es ist gut, daß ich zwei Männern die Haare zu schneiden habe. So kann ich bei dem ersten schon mal üben und beim zweiten „habe ich den Bogen ja vielleicht schon raus". Erst einmal mustere ich kritisch mein Handwerkszeug und beanstande den schlechten Zustand: „Plochow, plochow“ sage ich – das heißt zu deutsch schlecht – und mit Kennerblick und Nachdruck, damit sie es auch verstehen, lasse ich „Nix gutt“ folgen. Die beiden nicken beifällig, denn das ist auch für sie unübersehbar. Ich greife nach dem Handtuch auf der Schulter meines ersten „Kunden“, nehme einen reichlich großen Zipfel davon und wische damit erst einmal die Ölrückstände von der Maschine. Und nun fängt das Haareschneiden endlich an.

Vom Kragenspiegel aufwärts schneide ich fast bis zum oberen Teil des Ohres mit der Maschine alle Haare weg. Es sieht nun so aus, als hätte man ihm einen Topf übergestülpt und alles was darunter herausragte, abgeschnitten – eher abgehackt. Zwischendurch schimpfe ich laut und vernehmlich über die miserabel arbeitende Maschine, von der manchmal einzelne Haare nicht geschnitten, sondern herausgerissen werden. Das merke ich an dem Zucken des Russen, der das dann mindestens als unangenehm empfinden muß. Dann lege ich die Maschine beiseite und greife nach Kamm und Schere. Ehe ich damit weiterarbeite, hantiere und klappere ich tüchtig damit. Ja, denke ich, nun wird der Übergang geschnitten und das Deckhaar gekürzt. Aber soviel ich auch hier und da schneide und schneide, es wird nichts mit dem Übergang und der fließenden Abstufung des Deckhaars, die zu einem Faconschnitt gehören. Mein erster Kunde hat und behält einen Schnitt, der einem „Pilzkopf“ ähnlich ist. Mit Unbehagen sehe ich, daß dieser nach einem Spiegel greift, den der andere Russe schon bereithält. Er sieht in den Spiegel und sagt: „Karaschow!“ – zu deutsch: „Gut!“ Ich fasse neuen Mut und schneide dem anderen Wlassow-Russen einen „Synchronschnitt“, das bedeutet, daß der nicht viel anders ausfällt als der erste. So sieht nun einer wie der andere aus. Ich muß einsehen, daß ich meine Fähigkeiten vom ersten bis zum zweiten Haarschnitt nicht verbessern konnte.

Als ich in die Zelle zurückkomme, fragt nicht nur Paul

Schuster wie es gelaufen ist. Ich berichte kurz, mache aber die Einschränkung, daß ich zwar Haare geschnitten, jedoch keinen Haarschnitt zustandegebracht habe. Da sie jetzt schon darüber lachen, bitte ich sie sich zu beherrschen, wenn die beiden mit ihrem verhunzten Kopf bei der nächsten Essenausgabe vor der Zellentür erscheinen. Ich will nicht riskieren, daß ich im Nachhinein statt eines „Schlags Essen" zur Belohnung Schläge beziehe.

Am nächsten Tag warten wir alle gespannt auf die Essenausgabe. Meine Kameraden lästern und spotten schon kräftig über meine Frisierkunst. Ich denke, was werden sie erst sagen, wenn sie die beiden Wlassow-Russen gesehen haben? Ich hingegen befasse mich mit meiner Hoffnung auf eine entsprechende Belohnung. Außer daß Paul Schuster eine solche unterstellt hat, wurde sie mir von niemand versprochen. Aber ich habe mich daran gewöhnt, daß die feinen Umgangstöne, Sitten und Usancen, wie sie in normalen Verhältnissen üblich und zu erwarten sind, hier keinen Bestand haben und nie haben werden. Der als ausgesprochen stupide empfundene Gang der Dinge in diesem Gefängnis, läßt mich zurückdenken an eine graue Vorzeit, als die Menschen noch in Höhlen hausten.

Pünktlich wie immer öffnet der Wachhabende die Zellentür, meine beiden „Kunden" treten mit dem Essenkübel ungefähr einen Meter weit in die Zelle hinein, und jeder von uns hat die Möglichkeit einer näheren Betrachtung der beiden „Pilzköpfe". Ich sehe schon in ihren Gesichtern ein Schmunzeln und verhaltenes Lachen. Doch es beruhigt mich, daß sie sich zusammennehmen und erst als die Zellentür wieder geschlossen ist und die Russen weiter weg sind in schallendes Gelächter ausbrechen. Nachdem das Mittagessen in allen Zellen verteilt ist, wird plötzlich noch einmal die Tür geöffnet. Einer der beiden Wlassow-Russen ruft: „Friseur, davaj!". Ich eile mit meiner Eßschüssel nach vorn und nehme einen Nachschlag in Empfang. „Du morgen noch mal" höre ich nur allzu gern und denke, wer zuletzt lacht, lacht am besten!

Ab dem 10. November gibt es auffallend viele Verhöre. Horst Schlieter trifft es in einer Nacht, in der ich neben ihm auf dem Zementboden liege. Sie müssen ihn sehr lange in die Mangel genommen haben. Ich schätze es ist eine Stunde vergangen, als ich vom Geräusch der Zellentür aufwache. Noch recht verschlafen nehme ich wahr, wie er sich wieder neben mich legt. Ohne ihn anzusprechen, schlafe ich ein, wahrscheinlich weil ich vorher tief und fest geschlafen habe. Es kann nicht lange gedauert haben, bis ich von massiven Bewegungen und von lautem Stöhnen meines Nachbarn erneut aufwache. Ich setze mich aufrecht und stelle voller Entsetzen fest, daß er sich die Pulsadern geöffnet hat. Neben seinen auf dem Boden liegenden Unterarmen hat sich bereits eine Blutlache gebildet und das Blut quillt weiter ungehindert aus den Pulsadern.

Wie versteinert verharre ich hilflos einige Sekunden, ehe ich laut rufe: „Paul, komm schnell. Horst will sich umbringen!“ Paul springt sofort auf, sieht mit einem Blick, was los ist und läuft zur Zellentür. Mit beiden Fäusten trommelt er gegen die Tür und ruft mehrmals laut nach dem „Dijurnui“. Es dauert nicht lange, bis die Zellentür geöffnet wird und der Wachhabende eintritt. Der scheint ebenfalls ohne Worte zu begreifen, was sich hier abspielt. Mit einem Handzeichen bedeutet er Paul Schuster Horst aufzuheben und wegzutragen. Beide tragen ihn in den Waschraum.

Inzwischen ist unsere gesamte Zellenbelegschaft hellwach geworden und nimmt das grausige Geschehen wahr. Alle sind in großer Aufregung und diskutieren heftig darüber. Erst jetzt fallen mir die Schnürstiefel von Horst Schlieter und sein blutverschmierter Mantel auf, die noch am Boden liegen. Als ich genauer hinsehe, mache ich eine Entdeckung, die mich und meine Kameraden zutiefst erschüttert. Irgendwie muß es Horst gelungen sein, den Haken eines Schnürstiefels so aufzubiegen, daß das scharfkantige Metall hochragt und damit der Schnitt – oder mehr noch ein Aufreißen der Pulsadern –

möglich geworden war.

Nach einiger Zeit geht die Zellentür erneut auf. Der Wachhabende kommt mit einem der Wlassow-Russen in die Zelle, der einen Eimer voll Wasser, einen Schrubber und ein Wischtuch dabei hat. Der Wlassow-Russe muß den Zellenboden säubern. Wir beobachten die gespenstische Szene und sind durchweg alle erschüttert und betroffen in einer Weise, wie es in all den zurückliegenden Wochen unserer Haft noch nie der Fall war.

Die meisten von uns sind schon drei Wochen und länger in NKWD-Haft und waren in dieser Zeit nicht ein einziges Mal an der frischen Luft oder im Freien. Wir alle mußten uns Tag und Nacht in Kellern und in dieser Zelle ohne Fenster aufhalten. Ebenso wie frische Luft vermissen wir Bewegung und jegliche körperliche Betätigung. Wir sind uns dessen durchaus bewußt und versuchen dem etwas entgegenzuwirken, indem wir sporadisch gymnastische Übungen einlegen. Eugen Abel hat früher Turnunterricht erteilt und treibt uns manchmal regelrecht an, mitzumachen. Er ist für uns ein guter Trainingsleiter. Schon bald sollen wir erfahren, daß wir überhöhte Erwartungen an die Wirksamkeit unserer Bemühungen knüpfen.

Eines Vormittags wird die Zellentür zu ungewohnter Stunde geöffnet. Der Wachhabende brüllt in die Zelle hinein: „Desjat schelloweck, idi sjuda!“ – zu deutsch: 10 Mann herkommen! Kurt übersetzt es. Wir springen schnell auf und laufen über die Pritsche zur Zellentür, ohne zu ahnen, was auf uns zukommt. Schon stehen nicht nur zehn, sondern mehr vor der Tür, von denen die Überzähligen zurück geschickt werden. Da kein namentlicher Aufruf erfolgt, rechnen wir nicht mit Verlegung in eine andere Zelle oder Abtransport. Nach dem Abmarsch durch den Zellentrakt und über die Treppe in das Erdgeschoß, geht es hinaus in den Gefängnishof – durch dieselbe Tür, durch die wir bei unserer Ankunft dieses ungastliche Haus hatten betreten müssen.

Kaum sind wir ins Freie hinausgetreten, sehen wir alle uns erschreckt an. Unsere Gesichtsfarbe ist quittegelb. Plötzlich nach Wochen an die frische Luft zu kommen, schlägt uns fast um. Mühsam halten wir uns auf den Beinen. Eugen unmittelbar neben mir, sieht um Jahre gealtert aus. Als er zu uns in die Zelle kam, fiel er mir als ein sportlicher, drahtiger Typ auf. Wenn auch sein scharf konturiertes Gesicht, von ersten kleinen Fältchen gezeichnet, darauf schließen ließ, daß ihn schon manche Stürme des Lebens durchschüttelt hatten, so vermittelte er doch das Bild eines Mannes in den besten Jahren. Heute hingegen vermittelt mir sein Äußeres den Eindruck eines alten, gebrochenen Mannes. Er mustert mich ebenso kritisch, und wir stellen gemeinsam fest – nachdem wir auch die anderen Kameraden daraufhin angesehen haben –, daß die letzten Wochen äußerlich nicht spurlos an uns vorübergegangen sind.

Ehe wir jedoch lange darüber nachdenken können, erfassen unsere Blicke, warum sie uns aus der Zelle geholt haben. Leider nicht, um uns ab heute jeden Tag eine Stunde, oder wenigstens eine halbe Stunde, auf dem Hof umhergehen und frische Luft atmen zu lassen. Einige Meter von der Tür entfernt steht ein LKW vor einem zweiten Eingang, der zu einem Keller führt. Hoch beladen ist der LKW mit Zentnersäcken voll Kartoffeln, die wir abladen und in den Keller tragen sollen. Ein russischer Soldat macht die hintere Ladeklappe des LKW los und klappt sie runter. Zwei von uns müssen nun hinauf auf den Wagen und die Säcke bereitstellen, damit wir sie auf den Rücken nehmen und abtragen können.

Eugen Abel fängt an, nimmt den ersten Sack auf den Rücken – und bricht zusammen. Er läßt sich geschickt mit einer seitlichen Rollbewegung auf den auf dem Boden liegenden Sack fallen, ohne sich wehzutun. Aha, denke ich noch, Fallschirmspringer – gelernt ist gelernt. Da schreit der Russe aber auch schon: „Davaj, davaj!“ Ich springe schnell hinzu, und Eugen und ich fassen den Sack gemeinsam an. Selbst zu zweit gelingt es uns zunächst nicht, ihn hochzuheben. So

„zotteln und zerren wir den Sack“ über den Boden Richtung Kellertür. Wie wir schleppen die Kameraden jeweils zu zweit nach und nach die Säcke in den Keller. Von Tragen kann keine Rede sein. Müssen wir einerseits desillusioniert feststellen, daß wir in den letzten Wochen „schlapp wie Hundeleder geworden sind“ – so sagt man bei uns – und ein Mann nicht mal einen Zentnersack tragen kann, so dauert dadurch das Abladen andererseits viel länger als gedacht und damit auch unser Aufenthalt in frischer Luft. Das nehmen wir wahr so gut es geht. Allerdings stimmt uns nachdenklich, daß unsere körperliche Verfassung unter den Haftbedingungen derart gelitten hat und wir so abgebaut haben.

Nach etwas mehr als einer Stunde – so schätzen wir – ist unser Ausflug in den Gefängnishof beendet. Ich werte es als ein Geschenk, daß wir aus diesem Anlaß endlich einmal an die frische Luft gekommen sind, deren Wert ich in meiner jetzigen Lage erst richtig schätzen lerne.

Unsere bis dahin bei dieser Arbeit positive Stimmung, schlägt beim Verlassen des Gefängnishofes nach getaner Arbeit allerdings um. Wir sind mehr oder weniger – je nach Mentalität des einzelnen – deprimiert, und das besonders, als die Zellentür hinter uns wieder verriegelt wird. Die nackte, brutale Realität unserer Haft fängt uns wieder ein.

Im Handumdrehen scharen sich die Kameraden, die nicht mit hinaus konnten, um uns und wollen hören, was wir erlebt haben. Ist es zu begreifen, daß solche Nichtigkeiten, wie sie es im normalen Alltag in Freiheit gewesen wären, in dem stupiden Dasein eines Häftlings ein solches Bedürfnis nach Information auslösen und so wichtig werden können? Wir berichten kurz über die Arbeit, die wir zu verrichten hatten und die Begleiterscheinungen wie das Erschrecken über die fatale Veränderung unserer Hautfarbe. Da ist es nicht verwunderlich, daß alle, „die nicht im Einsatz waren“, uns beneiden um die eine Stunde, die wir draußen sein konnten.

Eines morgens geht die Zellentür auf und Horst Schlieter

kehrt in unsere Zelle zurück. Wir hatten uns in den letzten Tagen des öfteren seiner erinnert und uns gefragt, was wohl aus ihm geworden sei, ob er seinen Selbstmordversuch überlebt hat und was die Russen dazu getan oder nicht getan haben könnten.

Er sieht noch reichlich blaß und angegriffen aus. Über den Pulsadern entdeckt man bei genauerem Hinsehen Heftpflaster. Er macht eine etwas fahrige und unbeholfene Geste, als wolle er sich damit zurückmelden. Es fällt ihm schwer, den Kontakt zu uns zurückzugewinnen. Zögernd setzt er sich auf den vorderen Pritschenrand. Ganz offensichtlich leidet er sehr unter dem Geschehenen, denn er macht einen leicht verstörten und manchmal für Minuten einen geistesabwesenden Eindruck. Ich versuche, als derjenige, der in jener Nacht neben ihm auf dem Zementboden gelegen hat, mit ihm ins Gespräch zu kommen.

Was seinem Selbstmordversuch bei dem nächtlichen Verhör vorausgegangen ist, erfahre ich nach und nach von ihm. Es war der erneute Versuch der NKWD-Offiziere, das Geständnis der Spionagetätigkeit für den britischen Geheimdienst mit uns bisher nicht bekannten Mitteln zu erpressen.

Im Gefängniskeller gibt es einen sogenannten „Entlausungsofen“. Es ist ein luftdicht abzuschließender Raum von ungefähr 20 Quadratmeter. Den Boden bildet ein stabiles metallenes Gitter von einer Stärke, die das Betreten ohne Verbiegen oder gar Abbrechen erlaubt. Unter diesem Gitter verlaufen parallel angeordnet etwa 1 Zentimeter dicke, schneckenförmig gewundene Eisendrähte – mit den Spiralen einer Heizplatte vergleichbar. Mit elektrischem Strom werden sie erhitzt und erzeugen eine Raumtemperatur von mehr als 100 Grad Celsius. In etwa 2 Meter Höhe können quer durch den Raum Eisenstangen in entsprechende Halterungen eingelegt werden. Die Kleidungsstücke, in die sich Läuse eingenistet haben, werden auf metallenen Kleiderbügeln auf die Stangen gehängt. Der Raum wird hermetisch mit der Tür verschlossen. Durch die extrem hohe

Temperatur werden die Läuse getötet, ohne daß die Textilien versengen oder gar verbrennen. Nebenan ist ein großer Duschraum, den wir aus dem Anlaß der Entlausung benutzen durften. Ob tatsächlich Läuse zu vernichten waren, haben wir nie erfahren. Unsere Kleidung hatte danach einen leicht sengerigen Geruch, der über Wochen anhielt.

Vor diesen Entlausungsofen hatten die beiden Vernehmungsoffiziere Horst Schlieter in jener Nacht geführt, weil er sich wie bisher hartnäckig geweigert hatte, das geforderte, schon in Form eines Protokolls in kyrillischer Schrift vorgefertigte Geständnis zu unterschreiben. Sie hatten fluchend die Tür aufgerissen, den Strom eingeschaltet, so daß die Heizschlangen glühend wurden und gedroht, ihn im Ofen einzusperren und zu schmoren, wenn er nicht bereit sei, zu gestehen und zu unterschreiben. 24 Stunden Bedenkzeit hatten sie ihm noch zugestehen wollen. Er sagt mir, daß er unter diesen Drohungen in Panik geraten sei und sich lieber selbst das Leben hätte nehmen wollen, als auf dies Weise umgebracht zu werden. Meinen Einwand, daß die Russen das kaum hätten wagen können, wollte er nicht gelten lassen

Selbst wenn ich berücksichtige, daß er sich in einer absoluten Ausnahmesituation befunden hat, kann ich sein Verhalten schwer einordnen. Aber ich will nicht falsch denken und werten, denn ich habe mich ja nicht in dieser Situation befunden und weiß nur, daß ich zu feige gewesen wäre – was immer mir auch widerfahren wäre – mir das Leben zu nehmen.

Nach der ärztlichen Versorgung im Waschraum hätten sie ihn in eine kleine Zelle gebracht und weiterhin auch ärztlich gut versorgt – wie er erzählt. Seitdem hat kein Verhör mehr stattgefunden.

In den Wochen seit meiner Einlieferung in dieses Gefängnis, habe ich keinen Tag die Eintönigkeit der Haft als ausgesprochen quälend und nervtötend empfunden. Bin ich schon so angepaßt an das Häftlingsdasein oder ist es die gute, harmonische Atmosphäre, die wir alle in dieser Zelle schaffen und die uns hilft – sicher dem einen mehr und dem anderen weniger –, diese schwere Zeit halbwegs erträglich zu machen?

Meine Kameraden quellen geradezu über an Wissen und Erfahrungen, die ich als junger und relativ unerfahrener Mann begierig aufnehme. Ich sehe es als äußerst positiv und nützlich für mich. Was hat doch gleich mein Zellengefährte, der Altkommunist, mit dem ich die erste Nacht in diesem Gefängnis verbracht habe, gesagt? „Junge, das ist die beste Akademie des Lebens, die ein Mensch besuchen kann. Wer hier durchkommt und besteht, dem kann in dieser Welt niemand und nichts mehr etwas anhaben."

Die Zeit scheint wie im Fluge zu vergehen, und es bleibt wenig Raum für trübe Gedanken und trostlose Stimmung. Die erste Hälfte des November ist vergangen. Vier Wochen Haft sind nicht spurlos an mir vorübergegangen. Ich finde eine Grundorientierung zu meinem Schicksal. Aus der behüteten, fast problemlosen Jugendzeit im Elternhaus, sehe ich ab 1942 ein sehr eigenständiges Schicksal werden. Alles, was sich seitdem als Verlauf meines Lebens gefügt hat, muß ich als Schicksal, als mein Schicksal betrachten und akzeptieren. Nicht eingezogen worden zu sein als Luftwaffen- oder Marinehelfer und zum Reichsarbeitsdienst wie meine Klassenkameraden, sondern reklamiert worden zu sein für die ehrenamtliche Tätigkeit als Hitlerjugendführer und mit dem Schulbesuch bis zum Notabitur, das war der Beginn einer Lebenslinie, die nicht auf geradem Wege, sondern auf verschlungenen Pfaden nach Kriegsende dazu geführt hat, den Vollstreckungsbeamten der Rache Stalins in die Hände zu fallen.

Einmal Glück, immer Glück, das wäre auch wohl zuviel verlangt vom Leben in Deutschland in diesen schlimmen Jahren der Kriegs- und Nachkriegszeit. Diese Erkenntnis tröstet mich. Hatte ich zum einen das Glück, nach meiner Einberufung zur Wehrmacht im Mai 1944 als aktiver Offiziersbewerber des Heeres wenig später den Anforderungen an die Diensttauglichkeit nicht mehr zu entsprechen und zurückgestellt zu werden, so mußte fast zwangsläufig das Pendel meiner Lebensuhr irgendwann nach der anderen Seite zum Negativen ausschlagen.

Es hat sich nicht ausgezahlt, daß ich schon längst weit entfernt war vom Nationalsozialismus und seinem Gedankengut – sofern man 10 bis 18jährige junge Menschen mit ihrer Unreife und Unerfahrenheit überhaupt zu den bewußten Anhängern dieser Ideologie zählen kann. Es hat sich nicht ausgezahlt, daß ich offen und aufgeschlossen war für eine Demokratie in Deutschland und mich durch Mitgliedschaft in neuen politischen Organisationen dazu bekannt hatte. Die sowjetische Besatzungsmacht scheint das nicht interessiert zu haben oder hat das alles anders gesehen. Außer der Tätigkeit in der Hitlerjugend haben sie mir offenbar nichts vorzuwerfen.

Ich habe keine Wahl, für mich zu entscheiden, warum ich hier bin. In diesen Wochen ist mir jedoch klar geworden, daß ich davon abrücken muß, zu Unrecht verhaftet und in dieses Gefängnis gebracht worden zu sein. Ich brauche eine Identifikation mit einer Tat, einem Vergehen oder einem Verbrechen, wenn ich die Belastungen der mir aufgezwungenen Situation ertragen und durchstehen soll. Wie anders kann ich diese Umstände psychisch und physisch aushalten, wenn ich nicht zu der Auffassung und letztlich zu der inneren Einstellung komme, daß ich zu büßen habe – und sei es in Stellvertreterfunktion. Bei allem, was mir in den letzten vier Wochen widerfahren ist – und wer weiß, was der NKWD mit mir noch vorhat – bekenne ich mich zu meiner Hitlerjugendfunktion. Sie haben mich als Faschist beschimpft und als Grund für die Verhaftung immer wieder Stamm- und Standortführer der Hitlerjugend angeführt. Als ich es war hat es mir nicht viel bedeutet. Wenn die Russen es aber für so bedeutend und wichtig halten, mich deswegen zu verhaften und unter Umständen noch zu bestrafen, dann will ich zu diesem „Verbrechen“ auch stehen.

Am frühen Morgen des 16. November fällt uns auf, daß wir nicht in der gewohnten Reihenfolge der Zellen in den Waschraum gehen müssen, sondern als erste Zelle. Der Wachhabende treibt uns zur Eile an. Er läßt uns nicht soviel Zeit zum Waschen wie sonst. Kaum sind wir wieder in unserer Zelle, werden schon Brot und Tee ausgegeben.

Gegen 9.00 Uhr öffnet der Wachhabende die Zellentür erneut und schreit: „Davaj, alles. Abel Eugen, njet!“ Wir stehen recht unschlüssig auf von der Pritsche und sehen uns rundum verwundert an. Der Russe merkt das und wiederholt – dieses Mal recht ungehalten im Ton: „Davaj, davaj, alles!“ Kurt begreift und reagiert als erster: „Wir werden verlegt und sollen alles mitnehmen“. Eugen Abel weiß auch sofort, daß er hierbleiben muß und steht nicht mit auf.

Schnell bücken wir uns nun und nehmen unsere Mäntel und Decken auf. Dann trotten wir zum Pritschenrand und versammeln uns davor – halblaut diskutierend über diese unerwartete Aktivität der Russen. „Was werden sie mit uns machen? Wohin bringen sie uns?“ sind die vorherrschenden Fragen. Früher mußten wir und haben wir oft gesungen: „Es zittern die morschen Knochen der Welt vor dem großen Krieg“. Jetzt zittern sie uns einerseits vom plötzlichen Aufspringen, und andererseits vor dem Gang in unbekanntes weiteres Häftlingsdasein.

Auf dem Gang stehen vor der Zellentür noch weitere vier russische Soldaten, die Maschinenpistolen im Anschlag, und warten darauf, daß wir die Zelle verlassen.

Mein Blick geht noch einmal zurück zu Eugen Abel, ehe ich durch die Zellentür den Gang betrete. Er bemerkt meinen Blick und erwidert ihn. Es wird ein stummer Blick des Abschieds zwischen uns. Dieser Blickwechsel stimmt mich traurig, denn wir haben uns gut verstanden und gegenseitig Trost und Hoffnung zugesprochen. Es fällt mir schwer, von ihm getrennt zu werden und Abschied nehmen zu müssen. Daß Paul Schuster, Kurt Poitier, Bruno Dortschy und Horst Schlieter unter uns sind, hilft mir ein wenig darüber hinweg.

Der Wachhabende scheint uns abzuzählen, als wir die Zelle verlassen. Die russischen Soldaten eskortieren uns auf dem Weg, den wir jetzt über den Gang an den anderen Zellen vorbei in Richtung Treppe gehen. An der Spitze unserer Gruppe will jemand eine lautstarke Unterhaltung beginnen, um mit gezielten Hinweisen den Häftlingen in den anderen Zellen zu signalisieren, was hier geschieht. Der Wachhabende herrscht ihn nach wenigen Worten an, still zu sein und hängt noch einen üblen Fluch an – quasi zur Unterstreichung seiner Aufforderung.

Die ersten im Erdgeschoß angekommenen Kameraden müssen quer durch die große „Empfangshalle“, die uns in schlechter Erinnerung bleiben wird, auf die Tür zugehen, die in den Gefängnishof führt. Sie entläßt uns aus dem Gefängnisbau, aber nicht in die Freiheit. Als wir beim Betreten des Hofes einen Militärlastwagen mit einer schmutzig-braunen Plane sehen – nur ein paar Meter von der Tür entfernt – wissen wir alle schlagartig, was es bedeutet und was uns bevorsteht.

Transport – ein hin und her

Im Gefängnishof stehen neben dem LKW zwei weitere russische Soldaten mit ihren Maschinenpistolen im Anschlag. Niemand von uns spricht ein Wort. Niemand von den Russen gibt ein Kommando. Sie rufen sich einige kurze Sätze zu. Sie lachen, und vielleicht spotten sie über uns armselige Gestalten. Wir steigen über einen an der hinteren Ladeluke angebrachten Tritt auf den LKW. Kurt Poitier und Bruno Dortschy, den beiden ältesten von uns, hilft jemand beim Aufsteigen. Sie sind so kraftlos, daß sie es allein nicht schaffen. Mit „Davaj, davaj!“ fordert ein Soldat uns auf, weiter durchzugehen, damit von vorn an die beiden seitlichen Sitzbänke im Fahrzeuginneren besetzt werden. Mit uns besteigen vier Soldaten den LKW. Einer von ihnen, ein Offizier, setzt sich zum Fahrer ins Führerhaus.

Durch das riesige, hohe Tor rollt der LKW auf die Straße. Nur unsere Phantasie kann den Ablauf erfassen. Wir können nicht nach draußen sehen, denn die Soldaten haben den hinteren Teil der Wagenplane heruntergezogen. Einerseits sollen wir uns wahrscheinlich nicht orientieren können und andererseits soll niemand von draußen in den Wagen hineinsehen können und die erbarmungswürdige elende Fracht der Russen wahrnehmen. Lediglich an den Geräuschen in den Straßen der Stadt erkennen wir, wie lange die Fahrt im Bereich von Brandenburg dauert. Wir schätzen, daß die Fahrt in der Stadt etwa 20 Minuten gedauert hat, als der LKW zunächst auffallend langsamer fährt und dann plötzlich anhält.

Zwei unserer Bewacher schlagen den hinteren Teil der Wagenplane hoch und fordern uns auf, auszusteigen. Der Offizier stellt sich breitbeinig dazu und beobachtet den Vorgang. Wie bei der Abfahrt vom Gefängnis, geht auch hier alles ruhig und ohne Worte vonstatten. Der erste Blick läßt uns beim Absteigen über die hintere Ladeklappe erkennen, daß wir uns auf einem Güterbahnhof befinden, noch immer in Brandenburg. Es sind nur wenige Schritte, die wir gehen müssen bis zu einer Verladerampe für Vieh neben einem Gleis, auf dem ein Viehwaggon der Reichsbahn steht. Auf diese Rampe, treiben uns jetzt die vier russischen Soldaten. Wir sollen offenbar standesgemäß reisen.

Ehe wir den Waggon erreichen, versucht der eine oder andere von uns sich umzusehen und einen Eindruck von diesem Umfeld mitzunehmen. Sicher liegt es daran, daß man froh und glücklich ist, wenn man noch einmal einen Blick zurückwerfen kann auf normales Leben und Treiben der Menschen oder zumindest ein Stück davon. Der Anblick dieses Güterbahnhofs und insbesondere der Verladerampe erinnert mich schlagartig an mein Elternhaus. Wir wohnen in Kyritz in der Straße „Am Bahnhof Nr. 6“ direkt gegenüber dem Güterbahnhof der Reichsbahn. Aus den Fenstern in der Vorderfront des Hauses kann man in einiger Entfernung die Viehverladung beobachten. Sekundenschnell packt mich die Erinnerung daran und an die geliebten Menschen zuhause. Ich empfinde jedoch weder Schmerz noch Trauer. Ich bin inzwischen äußerlich und innerlich ganz und gar der Häftling, der alles, was mit ihm und um ihn herum geschieht, nüchtern und ohne Emotionen hinnimmt. Ich habe begriffen, daß ich diesen Abschnitt meines jungen Lebens physisch und psychisch nur überstehen kann, wenn ich möglichst kalt bis ans Herz und seelenlos wie das System, dem wir ausgeliefert sind, alle Geschehnisse gegen jegliche Sentimentalität abzublocken versuche. Ich will nicht mehr danach fragen, ob und wann für mich jemals die Stunde schlägt, die mich zurückführt in mein Elternhaus und die mich zurückkommen läßt in Lebensumstände, die man das normale Leben oder das Leben in Freiheit nennt. Wenn auch gegenwärtig wenig Hoffnung bleibt, so will ich um so mehr alle Kraft aufbieten, die Haft zu bewältigen. Noch geht es ja vorwärts und sei es geradewegs in die Hölle.

Aber erst einmal führt der Weg in den Viehwaggon. An der

Waggontür erhält jeder ein Stück Brot, das doppelt so groß ist wie unsere bisherige Tagesration. Als wir alle drin sind und die Tür verriegelt ist, kommen wir auf die primitive Mitfahrgelegenheit unserer Bewacher zu sprechen. Wir konnten diese gerade noch vor dem Betreten des Waggons entdecken. Für sie ist, analog eines Bremserhäuschens auf manchen Waggons in früheren Zeiten, auf und über den Puffern am hinteren Teil des Waggons eine kleine Holzbude aufmontiert worden. Darin finden zwei Soldaten Platz zum Sitzen und Stehen und Schutz gegen die Witterung. Uns ist klar, daß wir nicht die ersten „Fahrgäste" sind in diesem zum Spezial-Transportmittel ausgebauten Viehwaggon, in dem sich auch ein Kübel für die Notdurft befindet. Auf sonstige Ausstattung ist verzichtet worden. Ein wenig Licht und Luft kommt durch eine etwa 70 cm breite und 30 cm hohe Öffnung in einer Längswand des Waggons. Sie befindet sich in 2 Meter Höhe und ist mit Stacheldraht bewehrt.

In der Annahme, daß die Reise nun gleich losgehen wird, setzen wir uns mangels anderer Sitzgelegenheit auf den Boden, mit dem Rücken an die Waggonwand gelehnt. Der Boden ist wenigstens sauber. Aber es geht noch lange nicht los; es kann ja auch nicht. Wir müssen warten, bis unser Waggon an einen Zug angekoppelt wird. So mögen ein bis zwei Stunden vergangen sein, ehe ein Rucken und Rütteln uns anzeigt, daß die Fahrt ins Ungewisse ihren Anfang nimmt.

In unseren Gesprächen finden die Fragen und Spekulationen wohin es gehen wird, kein Ende, da uns die Russen vom Tage der Verhaftung an mit keinem Wort einen Hinweis gaben. Wahrscheinlich steht es in der Dienstvorschrift, sich ihren Häftlingen gegenüber so zu verhalten.

Gegen Mittag hält der Zug. Wir versuchen zu ermitteln, wo wir uns befinden. Einige Kameraden heben mich hoch, damit ich aus dem Loch in der Wand des Waggons ins Freie sehen kann. Der Zug steht auf einem etwas abseits gelegenen Gleis eines Güterbahnhofs. Es ist ein riesiges und weitläufiges Bahnbetriebsgelände, das auf einen Berliner Bahnhof schließen läßt. Ein Schild mit dem Namen dieses Bahnhofs ist weit und breit nicht zu entdecken. Zahlreiche, teils kürzere, teils längere Zugreihen mit Güterwagen kann ich ausmachen. In einiger Entfernung steht eine Gruppe von Bahnarbeitern. Sie scheinen über eine anstehende Arbeit zu diskutieren. Sie sind auch zu weit entfernt, als daß ich mich trauen könnte, ihnen etwas zuzurufen oder zu fragen, wo wir sind. Irgendwo in der Nähe vermute ich unsere Bewacher, die sich möglicherweise in ihrem Holzkasten auf den Puffern aufhalten. Und sollten die Arbeiter wirklich mein Rufen hören, würden sie es wagen zu antworten oder gar näher zu kommen? Vielleicht kennen sie schon solche „Transportgüter“ der Russen und werden sich hüten, das Risiko einzugehen, gleich mitgenommen zu werden.

Ungeduldig fragen die Kameraden mich, was ich sehe? Es ist dürftig genug, was ich ihnen vermitteln kann. Wir glauben, daß sich unsere Annahme der Transportrichtung Osten bestätigen wird. Bei Fortsetzung der Fahrt wollen wir des öfteren einen Blick durch das Guckloch nach draußen werfen und diese Möglichkeit nutzen, uns Gewißheit über die Fahrtrichtung und den möglichen Zielort zu verschaffen.

Nach wenigen Minuten merken wir am Rucken und Rütteln des Waggons, daß wir abgekoppelt werden. Stunden vergehen, bis eine erneute Bewegung des Waggons uns anzeigt, daß wir an einen anderen Zug angehängt werden. Weiter geht die Fahrt, und bald umfängt uns wieder das eintönige und einschläfernde Fahrgeräusch, das typische Rollen und Rattern der Räder auf den Gleisen. Bald besinnen wir uns auf das Loch in der Waggonwand und beziehen erneut unseren Ausguck. Es ist uns gerade rechtzeitig eingefallen, denn nach wenigen Minuten durchfahren wir einen Bahnhof. Eines der üblichen großen Emailleschilder, die deutsche Bahnhöfe kennzeichnen, zeigt uns an, daß wir den Ort Erkner passieren.

Nach unserer Schätzung liegt Erkner ungefähr 20 bis 30 km östlich von Berlin. Wenn wir die Fahrt in Richtung Osten fortsetzen sind die beiden nachfolgenden größeren Ort Fürstenwalde und Frankfurt/Oder. Frankfurt/Oder scheint uns als vorläufiges Ziel realistisch, weil von hier aus nach Kriegsende 1945 hunderttausende deutscher Soldaten, die in sowjetische Kriegsgefangenschaft geraten waren, abtransportiert worden sind in die Sowjetunion.

Während wir uns noch in mancherlei Vermutungen und Spekulationen ergehen, verlangsamt der Zug seine Fahrt und hält plötzlich – für uns fast unerwartet. Wie uns ein schneller Blick durch unseren Ausguck erkennen läßt, ist der Zug in Fürstenwalde an der Spree angekommen. Angekommen – heißt das nun Ende unserer Reise oder Zwischenstation? Unser Waggon wird abgekoppelt. Der Zug fährt weiter ohne uns.

Es dauert nicht lange, bis eine Rangierlok uns offenbar an den Haken nimmt und den Waggon auf ein Nebengleis des Güterbahnhofs zieht. Wir hören wieder typische Rangiergeräusche, hin und wieder das Pfeifen von Lokomotiven und Geräusche von Zugverkehr auf anderen Gleisen. Rufen und Sprechen in russischer und deutscher Sprache dringt halblaut in die Stille unseres Waggons hinein. Sie verstummen nach einigen Minuten, und wir hören über alles hinweg von weit her – kaum wahrnehmbar – Geräusche, die das Leben und Treiben von Menschen in einer Stadt verursachen. Niemand scheint sich um uns zu kümmern. Kein russischer Bewacher ist zu sehen, und wir stehen – wie es scheint – unbeachtet auf dem Güterbahnhof von Fürstenwalde.

Dafür, daß wir während des Transports keine warme Mahlzeit bekommen, haben wir ein gewisses Verständnis. Aber daß wir nichts zu trinken haben, macht uns je länger je mehr Probleme und führt zu ausgemachtem Unmut. So kommt es denn im Laufe des Tages zu mancher bösen Beschimpfung unserer Bewacher.

Stunde um Stunde vergeht, seit wir hier am frühen Nachmittag eingetroffen sind. Es wird schon früh dunkel an diesem trüben, grauen Novembertag. Das bedeutet, daß es in unserem Waggon bald stockfinster sein wird. Schritte nähern sich. Russen hören wir miteinander sprechen. Die Waggontür wird geöffnet, unsere beiden „Reisebegleiter“ stellen drei Kannen aus Aluminium von beachtlicher Größe und etwa 20 leere Konservendosen an der Tür ab. In den Kannen ist der gewohnte schwarze Tee. Diszipliniert wie immer, nimmt sich jeder eine Konservendose und löscht seinen Durst. Gruß- und wortlos ziehen die beiden russischen Soldaten wieder von dannen, nachdem sie die Waggontür verriegelt haben. Mit einem Teil unserer Brotration und dem wie gerufen gekommenen Tee können wir in gewohnter Weise „zu Abend speisen“. So endet dieser erste Abend des Transports halbwegs versöhnlich. Schon bald fallen die meisten von uns in tiefen Schlaf. Seit Wochen sind wir daran gewöhnt, auf Zementboden und auf Holzpritschen zu schlafen. Ob auch nur einer von uns an ein komfortables Bett oder gar Schlafzimmer denkt?

Als wir am Morgen des 17. November wachwerden, stellt einer der Kameraden voller Ironie fest, daß wir jetzt auf dem sprichwörtlichen Abstellgleis gelandet sind. Ist das Humor oder Galgenhumor? Sie werden uns schon nicht vergessen, die uns hierher geschafft haben. Wir trauen ihnen mancherlei Unsinn zu, aber das nicht.

Es mögen Stunden vergangen sein, als wir das schon gewohnte Rütteln vom Ankoppeln des Waggons an einen Zug oder eine Lokomotive verspüren. Wieder setzt das Spekulieren über unser Fahrtziel ein. Geht es nach Frankfurt und weiter in die Sowjetunion? Warum dann aber dieser Aufenthalt in Fürstenwalde? Oder bringen sie uns zurück ins NKWD-Gefängnis nach Brandenburg? Was wollen sie mit uns dort noch machen? Noch einmal werden wir abgekoppelt nach kurzem Rollen des Waggons über eine Weiche und auf einem anderen Gleis erneut angekoppelt. Leider hindert uns der Stacheldraht, der über das Loch in der Waggonwand gezogen ist, um die Ecke zu sehen. So ist also nicht feststellbar, ob wir an einen Güter- oder Personenzug angehängt worden sind. Im Prinzip ist das auch gleichgültig.

Wir sind froh, daß wir wenigstens geradeaus durch das Loch in der Wand sehen können. Gespannt beobachten wir in kürzeren Abständen nach der Ausfahrt aus dem Bahnhofsgelände Wälder, Felder und Ortschaften, die der Zug durchfährt. Ich traue meinen Augen kaum, als wir nach ca. 20 Minuten den Bahnhof von Erkner passieren. Den haben wir ja gestern schon durchfahren, also heute in entgegengesetzter Richtung. Wie aus dem Häuschen rufe ich nach unten: „Wir sind wieder in Erkner. Es geht zurück nach Brandenburg!" Ungläubige Gesichter und lautstarkes Diskutieren löse ich damit aus.

Als etwas Ruhe eintritt, meint Paul Schuster, daß wir möglicherweise in ein Lager in der Sowjetzone gebracht werden. Er ist der einzige, der seit Wochen die Lagerthese vertritt. Keiner glaubt so recht, daß sie uns nach Brandenburg zurückbringen. „Das wäre ja ausgemachter Schwachsinn" sagt Bruno Dortschy und findet die Zustimmung zahlreicher Kameraden.

Der weitere Verlauf der Fahrt wird spannend. Wir passieren zahlreiche kleinere Orte und Bahnhöfe, deren geografische Lage wir jedoch nicht einordnen können. Es dauert nicht lange, dann durchfährt der Zug über Kilometer geschlossenes Wohngebiet, das heißt unverkennbar Berlin. Auf einem großen Güterbahnhof hält der Zug. Es scheint so, als wäre es derselbe Bahnhof, auf dem wir gestern bereits einmal waren. Wir werden abgekoppelt und stehen stundenlang hier, bis wir an einen anderen Zug angekoppelt werden. Inzwischen haben wir es aufgegeben, noch weiter über Ziel und Umstände dieser absonderlichen Reise zu rätseln.

Der ganze Film von gestern scheint rückwärts zu laufen. Nach etwa 2 Stunden läuft der Zug in Brandenburg ein. Nach einigen Rangiermanövern steht unser Waggon wieder auf dem Güterbahnhof, von dem wir gestern abgefahren sind. Wir zweifeln am Verstand der Russen. Schnell schlägt der Zweifel um in Ironie und in hämische Stimmung, als einer sagt: „Die müssen ja total bescheuert sein, uns zwei Tage sinnlos durch die Gegend zu fahren“. Mit solchen und ähnlichen Schlußfolgerungen bedenken wir nur allzu gern unsere Bewacher und ihre Offiziere. So rächen wir uns im Rahmen unserer Möglichkeiten für die unmenschliche Behandlung und finden ein seelisches Ventil für die Schmach und das Unrecht, die wir als Häftlinge des sowjetischen NKWD erdulden und erleiden müssen.

Wir hören unsere mitgereisten Bewacher aus dem Holzkasten steigen und wie sich einer von ihnen entfernt, während der andere am Waggon auf und ab geht. Keiner von uns kommt auf die Idee, durch den Ausguck mit diesem Posten Kontakt aufzunehmen – und sei es nur Blickkontakt. Mit einem Russen allein könnte Kurt Poitier leicht ins Gespräch kommen. Die Fronten zwischen NKWD und uns sind jedoch so verhärtet und wir fühlen uns in einer Weise gedemütigt und mißhandelt, daß wir verbittert denen auch nicht ein Wort gönnen. Sollen sie mit uns machen, was sie wollen, denke nicht nur ich so manches Mal.

Außer den Geräuschen eines Bahnhofs ist nichts zu hören, bis plötzlich das Geräusch eines LKW in der Nähe zu vernehmen ist. Dicht beim Waggon hält das Fahrzeug, von dem russische Soldaten absitzen. Die Tür des Waggons wird entriegelt und aufgeschoben. Frische Luft in vollen Zügen können wir atmen, steigen um aus dem Waggon auf den LKW und wissen, wohin er uns bringen wird: ins NKWD-Gefängnis Brandenburg.

Erneut in Brandenburg

Erst als wir im Gefängnishof angekommen und vom LKW abgestiegen sind, haben wir die Gewißheit, daß unsere nächsten Tage und vielleicht auch Wochen hier eine Wiederholung des schon einmal Erlebten bringen werden. Ohne auf ein Kommando der Russen warten zu müssen, setzen wir uns in Richtung Tür zum Gebäude in Bewegung. Nichts ist und nichts wird neu sein für uns. In entgegengesetzter Richtung gehen wir schnurstracks den Weg, den wir gestern gegangen sind, in der Annahme, daß die gestern verlassene Zelle noch für uns reserviert geblieben ist. Kein Kommando der uns begleitenden Posten veranlaßt eine Änderung der Marschrichtung. Beim heutigen Einzug ins Gefängnis gibt es keine „Prügelgasse". Auffallend halten sich Offiziere und Soldaten, die uns begegnen, zurück.

Als die Zellentür geöffnet wird, marschieren wir – alle 15 Mann – demonstrativ im Gänsemarsch wieder ein. Es gibt ein großes, fast tumultartiges „Hallo", das spontan einsetzt und gegen das die russischen Posten zunächst machtlos sind. Eugen Abel sitzt mutterseelenallein auf der Riesenpritsche in dieser Zelle, so wie wir ihn gestern verlassen mußten. Fassungslos sieht er uns einmarschieren. Einer ruft laut: „Wir sind's, Eugen. Melden uns hiermit zurück!" Zu einem lautstarken Palaver kommt es dann allerdings nicht, denn einer der Posten herrscht uns an, still zu sein.

Nachdem die Zellentür hinter uns wieder verriegelt ist, schwirren die Fragen und Antworten hin und her. Da wir den Ablauf der letzten zwei Tage ohne plausible Erklärung schildern müssen, kann sich auch Eugen nur an den Kopf fassen mit dem Ausspruch: „Kohlrübe gedeihe!" und bleibt so unwissend wie wir. Gemeinsam kommen wir zu dem Ergebnis, daß wir einen zweitägigen Ausflug verbringen konnten, der leider nur darin bestanden hat, in einem Viehwaggon von Brandenburg nach Fürstenwalde und zurück befördert worden zu sein.

Dessen ungeachtet gehen die Spekulationen noch einige Zeit weiter. Paul Schuster vermutet, daß bei Fürstenwalde ein Lager sein könnte, in dem wir wegen Überfüllung nicht aufgenommen worden sein könnten. Eine andere Meinung besteht darin, daß unsere Transportbegleiter möglicherweise vergessen hätten, die Akten über unsere Verhöre mitzunehmen. Die Gerüchteküche, in die sich die Zelle verwandelt hat, brodelt jedenfalls eine Weile recht heftig. Den wahren Grund für diesen offensichtlichen Fehlstart in eine neue Etappe unserer Haft werden wir wohl niemals erfahren.

In den darauffolgenden Nächten werden einige Kameraden erneut zum Verhör geholt. Das erhärtet unseren Verdacht, von einer anderen Institution des NKWD in Fürstenwalde nicht übernommen worden zu sein, weil von den hiesigen Vernehmungsoffizieren die Verhöre nicht ordnungsgemäß geführt, protokolliert oder abgeschlossen wurden.

Eines Tages berichtet Eugen Abel nach einem Verhör, daß in Kürze das Sowjetische Militär Tribunal tagen wird und er tatsächlich wegen der Mussolini-Befreiung und der Schußverletzung eines italienischen Soldaten angeklagt und verurteilt werden soll. Es wird als Kriegsverbrechen ausgelegt. Nach der Ankündigung des SMT durch den Vernehmungsoffizier, warten wir nun alle gespannt, was dabei herauskommt.

Aber noch ein anderes Ereignis zieht in diesen Tagen unsere Aufmerksamkeit auf sich: Klopfzeichen aus der benachbarten Zelle, die offenbar von demselben Abflußrohr durchzogen wird wie unsere Zelle. Wir hören das Klopfen am Tage, während es von einem gewissen Geräuschpegel innerhalb des Zellentraktes überlagert wird und ohne weiteres von den Posten nicht wahrgenommen werden kann. Gerhard Manzen als ehemaliger Funker bei der Wehrmacht, erkennt das Klopfen als Morsezeichen und ist sogleich hellwach. Er antwortet spontan mit einem Morsezeichen, das bei den Funkern als Eröffnung eines Funkverkehrs gilt. Er tut das ebenso verhalten wie der Kamerad aus der Nachbarzelle es begonnen hat, um nicht entdeckt zu werden. Ein in den ersten Stunden reger Nachrichtenaustausch entwickelt sich. Schadenfroh registrieren wir, daß wir den Russen ein Schnippchen schlagen können.

Während Gerhard von unserem Ausflug nach Fürstenwalde berichtet, erfahren wir von dem „Funker“ in der benachbarten Zelle, daß vor zwei Wochen bereits ein SMT getagt und einige Häftlinge zum Tode verurteilt hat. Sie seien noch in derselben Nacht aus der Zelle geholt worden. Unsere Zellennachbarn vermuten, daß eine sofortige Vollstreckung der Urteile durch Erschießen in der Nähe von Brandenburg stattgefunden hat. Es soll sich um drei ehemalige Angehörige der Waffen-SS und der Wehrmacht gehandelt haben, die wegen Kriegsverbrechen während des Einmarsches in die Sowjetunion angeklagt worden seien. Es soll jemand beobachtet haben, wie diese Häftlinge mit einem LKW abtransportiert wurden, der nach 2–3 Stunden zurückgekehrt ist. Auch Urteile von 10 und 20 Jahren Lagerhaft in der Sowjetunion seien gegen Häftlinge in der Nachbarzelle gefällt worden. Sie seien ebenfalls sofort nach der Verurteilung aus der Zelle geholt worden.

In den folgenden Tagen gehen einige „Funksprüche“ hin und her und sorgen für Abwechslung in dem tristen Dasein unserer weiteren Anwesenheit in dieser Zelle. Allmählich erfaßt uns doch eine gewisse Ungeduld. Die Gedanken wandern nachhause zu den Lieben – trotz mancher Versuche, sie zu verdrängen. Welchen Gram, welchen Kummer und welche Sorgen mag ihnen unser spurloses Verschwinden bereiten? Sie können nur hoffen, daß wir noch unter den Lebenden sind.

Tag um Tag vergeht ohne ungewöhnliche Vorkommnisse. Doch am 28. November stellen wir einen hektischen Betrieb auf dem Gang vor den Zellen fest. Schon vom frühen Morgen an werden in unregelmäßigen Abständen Türen von anderen Zellen geöffnet und zugeschlagen. Eine gewisse Nervosität macht sich breit und dringt bis in unsere Zelle. Am Nachmittag, zu ungewohnter Stunde, entriegelt ein Posten unsere Zellentür. Einer der Vernehmungsoffiziere holt Eugen Abel ab – zur Verhandlung des Sowjetischen Militär Tribunal? Als ob er ahnt, was auf ihn zukommt, hinterläßt er einen niedergeschlagenen Eindruck. Wir haben in den vergangenen Wochen ein Gespür entwickelt, ohne konkrete und erkennbare Fakten das Verhalten der Russen halbwegs richtig zu deuten und einzuordnen. So liegen wir auch heute richtig: Das SMT tagt in unserem Gefängnis.

Es dauert etwa eine Stunde, bis die Zellentür erneut geöffnet wird und Eugen – kreidebleich im Gesicht – zurückkommt. „SMT?" fragt Paul Schuster. Unter Tränen kann Eugen nur nicken. Als wir ihn nach dem Verlauf der Verhandlung fragen, versagt seine Stimme. Ein Weinkrampf schüttelt seinen Körper. Wir sehen und erleben einen Menschen in höchster Angst und Pein.

Mühsam kann er uns endlich antworten: 10 Jahre Lagerhaft lautet das Urteil. Auf unsere Frage, wo er die Strafe zu verbüßen hätte, heißt seine Antwort: Sowjetunion. Mehr können wir über die Verhandlung nicht von ihm erfahren, denn schon wird die Tür der Zelle ein weiteres Mal entriegelt und geöffnet. Ein Soldat erscheint, ruft Eugen Abel und holt ihn mit dem Befehl „Davaj, alles!" aus der Zelle. Umständlich, weil offenbar immer noch fassungslos, rafft Eugen Mantel und Decke zusammen und geht von der Pritsche. Aus seinen unendlich traurigen Augen fangen wir einen Blick des Abschieds auf, als er sich kurz vor dem Verlassen der Zelle noch einmal nach uns umdreht. Stumm und wie versteinert verharren wir auf unseren Plätzen, sprachlos und unfähig, Worte des Abschieds zu finden. Wir wissen alle, daß es ein Abschied für immer sein kann.

In der Stille unserer Fassungslosigkeit hören wir, daß der Posten mit Eugen nur einige Meter über den Gang bis zur benachbarten Zelle weitergeht. Die Tür wird geöffnet – das typische Geräusch des Entriegelns und des nachfolgenden Verriegelns bestätigt es –, Eugen verschwindet darin. In dieser Zelle werden vermutlich „die schweren und vom SMT verhandelten und verurteilten Fälle" gesammelt und untergebracht. Nach einiger Zeit meldet unser „Funker" aus der Nachbarzelle per Klopfzeichen am Abflußrohr: „Eugen Abel ist jetzt hier in unserer Zelle." Es trennt uns also nur die Wand zwischen den beiden Zellen von ihm.

Es soll aber nicht das Letzte sein, was wir aus der Zelle nebenan hören. Am nächsten Abend erleben wir etwas, was sicher nicht nur mir lebenslang in Erinnerung bleiben wird.

Zunächst einmal zur Vorgeschichte: Vor Tagen schon hatte Gerhard Manzen am Abflußrohr abgehört, daß es einen neuen Gefängniskommandanten geben soll. Der neue Kommandant soll ein brutaler Schläger sein, hieß es. Einige Häftlinge hätten das bei abendlichen Zelleninspektionen bereits zu spüren bekommen, wußte unser Nachbar zu berichten. Wahllos und ohne ersichtlichen Grund sei in einigen Zellen vom neuen Kommandanten ein Häftling herausgegriffen worden. Die Opfer seiner Schlägermentalität hätten den Oberkörper freimachen und sich auf dem vorderen Pritschenrand bäuchlings hinlegen müssen. Den entblößten Rücken soll er dann mit seinem abgenommenen Koppel grün und blau geschlagen haben. Nachdem Gerhard den Inhalt „dieses Funkspruchs" an uns weitergegeben hat, klärt uns Paul Schuster über Sado-Masochismus auf und wie es durch solche, wie die beschriebene Handlung, bei entsprechend veranlagten Menschen zu sexueller Befriedigung kommen kann.

An dem besagten Abend hat das SMT seine zwei Tage dauernden Verhandlungen abgeschlossen und eine Reihe von Urteilen gefällt. Wir hatten hören können, wie die Tür der benachbarten Zelle an diesen beiden Tagen des öfteren in unregelmäßigen Abständen geöffnet und gleich danach wieder geschlossen wurde, um jedesmal einen weiteren Häftling hineinzubringen. Spät am Abend des zweiten Tages, schätzungsweise gegen 21.00 Uhr, wird die Tür der benachbarten Zelle ein letztes Mal geöffnet. Wir vernehmen Stimmen in russischer Sprache. Dann herrscht Stille und plötzlich hören wir – noch zaghaft im ersten Ansatz, aber durchaus zu verstehen – einen Sprechchor von nebenan! „20 Mann – 200 Jahre Sibirien!“ Dem Kommandanten war es wohl nicht laut und eingängig genug. Er konnte sich nicht genug ergötzen an der Qual dieser bemitleidenswerten Menschen. Ein zweites und ein drittes Mal müssen die 20 vom SMT zu je 10 Jahren Lagerhaft verurteilten Häftlinge in der benachbarten Zelle ihr Strafmaß im Chor lautstark aufsagen; unter ihnen unser Kamerad Eugen Abel. An den zwei nächsten Abenden hören wir zur selben Stunde erneut den Sprechchor der SMT-Verurteilten. Wir alle halten die Einschätzung vom sado-masochistischen Kommandanten für zutreffend.

Am dritten Abend – wir warten zwar nicht mehr darauf, denn die Nachbarzelle ist geräumt – erinnert uns der ausbleibende Sprechchor daran, daß jetzt 20 Häftlinge ihrem ungewissen, aber mit Sicherheit schweren Schicksal in der Sowjetunion entgegenrollen.

Nachdem das SMT getagt hat und außer Eugen keiner aus unserer Zelle von dieser Institution belangt worden ist, aber auch keiner von uns mehr zum Verhör muß, rechnen wir täglich mit einem Transport in ein anderes Gefängnis oder in ein Lager in der sowjetischen Besatzungszone oder in der Sowjetunion. Unsere „Bearbeitung“ scheint abgeschlossen zu sein.

Am frühen Morgen des 4. Dezember erhalten wir – wie bereits einmal vor dem von uns sogenannten Ausflug nach Fürstenwalde am 16. November – eine doppelte Brotration. Jetzt gibt es keinen Zweifel mehr; ein Transport kündigt sich an. Es bleibt nur die Frage nach dem Wohin?

Als bald nach der Ausgabe von Brot und Tee die Zellentür erneut geöffnet wird und wieder einige russische Soldaten mit vorgehaltenen Maschinenpistolen davor stehen, brauchen wir nicht noch auf das Kommando „Davaj, alles!“ zu warten. Im Hof steht wieder der LKW mit laufendem Motor. Einige weitere Posten bilden einen Kreis um ihn herum. Fast automatisch klettern wir auf die Ladefläche. Mir erscheint alles, was sich hier abspielt, absolut unwirklich. Wie schon lange nicht mehr, nehme ich es kaum wahr. Mir ist so, als befände ich mich in Trance oder als lähmte ein schlechter Traum mein Wahrnehmungsvermögen. Erst als der LKW anfährt und über das holperige Pflaster schaukelt, scheint er mich aus diesem Zustand wachzurütteln. Der Transport beginnt. Kennen wir die Stationen diesmal schon?

Güterbahnhof Brandenburg, Viehwaggon, Brüllerei der uns bewachenden Soldaten, von denen sicher wieder welche im Holzhäuschen auf den Puffern mitfahren, und schon knallt die Waggontür zu hinter 15 Häftlingen. Das Ankoppeln des Waggons an einen Zug kommt wie erwartet nach geraumer Zeit. Es läßt uns auf baldige Abfahrt schließen. „Räder müssen rollen für den Sieg“ war einst im Krieg die Parole für die Reichsbahn, die jetzt einer von uns umformuliert in „Räder müssen rollen für den NKWD.“

Der Zug rollt und rollt wieder in östlicher Richtung. Abkoppeln, Rangieren, Ankoppeln an einen anderen Zug – alles wie gehabt – und weiter geht die Fahrt. Wir passieren wieder Erkner. Am Nachmittag steht der Waggon auf dem Abstellgleis in Fürstenwalde wie am 16. November.

Ein LKW fährt vor und zwei russische Soldaten öffnen die Waggontür. „Davaj, alles!“ schreit einer zum Waggon hinein. 15 müde und apathische Häftlinge erheben sich mühsam und lethargisch vom Boden des Waggons. Jeder greift nach seinen wenigen Habseligkeiten. Sie bestehen für alle aus einer Wolldecke und der eine oder andere hat noch ein Stück Brot für den Abend aufbewahrt. Wir trotten auf die Tür des Waggons zu. Einige russische Soldaten stehen rund um den LKW. Sie tragen keine grünen Mützen, die auf NKWD schließen lassen.

Das Bahnhofsgelände ist nur spärlich beleuchtet und die Sicht sehr begrenzt. Kalt und ungemütlich ist es an diesem dunklen späten Nachmittag des 4. Dezember 1946, aber wir atmen tief durch und sind froh, daß wir im Freien sind. Wir müssen den LKW besteigen, der anfährt, nachdem auch die Soldaten oben sind. Mit einer langen Fahrt ist kaum zu rechnen.

Durch einige Straßen am Stadtrand von Fürstenwalde fahren wir. Die aufgelockerte Bebauung läßt darauf schließen. Die uns bewachenden Russen haben den hinteren Teil der Plane des LKW offen gelassen. Die Straßen sind fast menschenleer zu dieser Tageszeit, und wir sehen nur vereinzelt Licht aus den Fenstern der Häuser scheinen. Ein friedlicher Anblick bietet sich uns in einer für uns unfriedlichen Welt.

Die Fahrt dauert höchstens 10 bis 15 Minuten. Nachdem die letzten Häuser am Stadtrand hinter uns geblieben sind, hält der LKW nach wenigen Kilometern. Es scheint zunächst, als hielten wir auf freiem Feld. Die Soldaten fordern uns auf, abzusteigen und postieren sich um uns. Der LKW fährt weiter und gibt so den Blick rundum frei. In geringer Entfernung sehen wir die Umrisse von großen, langgestreckten Häuserblocks und mehreren kleinen Einfamilienhäusern. Es scheint eine Siedlung zu sein; nur wenige Kilometer von Fürstenwalde entfernt. Das ganze Ausmaß der Anlage läßt sich nicht erkennen, obgleich sie fast taghell beleuchtet ist.

„Davaj" – das Kommando eines der Soldaten ist überflüssig, denn wir haben inzwischen schon erkannt, wohin wir marschieren sollen. Wir bewegen uns in Richtung eines langgestreckten Stacheldrahtzaunes von drei Meter Höhe, der, so weit das Auge reicht, den Siedlungskomplex umgibt. Direkt vor uns unterbricht ein Tor von vier Meter Höhe den Zaun ebenfalls stacheldrahtbewehrt. Bei unserem Näherkommen wird ein Torflügel von einem Posten geöffnet. Wir hören Hundegebell.

Wie in einer fotografischen Momentaufnahme erfasse ich die Einzelheiten des Bildes, das sich uns bietet. In einem Abstand von zwei Metern hinter dem Stacheldrahtzaun verläuft ein zwei Meter hoher Bretterzaun, Brett-an-Brett gefügt. Jeglicher Einblick in das dahinter liegende Areal und jeder Blick nach draußen sollen offenbar verhindert werden.

Ungefähr 50 Meter rechts und links des Tores stehen zwei Wachtürme, sechs Meter hoch, unübersehbar. Sie ermöglichen den Wachposten ein weites Blickfeld über die Umzäunung. Jetzt, in der Dunkelheit des Abends und der Nacht, gewährleisten das jeweils zwei Scheinwerfer, die, auf den Wachtürmen angebracht, nach beiden Seiten strahlen und den gesamten Komplex, zu dem hinter dem Bretterzaun noch ein weiterer hoher Stacheldrahtzaun gehört, taghell beleuchten.

Ein Blick nach links, ein Blick nach rechts, bevor wir durch den Korridor bis zum nächsten Tor gehen, läßt erkennen, daß die Hunde, Schäferhunde, zwischen dem äußeren Drahtzaun und dem Bretterzaun laufen. Von einem Wachturm zum anderen sind Drahtseile gespannt. Die Schlaufe der Hundeleine hängt daran. So können die Hunde zwischen den Wachtürmen in einem regelrechten Laufgang hin und her laufen – ebenso wie die Wachposten. Sie machen die Bewachung der Häftlinge perfekt.

Auf jedem Wachturm steht ein Soldat mit einer Maschinenpistole. Die zwei Posten auf den Türmen, die dem Tor am nächsten stehen, sind auf uns aufmerksam geworden und rufen ihren Kameraden lautstark etwas zu. Oder gilt ihr Zuruf den Hunden, denn deren Gebell verstummt plötzlich.

Wir sind mitten in der von Scheinwerfern angestrahlten Zone und werden von ihrem gelblichen Licht geblendet. Was aus größerer Entfernung sich mit einiger Phantasie erahnen läßt, wird in diesen Sekunden zur Gewißheit: Dies ist ein Lager, in das sie uns bringen. Gespenstisch und unwirklich erscheint mir die Szenerie beim Betreten. Ein Satz aus Dantes „Göttlicher Komödie“ fällt mir ein: „Ihr, die ihr hier eintretet, laßt fahren dahin alle Hoffnung!“ Liegt hinter diesem Tor die Hölle?

Im Sonderlager Nr. 5 des NKWD Ketschendorf bei Fürstenwalde

Das Lagertor schließt sich hinter uns. 20 Meter weiter stehen wir vor einem zweiten Tor. Nach kurzem Wortwechsel der uns eskortierenden Soldaten mit einem Posten, können wir passieren und sind nun im eigentlichen Lager.

Nach wenigen Schritten sind wir an einer Straßenkreuzung. Eine nach rechts abbiegende asphaltierte Straße führt offensichtlich ins Zentrum des Lagergeländes. Rechts und links stehen in dieser Straße, die wir jetzt voll einsehen können, die Häuserblocks, die wir schon vom Halteplatz des LKW hatten ausmachen können. Die Straße ist menschenleer – gespenstisch, eine Geisterstadt liegt vor uns, doch aus den Fenstern der Häuserblocks scheint ausnahmslos Licht.

Rechts von uns – als erstes Haus in der Reihe – steht ein kleines Einfamilienhaus auf ungefähr 100 qm Grundfläche. In schätzungsweise 5 Meter Abstand von den Hauswänden wird es von einem 2,50 Meter hohen Stacheldrahtzaun eingeschlossen. Vor einer ebenfalls stacheldrahtbewehrten Pforte steht ein Offizier mit grüner Mütze. Er folgt den Soldaten, die uns in dieses Haus bringen. Die zwei Soldaten bleiben auch dabei, als der mit der grünen Mütze – also einer vom NKWD – uns im größten Raum im Parterre des 1½ geschossigen Hauses versammelt.

An seinen Schulterstücken erkenne ich, daß es sich um einen Oberleutnant handelt, der uns mit eisiger Miene und Frost in der Stimme erklärt – in fast akzentfreier, fließender deutscher Sprache –, daß wir hier in Quarantäne seien und das Lager nicht betreten dürften. Wir hätten uns im Haus aufzuhalten und in dem abgezäunten Außengelände. Er erwähnt noch, daß wir im Haus verpflegt und abends zum Zählappell abgeholt würden, um auf der Lagerstraße vor dem Haus in Dreier-Reihen anzutreten. Nicht mehr und nicht weniger erfahren wir von ihm. Keiner von uns macht den Versuch,

Plan des Sonderlagers Nr. 5
Ketschendorf bei Fürstenwalde

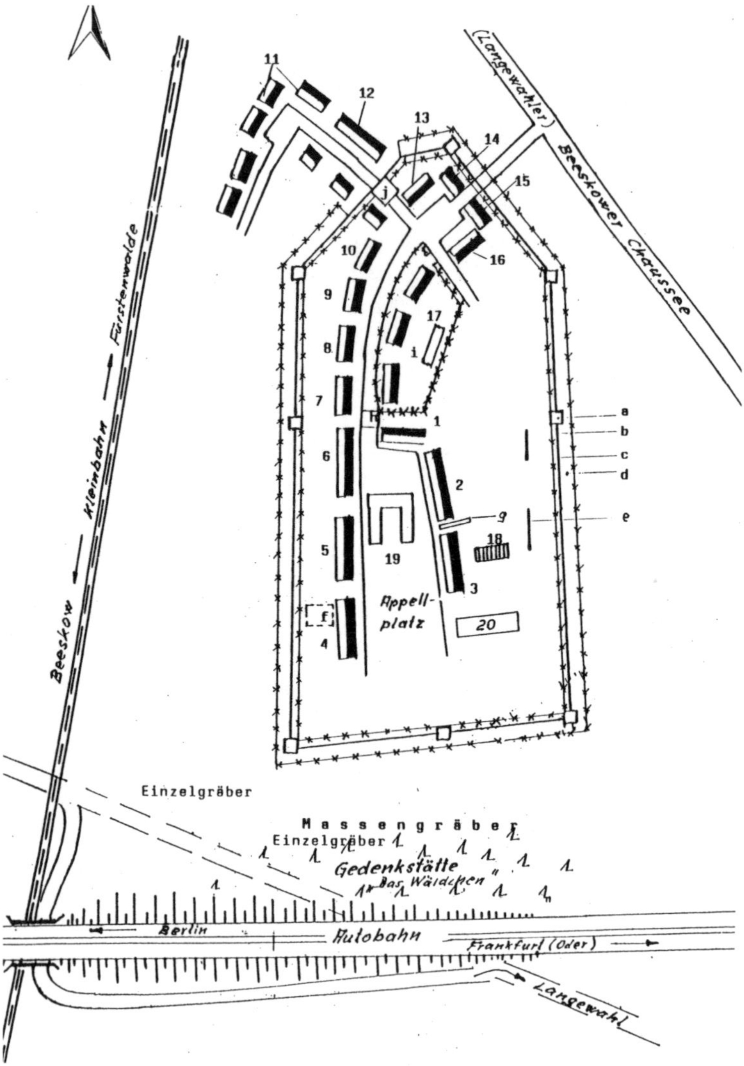

Haus	1	Jugendliche 12 bis 16 Jahre
Haus	2	Männer
Haus	3	Lazarett (im Keller Entlausung)
Haus	4–6	Männer
Haus	7–8	Jugendliche über 16 Jahre
Haus	9–10	Männer
Häuser	11	Sowjetische Wachmannschaften
Haus	12	Sowjetische Kommandantur
Haus	13	Werkstatt und Karzer
Haus	14	Deutsche Lagerleitung
Haus	15	Wlassow-Soldaten
Haus	16	Ostarbeiter und Emigranten
Häuser	17	Frauenlager
	18	Leichenbunker
	19	Küchenbaracke
	20	Kranken- und Siechenbaracke

a	Wachtürme mit Scheinwerfern
b	Bretterzaun, etwa 2 Meter hoch
c	Zwei Stacheldrahtzäune
d	Laufgang für Wachposten und Hunde
e	Latrinen (wurden laufend verlegt)
f	Holzplatz
g	Waschplätze (wärmere Jahreszeit)
h	Doppelschleuse bei Einrichtung des Lagers
i	Abort des Frauenlagers
j	Doppelschleuse und Lagereingang ab Ende 1945

Fragen zu stellen. Gewalt macht stumm, und schicksalsergeben nehmen wir die Einweisung zur Kenntnis. Mehr müssen wir nicht wissen – und vielleicht wollen wir auch gar nicht mehr wissen. Ohne Gruß und irgendeine Geste verlassen der Offizier und die Soldaten den Raum und das Haus.

Wir wissen, daß wir in der Nähe von Fürstenwalde im Lager sind. Was es mit den anderen Häusern auf sich hat, wieviele Häftlinge sich in ihnen befinden oder andere Dinge interessieren uns an diesem ersten Abend nicht. Wir haben wieder ein Dach über dem Kopf, wir müssen nicht frieren in diesen Räumen, in denen wir uns auf dem Fußboden niedergelassen haben und in kurzen Gesprächen den Tagesablauf noch einmal Revue passieren lassen. Bald hüllt uns die Nacht in einen tiefen Schlaf, dem auch Erschöpfung Vorschub leistet.

Es ist noch dunkel, als wir gegen 6.00 Uhr am Morgen des 5. Dezember, unserem ersten Tag im Lager, von einem seltsamen, Geräusch geweckt werden. Ein lautes durchdringendes und weithin zu hörendes Scheppern, als wenn jemand mit einem Hammer anhaltend im Abstand von Sekunden gegen eine Pflugschar schlägt, erschallt. Schnell begreifen wir, daß zum morgendlichen Wecken mit einem Eisenklöppel gegen eine Kartusche geschlagen wird. Wir gehen davon aus, daß die Nachtruhe beendet ist und erheben uns dennoch etwas verdutzt vom Fußboden, unserem Nachtlager. Was nun wohl folgen wird? Auf Antwort könnten wir lange warten. So sehen wir uns erst einmal im Haus um und entdecken in einem anderen Raum zwei Häftlinge, die nicht mit uns aus Brandenburg gekommen sind. Sie erzählen uns, daß sie schon eine Woche hier sind. Einer von ihnen ist ein Russe, so um die fünfzig Jahre alt und ein Hüne von Statur. Er spricht gebrochen, aber gut verständlich deutsch. Er zeigt uns das Badezimmer und die Toilette, die sogar funktionsfähig ist.

Es gibt weder Seife noch Handtuch. Wir meinen jedoch, daß es allein mit Wasser zu einer sogenannten „Katzenwäsche“ reicht. Diese Anzeichen von Hygiene stimmen uns leicht optimistisch und geben uns Hoffnung, in diesem Lager nicht ganz verkommen zu müssen.

Als ich an das Klosett herantrete, sehe ich einen Stapel Stoffetzen, der auf einer Konsole liegt. Jeder Stoffetzen mißt etwa 10 cm im Quadrat. Es ist Ersatz für das fehlende Toilettenpapier.

Nach etwa einer Stunde erscheinen drei Rotarmisten und bringen etliche Brote, eine Schüssel voll Zucker und zwei große Kannen schwarzen Tee. Einer der Soldaten ruft nach dem russischen Häftling in unserer Mitte und übergibt ihm die Verpflegung für uns. Es scheint eines der ungeschriebenen Gesetze in diesem Lager zu sein, daß diejenigen, die länger hier und mit den Umständen vertraut sind, das Sagen haben und die neu hinzukommenden Häftlinge in die Abläufe und Gepflogenheiten des Lagerlebens einweisen.

Das Brot und die Schüssel mit Zucker liegen inzwischen auf einer ausgebreiteten Decke inmitten des größten Raumes. Alle Kameraden finden sich hier ein und stellen sich rund um die Decke herum. Der deutsche Häftling, der schon eine Woche hier ist, holt eine sogenannte „Brotwaage“ aus einem Versteck. Er und der Russe haben schon ungefähr im Griff, wieviel 300 Gramm Brot sind, und wir überlassen den beiden gern die Verteilung.

Daß es hier seit dem 4. November nur noch 300 Gramm Brot am Tag gibt, also die Hälfte der bisher gewohnten Portion, ist unsere erste große Enttäuschung in diesem Lager. Ein Häftling beschwichtigt uns mit dem Hinweis, daß wir am Abend aber noch einen dreiviertel Liter dünne Suppe bekommen.

Die Brotwaage besteht aus einem in Form eines Kleiderbügels zurechtgeschnitzten Stück Holz, an dessen beiden Enden – mit einem Stück Band befestigt – ein angespitztes Holzstäbchen hängt. Der Russe holt aus seiner Hosentasche eine hauchdünne Drahtschlinge, an deren beiden Enden zwei fingerdicke Holzgriffe befestigt sind. Damit beginnt er den ersten Laib Brot zu zerteilen. Das erste als „Gewichtseinheit“ dienende Stück Brot wird auf der einen Seite der Brotwaage aufgespießt und auf der anderen Seite werden die weiteren zu verteilenden Portionen gewogen und zurechtgeschnitten. Der sogenannte „Verschnitt" wird anschließend nach Augenmaß an alle verteilt. Manchmal ergibt sich daraus ein Stück für jeden von der Größe eines Spielwürfels. Uns beeindruckt dieser Vorgang, der uns übertrieben genau vorkommt. Aber keiner von uns Neuen sagt etwas dazu. Was wissen wir denn schon vom Leben im Lager?

Das Verteilen des Zuckers geht schneller vonstatten. Jedem stehen 15 Gramm zu, und die werden mittels einer „Stalinkelle", dem schon erwähnten Holzlöffel, ausgegeben. Man drückt auf der einen Seite der Brotportion mit dem Daumen eine möglichst große und tiefe Delle in das Brot, in die der Löffel voll Zucker dann geschüttet wird. Daher nennt man die Ration eine „Kuhle Brot", erklärt uns der schon lagererfahrene Mithäftling. Diese Bezeichnung soll dem Jargon von Zuchthäuslern entstammen. Sie ist mir von Stund' an so zuwider, daß ich sie nie gebrauchen werde. Ich bin politischer Häftling und mache mich nicht gemein mit Zuchthäuslern – auch nicht verbal.

Nachdem Brot und Zucker verteilt sind, sucht sich jeder einen Platz auf dem Fußboden in einem der Räume. Einer der Kameraden nimmt eine Kanne mit Tee und bedient uns. Eine gewisse Ruhe breitet sich aus, und für unsere Verhältnisse erscheint es fast gemütlich. Wir sind in dieser Stunde nicht sonderlich gespannt, was uns der Tag wohl bringen mag. Wir befinden uns in Quarantäne, und das bedeutet ausgeschlossen und isoliert zu sein vom Umgang und Kontakt mit den anderen Häftlingen des Lagers. Nach einer den Russen ausreichend erscheinenden Zeitspanne, wenn in dieser Zeit niemand von uns eine ansteckende Krankheit bekommt, werden sie uns sicher in einen der Wohnblocks verlegen.

Wir beobachten, daß sich ab 7.00 Uhr das Lagerleben entfaltet. Einzelne Häftlinge kommen aus den Häusern und eilen zielstrebig einem Mittelpunkt zwischen der Ansammlung der Häuser zu. Andere eilen an unserem Haus vorbei in

Richtung eines einzeln stehenden Gebäudes jenseits der links von uns liegenden Schleuse. Bald kommen sie von dort wieder zurück und gehen in die einzelnen Wohnblocks, aus denen sie gekommen sind. Hin und wieder kommen russische Soldaten aus dem Gebäude linkerhand, und wir können uns vorstellen, daß dort, 50 Meter von uns entfernt, die sowjetische Lagerverwaltung residiert. Es fällt auf, daß keine Offiziere an unserem Haus vorbeigehen, sondern nur Mannschaftsdienstgrade. Sie gehen zumeist einzeln in Richtung des Lagerzentrums. Keiner der Soldaten und Häftlinge wirft einen Blick zu uns herüber, winkt oder ruft uns etwas zu. Sie vermitteln den Eindruck einer gewissen Geschäftigkeit, die sie davon abhält, Notiz von uns zu nehmen.

Bald sehen wir die aus den einzelnen Häusern in das Zentrum des Lagers geeilten Häftlinge zu dritt oder zu viert zurückkommen mit Decken, in denen sie Brote schleppen, mit großen Kannen voll Tee – wie wir vermuten – und mit Schüsseln voll Zucker – die Essenholer. Nachdem sie wieder in die Wohnblocks gegangen sind, herrscht fast völlige Ruhe auf den Lagerstraßen, mit Ausnahme der einzelnen sporadisch auftauchenden Sowjetsoldaten.

Aber dann, ab 9.00 Uhr beleben sich die Straßen in einem nie von uns erwarteten Umfang. Einzeln, zu zweit und in kleineren Gruppen strömen die Häftlinge aus den Häusern und füllen in kürzester Zeit zu Hunderten die Lagerstraßen. Die zwar kühle, aber trockene Witterung treibt sie offenbar hinaus, um frische Luft zu schnappen und sich zu bewegen.

Als erstes fällt uns an den hin und her bummelnden Gestalten auf, daß sie überwiegend einen unterernährten, total abgemagerten und ausgezehrten Eindruck machen. Den meisten schlottert die Kleidung um den Leib. Viele von ihnen schleppen sich offensichtlich mühsam vorwärts, bleiben von Zeit zu Zeit stehen, um zu verschnaufen und neue Kräfte zu sammeln für die nächsten Schritte. Ihre zerlumpt und ungepflegt wirkende Kleidung – zumeist tragen sie Mäntel – vermittelt ein trostloses Bild. Vereinzelt sehen wir auch feldgraue Militärmäntel und Feldmützen der ehemaligen deutschen Wehrmacht. Aschfahle, hohle und eingefallene Gesichter lassen uns ahnen, daß sie eine lange Zeit der Lagerhaft hinter sich haben. Dazwischen laufen jüngere Männer recht zügig, von denen manche noch in einer guten körperlichen Verfassung sind. Wir trauen unseren Augen kaum, als wir in der Menge auch Jungen sehen, deren Alter wir höchstens auf 12 oder 13 Jahre schätzen. Es zwingt sich uns beim Anblick dieser Häftlingsscharen die Erkenntnis auf, daß hier Menschen vom Kind bis zum Greis eingesperrt sind. Da wir weder Frauen noch Mädchen ausmachen können, scheint es sich um ein ausschließliches Männerlager zu handeln.

Während einige Kameraden über das diskutieren, was wir draußen auf den Lagerstraßen wahrgenommen haben, wagen andere sich schon zögernd und vorsichtig vor die Haustür. Von dort haben sie einen weiteren und besseren Blickwinkel in die nächstgelegenen Lagerstraßen und auf einige Häuser in diesen Straßen.

Kaum sind einige von uns an dem das Haus umgebenden Zaun, da nähern sich die ersten umherspazierenden Häftlinge und bleiben vor unserem Haus stehen. Als ich feststelle, daß zwei der Häftlinge außerhalb unserer Umzäunung ungeniert Gespräche mit unseren am Zaun stehenden Kameraden beginnen, geselle ich mich ebenfalls zu ihnen. Da zu dieser Tageszeit nirgends außer auf den Wachtürmen in einiger Entfernung sowjetische Soldaten zu sehen sind und offenbar auf der Lagerstraße keine erwartet werden, kommen immer mehr Kameraden und stellen sich rundum auf. Ein Gewirr von Fragen und Antworten von beiden Seiten entsteht rund um den Zaun. Bald kann man es eine Nachrichtenbörse nennen.

Isoliert in diesem Lager und teilweise schon eineinhalb Jahre lang total abgeschnitten vom weltweiten Geschehen und speziell ohne jegliche Nachricht von der Familie und über den Heimatort, ohne Zeitung, ohne Radio, werden hunderterlei Dinge von den Häftlingen vor dem Zaun abgefragt. Zunächst hofft jeder Fragesteller, daß unter den Neuankömmlingen jemand aus seinem Heimatort ist, seine Angehörigen kennt und über sie etwas zu berichten weiß. „Woher kommst Du? – Wo hast Du gewohnt?“ fragt uns ein jeder. Dann kommen Fragen nach dem Grund der Verhaftung, nach den Lebensumständen in der sowjetischen Besatzungszone und nach den politischen Verhältnissen – insbesondere nach dem Verhältnis zwischen Russen und Amerikanern. Und immer schwingt dabei die Hoffnung mit, daß die Sowjetunion und die USA bald in einen Krieg verwickelt werden. Alle versprechen sich davon die Befreiung. Fast alle ihre Fragen finden nicht die erhofften Antworten, denn keiner kommt aus dem Heimatort der Fragesteller oder kennt gar deren Angehörige. Da die meisten von uns Neuankömmlingen schon über zwei Monate inhaftiert sind, sind unsere Informationen auch nicht gerade brandaktuell. Aber immerhin ist unsere jeweilige Schilderung für viele interessant und stellt in kleinem Umfang den Kontakt zur Umwelt her, von der sie nun schon so lange getrennt leben müssen.

Im Gegenzug erfahren wir, daß manche der Häftlinge bereits seit Mai 1945 im Gewahrsam der Besatzungsmacht, das heißt des NKWD sind und Wochen oder Monate danach in dieses Lager mit der Ortsbezeichnung „Ketschendorf“ gebracht wurden. In Friedenszeiten ist es eine Siedlung der „Deutschen Kabelwerke“ in Fürstenwalde gewesen. Wir vermerken positiv, nun endlich zu wissen, wo wir uns befinden; mögen die Umstände auch noch so unerfreulich sein.

Es mag kurz nach 12.00 Uhr sein, als zwei russische Soldaten einen Essenkübel ins Haus tragen und nach dem russischen Mithäftling unter uns rufen. Ihm übergeben sie den Kübel und eine Schöpfkelle – immerhin aus Metall und nicht aus Holz wie unsere Stalinkelle. Wir holen die Konservendosen hervor, die wir vom Bahntransport mitgebracht haben und stellen uns in einer Reihe auf, um den „Schlag“ Mittagessen in Empfang zu nehmen. Ahnungslos und recht naiv ist unsere Vorstellung – besonders die meine – über das Essen hier, von dem ich angenommen hatte, daß es wenigstens so gut sein müßte wie im Gefängnis in Brandenburg. Als unser russischer Mithäftling jedoch die in den Kübel versenkte Kelle hochholt und dem ersten von uns die Füllung in die Konservendose tut, sehe nicht nur ich voller Enttäuschung, daß es sich um ein dünnes Süppchen handelt. Es schwappt bei einer geringen Bewegung der Kelle über deren Rand und tropft flott und leicht wieder zurück in den Kübel.

Als ich an der Reihe bin, halte ich meine Konservendose sehr sorgfältig über den Kübel, damit ich auch jeden über den Rand der Kelle laufenden Tropfen mitbekomme. Ich glaube, ich mache das unwillkürlich und noch ohne Überlegung, daß ein solches Verhalten mitentscheidend über Leben und Tod sein kann. Ich muß beim Essen mit meiner hölzernen Stalinkelle ebenfalls sorgfältig umgehen, um nichts von der Suppe zu verschütten. Beim Hineinsehen in die Konservendose ist die Analyse dieses Süppchens leicht und schnell vorgenommen. Auf 98% Wasser schwimmen zwei Fettaugen – groß wie ein Zehnpfennigstück – und auf dem Boden liegen einige Scheibchen Möhren und einige aufgequollene Stückchen Hafergrütze. Ich schätze den Kalorienwert auf unter 100. Schlagartig wird mir klar, daß Essen hier eine Frage des Überlebens ist und warum fast alle Häftlinge, die schon seit Jahr und Tag hier gefangen gehalten werden, so abgemagert sind und einen solchen ausgezehrten Eindruck machen.

Am Nachmittag und in den nächsten Tagen verbringen wir viel Zeit am Zaun in Gesprächen mit unzähligen Häftlingen, obgleich es empfindlich kalt geworden ist. Selbst das Frieren nehmen wir dabei in Kauf; Hauptsache es regnet nicht. Unwahrscheinlich facettenreich ist das, was uns berichtet wird und das, was die Spanne zwischen Leben und Sterben in diesem Lager ausfüllt. Immer wieder werden wir danach gefragt und fragen auch fast jeden unserer Gesprächspartner, welchen Grund es für die Verhaftung und das Verbringen hierher gab. Schon bald zeichnet sich auch hier – wie bereits im NKWD-Gefängnis Brandenburg – ab, daß es ein vergeblicher Versuch ist, eine gewisse Ordnung in die Gründe zu bringen oder sie in Kategorien zu erfassen.

Unsere neuen Weggefährten schildern das Dasein in diesem Lager als unerträglich und bezeichnen es als „Hunger- oder Todeslager“. Es gab nach übereinstimmenden Berichten zwar 1945 schon mal eine Zeitspanne von etwa 6 Monaten, in der die Verpflegung mit einer Brotration von 600 Gramm täglich und einer gehaltvollen warmen Mahlzeit deutlich besser gewesen sei und die Sterberate von 10–15 Häftlingen täglich fast auf 0 gesunken war. Angeblich war die Verpflegung besser als die der deutschen Bevölkerung in der SBZ gewesen. Aber das ist lange her!

Völlig emotionslos berichten einige Kameraden, die schon 1–1½ Jahre im Lager zugebracht haben, von Perioden des Massensterbens, in denen täglich auf dem großen gummibereiften Ackerwagen 30 Tote und mehr in ein nahegelegenes Waldstück gefahren und dort verscharrt worden sind. In den ersten Monaten haben die Russen sie noch in mannslangen Papiersäcken in die vom „Leichenkommando“ ausgehobenen, relativ flachen Gruben werfen und mit Chlorkalk überstreuen lassen. Als die Sterberate ständig anstieg, mußte das Leichenkommando 3–4 Meter tiefe Gruben ausheben, damit die Toten auf engerem Raum in mehreren Schichten begraben werden konnten. Weder Angehörige noch irgendwelche deutschen Behörden haben jemals eine Benachrichtigung über ihren Tod erhalten. Gestorben sind sie an Entkräftung, an Seuchen wie Typhus, Ruhr, Tuberkulose. Es gab und gibt auch jetzt nicht die geringste medizinische Versorgung. Das letzte Lebendgewicht der Toten lag und liegt zwischen 30 und 50 kg. Zu der Unterernährung und den Krankheiten kam und kommt die seelische Belastung dieser menschenunwürdigen und menschenverachtenden „Aufbewahrung“ unter total unhygienischen Lebensumständen sowie die totale Isolierung von der Familie, den Angehörigen und der Außenwelt.

Seltsam, es schockiert uns nicht, was wir erfahren. Es

scheint so, als hätten die bisherigen Erfahrungen uns, die Neuen, schon abgestumpft gegen solches Leid und Elend. Selbst wenn es den einen oder anderen von uns tief erschüttern sollte, zeigt es keiner. Mir kommt es nicht mal in den Sinn, daß auch mir und uns die letzte Fahrt ins Wäldchen vorbestimmt sein könnte.

Oder ist es eine Form von Tapferkeit, die von mir Besitz ergreift? Ist es eine Situation, in der der Wille entsteht, nicht zu kapitulieren vor den finsteren Mächten dieser aus den Fugen geratenen Welt? Als Kind und als Jugendlicher war ich ängstlich und furchtsam und niemals mutig oder risikofreudig. Ich ging Gefahren – soweit erkennbar – möglichst aus dem Weg und war auf Sicherheit bedacht. Oder ist es der Mut, der aus der Verzweiflung, aus einer ausweglosen Lage erwächst? Ich bin 20 Jahre alt. Es ist sicher von Vorteil – für mich und viele jüngere Häftlinge – noch jung zu sein und ledig. Wer an Frau und Kinder denken muß, hat eine viel größere Belastung, mehr Kummer und Sorgen zu ertragen. Viele ältere Häftlinge zermürbt das und läßt sie kapitulieren und schicksalsergeben sterben.

Zu unserer Verwunderung läßt sich kein russischer Soldat bei uns oder auf der Lagerstraße vor dem Haus sehen, obgleich der Posten auf dem uns nächstgelegenen Wachturm das lebhafte Treiben an der Umzäunung unseres Hauses beobachten kann. Erfüllt die Quarantäne unter diesen Umständen überhaupt ihren Zweck? Wir kommen zu der Schlußfolgerung, daß es für diese Maßnahme eine Anordnung gibt, die erfüllt werden muß, aber deren konsequente Durchsetzung niemand von russischer Seite kontrolliert. Uns soll es recht sein, denn so werden die ersten Tage hier im Lager nicht so stumpfsinnig und langweilig vergehen wie wir es zunächst befürchtet hatten.

Jeder Tag endet mit dem abendlichen Zählappell. „Quälappell“ nennt ihn der schon vor uns in Quarantäne befindliche Kamerad, als gegen 19.00 Uhr ein zweites Mal das scheppernde Geräusch von der Kartusche zu uns herüber weht.

Zahlreiche russische Soldaten, ausschließlich Mannschaftsdienstgrade, hasten an unserem Haus vorbei. Wir hören, daß sie aber mitunter bis zu einer Stunde verspätet erscheinen, um die vor den Häuserblocks angetretenen Häftlinge abzuzählen. Zu dem Zweck müssen auch wir, nach Öffnung des Tores in dem unser Haus umgebenden Zaun, auf der Lagerstraße in drei Reihen antreten. Das lange Stehen bei Verspätung der Russen kann gewiß zur Qual werden, besonders bei Regen oder Kälte.

Nach dem Zählappell darf keiner der Häftlinge die Lagerstraßen mehr betreten. Wir lassen uns im Haus auf dem Fußboden nieder. Manch einer hat sich für den Abend noch ein Stück Brot aufbewahrt. Schwarzer Tee ist noch in der einen Kanne, und so stillt mancher von uns den Hunger, ehe die Nacht hereinbricht. Der eine oder andere hat jedoch Mühe mit dem Einschlafen und lernt die Gültigkeit des alten Sprichwortes kennen, „daß man vor Hunger nicht in den Schlaf kommen kann". Bei manchen älteren Kameraden wird dieses Problem durch die inzwischen eingetretene körperliche Schwäche gelöst. Das aber ist ein schlechtes Zeichen für die Zukunft.

Hatte ich gehofft, unter den Kameraden am Zaun einen Kyritzer oder wenigstens jemand aus den Dörfern rund um meinen Heimatort zu treffen, so sehe ich mich in den nächsten Tagen enttäuscht. Erst am dritten oder vierten Tag ruft ein Häftling von der anderen Seite des Zaunes laut und vernehmlich nach einem Wusterhausener. Ich drängel mich durch die Menge der palavernden Kameraden und gehe auf ihn zu. Ein um einige Jahre älter als ich wirkender junger Mann mustert mich neugierig mit flinken Augen. Ich sage ihm, daß ich zwar aus Kyritz käme – 7 km von Wusterhausen entfernt –, aber von 1928 bis 1932 mit meinen Eltern in Wusterhausen gelebt hätte und mein Vater beim dortigen Amtsgericht als Gerichtsvollzieher tätig gewesen sei. Ich nenne ihm meinen Namen und erfahre seinen Namen: Daniel Glückseliger. Wenn wir uns auch nicht aus Kindertagen kennen, so kommen wir doch ins Gespräch, in dem ich ihm allerdings nichts Aktuelles aus Wusterhausen berichten kann.

Er erzählt mir, wie er hierher gekommen ist. Nichts ist in diesem Punkt außergewöhnlich. Aber daß er Jude ist und vorher bereits fünf Jahre unter Hitler in den Konzentrationslagern Dachau und Neuengamme zugebracht hat, läßt mich aufhorchen. Ich erfahre, welchen Leidensweg er schon hinter sich hatte, bevor er vom NKWD verhaftet worden ist. 1940 hatte ihn die Gestapo in Wusterhausen abgeholt. 1945 von britischen Truppen befreit, war er nach Wusterhausen zurückgekehrt. Dort verdächtigten ihn die Russen der Agententätigkeit für den englischen Geheimdienst. Offensichtlich kann rein gar nichts den NKWD davon abhalten, selbst einen Menschen erneut in ein Lager zu bringen, der schon in NS-Konzentrationslagern jahrelang gelitten hat. Sobald ich aus der Quarantäne komme, wollen wir erneut Kontakt aufnehmen.

Ich rechne schon nicht mehr damit, einen Kyritzer zu treffen, bis es eines Tages doch noch geschieht. Es ist Herbert Görigk, der plötzlich unvermutet auf der anderen Seite des Zaunes vor mir steht. Sich in all dem uns umgebenden Elend noch freuen zu können, ist eine neue und motivierende Erfahrung. In diesem Umfeld, in dem für mich alles neu und ungewohnt ist, einem Menschen zu begegnen, den ich von früher relativ gut kenne, aus einer vertrauten Umgebung, gibt mir einen gewissen inneren Halt und das Gefühl einer Gemeinsamkeit in dieser grausamen Umwelt.

Wenn Herbert Görigk auch einige Jahre älter ist als ich, kennen wir uns doch recht gut, und auch unsere Eltern kennen sich. Er hatte Drogist gelernt. Ich kann mich gut daran erinnern, wie er früher mit seinem weißen Kittel in der Drogerie Damian am Marktplatz hinter dem Ladentisch stand oder über den Marktplatz lief, um eine Besorgung zu machen. Im Kriege hatte er sich freiwillig zur Waffen-SS gemeldet, war im Fronteinsatz schwer verwundet worden und in englische Gefangenschaft geraten. Im Frühjahr 1946 aus der Gefangenschaft entlassen, war er nur wenige Tage zuhause in Kyritz gewesen, ehe ihn der NKWD wegen der Zugehörigkeit zur Waffen-SS abgeholt und hierher gebracht hatte. Es hatte die Russen nicht im geringsten interessiert, daß er in seinem Truppenteil nichts als reinen Wehrdienst geleistet hatte. Er sieht erschreckend abgemagert und elend aus und viel älter als er ist. Dennoch finde ich an ihm keine Anzeichen von Schwäche oder Apathie. Wie eh und je erzählt er locker und zügig, als er mir seine Erlebnisse in groben Zügen schildert.

Vor wenigen Tagen war er nach 120 Tagen Dunkelhaft, die er in Einzelhaft im „Karzer" verbüßen mußte, entlassen worden. Spannend wie einem Krimi lausche ich seinem Bericht über die Verurteilung zu 150 Tagen Karzer nach einem mißlungenen Fluchtversuch, dem zweiten der während des Bestehens des Lagers unternommen worden sein soll und über die Einzelheiten dieses Unternehmens. Gemeinsam mit 5 weiteren Häftlingen war er in den Karzer gekommen, aber nur er und ein weiterer Häftling überlebten die 120 Tage. Bei nur 150 Gramm Brot täglich und einem 3/4 Liter der üblichen Suppe an jedem zweiten Tag, gab es kaum eine Chance zu überleben. Es grenzt an ein Wunder, daß er das überlebt hat. Die anderen 4 Kameraden sind im Karzer buchstäblich verhungert.

Im Lager gibt es eine spezielle Latrinen-Baracke für kranke Häftlinge. Sie steht über einer 2,50 Meter tiefen Grube. In dem über der Grube befindlichen Holzfußboden sind in gleichmäßigem Abstand Löcher von etwa 40 Zentimeter Durchmesser, über die man sich bücken muß, um seine Notdurft zu verrichten.

Da diese Baracke nur ungefähr 15 Meter von der Lagereinzäunung entfernt steht, hatten Herbert Görigk und seine 5 Kameraden sie für ihren unterirdischen Fluchtversuch ausgewählt. Nachdem die Latrine gerade wieder einmal geleert worden war hatten sie eines nachts begonnen, einen Stollen in Richtung Stacheldrahtzäune zu graben. Unbemerkt hatten sie wochenlang in der Grube gestanden und den Stollen mit primitiven Hilfsmitteln ausgeschachtet, denn sie hatten weder Spaten noch Spitzhacken dafür zur Verfügung. Einige seiner Kameraden hatten im Holzeinschlag-Kommando gearbeitet und unbemerkt Holz beiseite schaffen können, aus denen sie provisorisches Werkzeug und Bretter zum Graben und Abstützen der Stollenwände anfertigen konnten. In jener Zeit hatten sich die Bewachungsmannschaften um das Geschehen und die Zustände im Lager praktisch nicht gekümmert. Razzien und Durchsuchungen der Unterkünfte hatte es bis dahin nicht gegeben, um verbotene Gegenstände ausfindig zu machen.

Das ausgehobene Erdreich schütteten sie zunächst in die Fäkaliengrube und verteilten es später rund um die Baracken und Gebäude. Dort fiel es nicht auf, weil es weder Grünflächen noch gepflasterte Abschnitte dazwischen gab. Die freien Flächen rund um die Baracken und Gebäude mußten ohnehin jeden morgen geharkt werden. Tagsüber hatten sie den fehlenden Schlaf nachgeholt. Fast unerträglich und bis zum Erbrechen hat ihnen der Gestank in der sich allmählich wieder mit Fäkalien füllenden Grube zugesetzt, berichtet Herbert Görigk.

In der ihm eigenen humorvoll-bissigen Art bemerkt er: „Damals in der Grube haben wir oft buchstäblich bis zu den Knien in der Scheiße gesteckt". Aber das und eine wochenlange nächtliche Schinderei unter der Erde wollten sie gern auf sich nehmen, um ihrer Freiheit willen und um dem drohenden Hungertod im Lager zu entgehen.

Fast hätten sie es geschafft und wären dem Grauen des Lagers entronnen. Sie hatten den Stollen – etwa einen Meter hoch und zwei bis drei Meter unter der Erdoberfläche – bereits unter dem Drahtverhau hindurch vorangetrieben und arbeiteten schon ungefähr zehn Meter weit hinter dem letzten, also dritten Zaun. Wenige Nächte wollten sie noch wühlen und schaufeln – unter anderem mit aufgeschnittenen Konservendosen –, und sie wären außerhalb der Lichtkegel und Sichtweite von den Scheinwerfern auf den Wachtürmen hochgekommen. Die Scheinwerfer waren im wesentlichen auf den Drahtverhau konzentriert und erhellten schwach nur noch das Lagergelände. Ohne entdeckt zu werden, hätten sie fliehen können. Mit ein oder höchstens zwei Nachtmärschen hätten sie den von den westlichen Alliierten besetzten Teil Berlins erreicht und währen in Sicherheit gewesen.

Sie waren überzeugt vom Gelingen ihres Fluchtversuchs. Nur einen unwägbaren Faktor hatten sie nicht in ihre Pläne einbezogen und auch nicht einbeziehen können: den Verrat durch andere Häftlinge.

Es gibt zahlreiche Spitzel und Zuträger im Lager, wie ich von Herber Görigk erfahre, die für eine zusätzliche Scheibe Brot der sowjetischen Lagerverwaltung Informationen der unterschiedlichsten Art liefern, von denen sie annehmen, daß sie für die Russen von Interesse sind. Ein solcher Spitzel, der Kenntnis von dem Fluchtversuch erhalten hatte, meldete das Vorhaben den Russen und nannte einige Namen der daran beteiligten Häftlinge. Diese waren abgeholt und solange mißhandelt worden von den darin geübten NKWD-Leuten, bis diese die Namen aller Beteiligten erfahren hatten. Die Bestrafung mit Karzer zu den genannten verschärften Bedingungen kam einem Todesurteil gleich und hat dann ja auch 4 von 6 Häftlingen das Leben gekostet.

Eine der Fragen, die ich bei dieser ersten Begegnung an Herbert Görigk richte, ist die nach dem Schicksal seines Vaters, der wegen seiner Tätigkeit als Kreisgendarmerie-Chef wenige Tage nach dem Einmarsch der Roten Armee in Kyritz verhaftet worden war. Er berichtet mir, daß er seinen Vater hier nicht antraf. Von anderen Häftlingen, die seit Sommer 1945 im Lager waren, hat er erfahren, daß sein Vater hier verstorben sei.

Ich frage ihn auch nach dem Schicksal anderer Kyritzer, die seit Mai 1945 von den Russen abgeholt worden sind. Nach seiner Einlieferung hatte sich Herbert Görigk intensiv bemüht, wenigstens den einen oder anderen unter rund 6.000 Häftlingen im Lager ausfindig zu machen. Er stieß auf Kameraden, die irgendwann und irgendwo mit Häftlingen aus Kyritz im Gefängnis, auf Transporten oder in Stubengemeinschaften hier zusammengetroffen waren. Aber alle in Ketschendorf Inhaftierten waren zum Zeitpunkt seiner Ankunft schon verstorben und hatten den letzten Weg angetreten ins Wäldchen.

Ich finde es nicht seltsam, daß Herbert Görigk – zumindest äußerlich – völlig unberührt und offenbar ohne innere Bewegung darüber spricht und er so auch über den Tod seines Vaters berichten kann. Aber auch mich berührt es nicht. Selbst Betroffenheit spüre ich nicht. Was ist nur aus uns geworden?

Sind wir nicht nur physisch, sondern auch psychisch eingebunden in die Grausamkeit und Brutalität dieses tausend- und abertausendfachen Massensterbens, daß wir so kaltschnäuzig – oder schon gar seelenlos – darüber reden können? Stehen wir seelenlos und brutal schon auf einer Stufe mit unseren Peinigern? Daß es für sie kein Ausnahmezustand, sondern der normale Alltagsablauf ist, scheint uns ganz sicher.

Haben wir uns angepaßt, weil es nur eine Überlebenschance gibt, wenn es einem gelingt, Gefühle und Seele abzuschalten? Ist nur so dieser Zustand und dieses Elend, in dem wir mittendrin stecken, zu ertragen? Ist das eine Voraussetzung, dieser Mordmaschinerie, diesem allem Anschein nach programmierten stillen Tod zu entgehen? Herbert Görigk und ich versprechen uns in die Hand, daß wir engen Kontakt zueinander halten und uns möglichst jeden Tag treffen wollen.

Es ist inzwischen Mitte Dezember 1946. Tag und Nacht haben wir Temperaturen unter dem Gefrierpunkt. Jetzt kommt die Kälte als weitere Hafterschwernis hinzu. In unserer Behausung ist es zwar gemütlich warm, dank des Einsatzes des Holzkommandos, das uns zum Beheizen der Kachelöfen mit Brennholz versorgt. Wir gehen zumeist nur kurz vor die Haustür, um frische Luft zu schnappen. Damit gehen die

Gespräche mit den anderen Häftlingen am Zaun deutlich zurück. Die Lagerstraßen sind tagsüber längst nicht mehr so belebt. Wer nur noch 40, 50 oder 60 Kilogramm wiegt und so ausgezehrt und mager ist wie die überwiegende Mehrheit der Häftlinge, friert draußen sehr schnell und ist schnell unterkühlt. Leicht zieht man sich eine Erkältungskrankheit zu, aus der in dieser körperlichen Verfassung häufig eine Lungenentzündung entsteht. Das ist praktisch ein Todesurteil, denn eine medizinische Versorgung gibt es nicht, obgleich sich zahlreiche Ärzte unter den Häftlingen befinden. Sie würden sicher gern die Zeit, die sie unnütz verbringen, zur Hilfe ihrer kranken Kameraden verwenden. Wenn es der NKWD wollte, könnten auch Arzneimittel herbeigeschafft werden. Allerdings gehe ich bei solchen Gedanken von falschen Voraussetzungen aus. Wir sind hier ja nicht, um nach einer gewissen Zeit wohlbehalten nachhause zu kommen!

Das zeigt sich auch, wenn die Russen uns am Abend beim Zählappell bis zu einer Stunde in der eisigen Kälte auf der Lagerstraße stehen lassen. Mich trifft das und manchen Kameraden, der auch keine Kopfbedeckung und keine Handschuhe hat, besonders. Zum Zeitpunkt meiner Verhaftung trug ich weder Mütze noch Handschuhe. Jede Minute, die wir in der Kälte stehen und warten müssen, ist quälend. Das ist Methode und gehört zu der Willkür von ungeschriebenen Spielregeln! Hin und wieder kommt bei dem einen oder anderen ein gewisser Sarkasmus durch, wenn zitiert wird: „Zieht Euch warm an, denn die Kälte greift den Darm an“. Lachen und Fluchen halten sich noch ungefähr die Waage.

Eines abends, wir müssen gerade hinaustreten zum Zählappell, gibt es um mich herum helle Aufregung. Ich will meinen Mantel anziehen, doch der ist weg – ist verschwunden, unauffindbar. Aber was hilft's; ich muß ohne ihn mit Jackett und Hose bekleidet hinaus in die eisige Kälte zum Zählappell. Ausgerechnet an diesem Tag läßt uns der Natschalnik fast eine halbe Stunde warten, ehe er zum Zählen kommt. Nachdem er gezählt hat, trete ich vor und melde ihm den Verlust meines Mantels. Er hört mich wider Erwarten an und bestellt mich für den nächsten Morgen in sein Dienstzimmer in einem der etwas weiter entfernt liegenden Häuser. Lange kann ich mich an diesem Abend über das Verschwinden meines Mantels nicht beruhigen.

Wie konnte das geschehen? Ich kann es mir nur so erklären, daß sich jemand mit den Russen, die uns das Essen bringen, in das Quarantänehaus eingeschlichen und den Mantel entwendet hat. – Ich schlafe erst spät ein.

Am nächsten Morgen gegen 10.00 Uhr werde ich tatsächlich von einem „Läufer" abgeholt. Als Läufer werden die Häftlinge bezeichnet, die sich den russischen Natschalniks als dienstbare Geister zur Verfügung gestellt haben – hauptsächlich zum Überbringen von Anordnungen an die Hauskommandanten und deren Schreiber. Es sind ausschließlich jüngere, zumeist 14- bis 16jährige Häftlinge, die noch flink und gut zu Fuß sind. Sie erhalten täglich 100 Gramm Brot mehr, damit sie halbwegs leistungsfähig und leistungswillig bleiben. Entsprechend begehrt ist diese Funktion unter den Jugendlichen. Der Läufer geht mit mir über die Lagerstraßen, vorbei an einigen anderen Häuserblocks.

Nach etwa 150 Metern betreten wir einen hinter dem zentralen Appellplatz gelegenen Häuserblock und gehen in das Dienstzimmer des für uns zuständigen Natschalniks, das im Parterre dieses Hauses liegt. Der Natschalnik begrüßt mich mit „Sdrasdwuitje" und winkt mich mit einem eindeutigen Handzeichen vor seinen Schreibtisch. Ich trete näher und höre seine Fragen in zwar gebrochenem, aber doch gut verständlichen Deutsch nach meinem Namen, Vornamen, Vaters Vornamen und nach der Beschaffenheit meines Mantels. Zögernd beginne ich zu reden, denn ich habe wenig Hoffnung, daß es gelingen könnte, unter so vielen Häftlingen denjenigen ausfindig zu machen, der meinen Mantel gestohlen hat. In wenigen Sätzen erkläre ich dem Natschalnik, daß es sich um einen Wintermantel von dunkelbrauner Farbe handelt. Ich beschreibe ihm die Stoffart, so gut es geht auch den Schnitt des Mantels und das braune Seidenfutter. Als er alles notiert hat, ruft er den vor der Tür des Dienstzimmers wartenden Läufer und befiehlt ihm, mich zum Quarantänehaus zurückzubringen.

Abends beim Zählappell, gehe ich in das zweite Glied und möglichst in die Mitte der Gruppe, damit ich – ein wenig geschützt durch die Körper der anderen Kameraden – nicht freistehend dem meistens heftig wehenden, eisigen Ostwind ausgesetzt bin. Dennoch friere ich natürlich erbärmlich – jetzt ohne Mantel, Schal, Mütze und Handschuhe – nur in Jackett und Hose. Ausgerechnet kommt der Natschalnik an den nächsten Abenden zum Zählen später, manchmal bis zu einer halben Stunde.

Nach drei Tagen endet das Thema meines gestohlenen Mantels so abrupt wie es begonnen hat. Es kommt plötzlich wieder der Läufer ins Haus und ruft meinen Namen. Er bringt mich wortlos erneut in das Dienstzimmer des Natschalniks. Dabei wage ich den hoffnungsvollen Gedanken: Hat er auch nicht meinen Mantel gefunden, so hat er vielleicht einen anderen für mich beschaffen können.

Ich habe kaum den Raum betreten, da sehe ich meinen Mantel über der Lehne eines Stuhles liegen, der neben dem Schreibtisch des Natschalniks steht. Ein riesiger freudiger Schreck müßte mich jetzt durchzucken. Ein unbeschreibliches Glücksgefühl oder ähnliches müßte mich befallen und total Besitz von mir ergreifen. Das wäre normal. Aber hier gibt es selbst in einer solchen Situation offenbar keine Normalität. Ich empfinde nichts bei diesem Anblick. Innerlich unberührt und ohne gefühlvolle Bewegung oder gar überströmende Dankbarkeit stelle ich für mich fest, daß mein Mantel wieder da ist.

Ich sehe im gleichen Augenblick einen anderen Häftling neben dem Schreibtisch des Natschalniks stehen. Er ist ungefähr im gleichen Alter wie ich, etliche Zentimeter größer und wirkt daher schon stärker abgemagert als die meisten Häftlinge, die schon länger hier sind. Der Natschalnik sagt: „Das ist Harald Z., der Kameraden bestehlen, die so sind in Elend wie er.“ Er fordert mich auf: „Du ihn verprügeln, davaj! Du ihn bestrafen!“ Darauf sage ich zum Natschalnik gewandt: „Das kann ich nicht und das will ich nicht. Ich bin froh, daß mein Mantel wieder da ist.“ Und so kommt schließlich doch Bewegung in mein Gefühlsleben. Ich kann nicht in erster Linie den Dieb in ihm sehen, denn neben mir steht ein ebenso elender und geschundener Häftling wie ich es selbst bin. Alle Gebote von Moral und christlicher Nächstenliebe mißachtend, hat er meinen Mantel geklaut, um ihn zu verscherbeln und einige Brotrationen für sich herauszuschlagen, denn auch er kämpft gegen den Hunger und das Sterben. Es ist meine erste Begegnung mit Kameradendiebstahl. Sicher leitet mich zu diesem Zeitpunkt der Überraschungseffekt, so darüber zu denken und tolerant zu sein.

Wieder höre ich die Stimme des Natschalniks, der mich jetzt drängender und ungeduldig zum Handeln auffordert. Als er meine offensichtliche Unschlüssigkeit wahrnimmt, kommt er mit ein paar hastigen Schritten hinter seinem Schreibtisch hervor und reicht mir den Mantel. Dann greift er zu einer auf dem Schreibtisch liegenden Kalaschnikow und geht wutentbrannt auf Harald Z. los.

Ich muß mit ansehen, wie er mit dem Kolben der Maschinenpistole ihn regelrecht zusammenschlägt. Ich höre Harald Z. schreien, stöhnen und wimmern, während der Natschalnik ihn mit kräftigen Schlägen für den Diebstahl bestraft und voller Wut schreit: „Du immer wieder Kameraden bestehlen, Du Schwein. Ich Dich totschlagen, wenn Du noch einmal Kameraden bestehlen!“ Offenbar war Z. schon früher wegen Diebstahls aufgefallen und bekannt als Dieb. Wahrscheinlich verdanke ich diesem Umstand das Auffinden meines Mantels.

Ungerührt verfolge ich die brutale Strafaktion, bis der Natschalnik von ihm abläßt und ihn anbrüllt: „Raus, Du Schwein!“ Mich entläßt der sich allmählich wieder beruhigende Russe mit den Worten: „Nun Du nicht mehr frieren.“

Mir fällt in der mir unbehaglich gewordenen Situation nichts anderes ein, als mich mit dem russischen Wort „Spaziba" – zu deutsch Danke – zu entfernen.

Als meine Kameraden mich bei der Rückkehr in meinem Mantel gekleidet sehen, gibt es ein großes Hallo. Ich muß erst einmal recht umfangreich und detailliert erzählen, was sich beim Natschalnik abgespielt hat. Alle freuen sich mit mir, daß der Mantel wieder da ist. Ein so positives Erlebnis in der grauen Eintönigkeit unseres Daseins bringt offenbar ein wenig Bewegung in unser Gemüt, das sonst fast ausschließlich negativen Eindrücken ausgesetzt ist.

Es ist Vorweihnachtszeit, Adventszeit. Doch es scheint so, als fürchte jeder, nur Kummer und Trübsal auszulösen, sollten wir uns auf dieses Thema einlassen. Ohne irgendwelche Absprachen oder eine einzige Erwähnung wird es für uns zum Tabu. Das bedeutet nicht, daß einem der Gedanke an Advent und an Weihnachten nicht kommt und zu einem seelischen Problem wird, mit dem man fertig werden muß. Ich wüßte keinen von uns, der inzwischen so kaltschnäuzig und abgebrüht wäre, daß ihm nicht der Gedanke an die geliebten Menschen daheim käme. Aber keiner von uns läßt sich etwas anmerken, und so versinken diese grauen und eintönigen Dezembertage im täglichen Einerlei unseres Quarantänedaseins.

Außer beim abendlichen Zählappell und wenn sie tagsüber am Haus vorbeigehen, sehen und hören wir nichts von unseren „Hausherren", wie einige von uns die Russen nennen. Mit Ausnahme der Häftlinge im Kommando Holzeinschlag und in der Lagerküche, wird niemand zu irgendwelchen produktiven Arbeiten herangezogen. Das Haus halten wir sauber und wechseln uns innerhalb der Stubengemeinschaft dabei täglich ab. Stubendienst bedeutet hier ungefähr eine halbe Stunde mit Besen, Schrubber und Wischtuch hauptsächlich den Fußboden säubern und den Flur im Treppenhaus. Es gibt dafür nur Wasser und keinerlei Reinigungsmittel – auch nicht für die Toilette. Hin und wieder opfert jemand sein Stück Seife, um den Reinigungseffekt zu erhöhen. „Schwemmseife“, das ist eine großporige, ohne Duftstoffe hergestellte Seife, die aus minderwertigen Fetten gekocht wird und in dieser Zeit als Einheitsseife auf Bezugskarten in der sowjetischen Besatzungszone üblich ist. Wir sind froh, daß wir mittlerweile davon jeder ein Stück bekommen haben. Die Seife benutzen viele von uns auch als Ersatz für fehlende Zahnpasta und putzen die Zähne mit dem Zeigefinger. Tage nach unserer Ankunft gab es auch für jeden ein grob gewirktes, graues Handtuch aus Leinen. „Rauh, aber herzlich!“ so der Kommentar von Paul Schuster.

Die Russen überlassen uns also die Freiheit, mit unserer Zeit umzugehen wie wir wollen. Wir sind im wahrsten Sinne des Wortes mit uns selbst beschäftigt. Wir befinden uns in einem Zustand, der schwer zu beschreiben ist. Wie lernt man das, sich mit sich selbst zu beschäftigen und nutzlos den Tag zu verbringen? Wie erträgt es ein Mensch auf der faulen Haut zu liegen, zum Nichtstun verurteilt?

Weder handwerkliche Arbeiten noch geistige Betätigung mit Schreiben, Lesen, Lernen und Spielen sind möglich, denn es fehlen dazu jegliche Materialien. Selbst der Besitz von Bleistift und Papier ist bei Androhung strengster Strafen verboten. Sieht man von Unterkunft und Kleidung ab, müssen wir geistig wie Steinzeitmenschen leben. Aber die hatten wenigstens Holz und Stein, die sie bearbeiten konnten oder die sie für bestimmte Verrichtungen präparierten. Denken und sprechen, miteinander zu kommunizieren, das sind hier die einzigen Möglichkeiten, die Zeit im wahrsten Sinnes des Wortes totzuschlagen. Allerdings hält das keiner pausenlos und ohne Unterlaß aus.

So sind wir also auf der Suche nach anderen und praktikablen Möglichkeiten, die Zeit zu verbringen und kommen auf die Idee, phasenweise das Gehirn abzuschalten und den Körper insgesamt ruhig zu stellen. Gemeinsam mit einigen mir nahestehenden Kameraden versuche ich, das in die Tat umzusetzen. Von Tag zu Tag gelingt es mir besser und über immer längere Phasen, bewußt das Gehirn abzuschalten, das Denken auszusetzen. Vielleicht bringe ich dazu gute Voraussetzungen mit, weil es mir schon als 17-/18jähriger gelang mich im Wald bei Sonnenschein und blauem Himmel auf eine Wolldecke zu legen, in den Himmel zu starren; und das stundenlang ohne zu denken.

Wir erkennen das Abschalten als eine wichtige Voraussetzung, um zu überleben. So sitze ich denn auch wie manche andere Kameraden auf dem Fußboden oder lege mich hin und döse oft stundenlang. So wird gedankenloses Schweigen zu einem weiteren Hilfsmittel für die Bewältigung unserer Haft.

Manchmal machen wir den Tag zur Nacht und schlafen. Das geschieht des öfteren, wenn unsere winzigen Mitbewohner, die Wanzen, die wir als ein übles Ungeziefer kennenlernen, uns im Nachtschlaf stören. Sie beißen und saugen Blut, wodurch die Haut zu jucken beginnt und manchmal stundenlang nicht an Schlaf zu denken ist. Sie sind etwa so groß und körperlich geformt wie Linsen und von rotbrauner Farbe. Sie entfalten ihre flinke Geschäftigkeit und Nahrungssuche im Dunkel der Nacht. Man kann sich gar nicht so viele Ritzen und Löcher in einem Haus vorstellen, in denen sie sich tagsüber verborgen halten und aus denen sie nachts hervorkriechen. Durch Ärmellöcher, Hosenbeine und überhaupt durch jegliche Öffnung in Kleidungsstücken schlüpfen sie und finden instinktsicher den menschlichen Körper, auf dem sie herumkrabbeln. Es gibt keinen Platz in einem Raum, in dem man vor ihnen sicher ist. Sie vermehren sich unheimlich schnell und treten bald zu Hunderten auf, wenn sie nicht bekämpft und total vernichtet werden. Wie ich höre, sind die Häuser und Baracken des Lagers alle verwanzt. Die Russen kümmern sich nicht darum. Sarkastisch sagt einer: „Die sind ja an diese Haustiere gewöhnt!“

Manche Kameraden sind am Morgen übersät von roten Quaddeln auf der Haut – zum Teil bis hinauf ins Gesicht –, die einen brennenden und quälenden Juckreiz verursachen und oft erst nach Stunden, wenn die Haut wieder glatt und normal wird, verblassen. Wir leiden individuell unterschiedlich unter diesen nächtlichen Plagegeistern. Nachts wird im Lager der Strom abgeschaltet und so können wir nicht bei Licht schlafen, um die Wanzen fernzuhalten. Jedenfalls ist die Wanzenplage eine der unangenehmsten Erscheinungen in diesem Lager.

Allmählich plagt uns auch ein anhaltendes Hungergefühl. Die schlechte und völlig unzureichende, aber auch einseitige Ernährung fängt an den Körper zu schwächen. Bislang konnte der Körper noch auf gewisse Reserven zurückgreifen und so den Mangel etwas ausgleichen. Fast alle stellen fest, daß wir immer dünner und manche sogar ausgesprochen mager werden. Die Gründe für die unterschiedliche Gewichtsabnahme liegen einerseits in dem Ausgangsgewicht des einzelnen, seiner Größe und seiner Anatomie und andererseits ein guter oder schlechter Futterverwerter zu sein. Erfreulich ist, daß bisher niemand in der Quarantäne krank geworden ist. So steigt unsere Hoffnung von Tag zu Tag, bald in einen der Häuserblocks des Lagers verlegt zu werden und aus der Enge und Einschränkung der Bewegungsfreiheit herauszukommen.

Eines nachts werden wir aus dem Schlaf gerissen durch einige kurze Feuerstöße aus Maschinenpistolen. Bei genauerem Hinhören stellen wir fest, daß unser Haus im Streubereich der Schüsse liegt, denn es prasseln Geschosse gegen die Hauswände und gegen das Dach.

Wir stehen auf und bleiben vorsorglich einige Schritte vor den Fenstern stehen. Unser Haus liegt in den Lichtkegeln mehrerer Scheinwerfer. Lautes Rufen von russischen Soldaten, so laut, daß es durch die Scheiben schallt, dringt zu uns herein. Dazwischen hören wir Hundegebell. Nach wenigen Augenblicken schreit ein russischer Soldat: „Häuser nicht verlassen! Ruhig bleiben!“ und läuft die Lagerstraße entlang. Verwundert reiben wir uns die schlaftrunkenen Augen. Was geht hier vor?

Da das Schießen aufgehört hat, trauen wir uns ans Fenster. Eilig kommt ein Trupp Soldaten durch das Tor der unser Haus umgebenden Einzäunung und rennt zur Hinterseite des Hauses, die wir nicht einsehen können. Sie schreien sich offenbar etwas zu. Es herrscht helle Aufregung, und es gibt ein großes Lamento, das Kurt Poitier, der ja fließend russisch spricht, zu enträtseln versucht. Er sagt: „Es muß einer zu fliehen versucht haben. Es war ein Häftling auf dem Dach unseres Hauses. Die Posten auf den Wachtürmen müssen ihn entdeckt und auf ihn geschossen haben, bevor er heruntergesprungen ist. Er liegt wahrscheinlich neben dem Haus, verletzt. Die Soldaten wollen ihn abtransportieren". Die Soldaten sehen jetzt, daß wir an den Fenstern stehen und sie beobachten. Einer ruft: „Davaj" und bedeutet uns mit einer eindeutigen Handbewegung, wegzugehen von den Fenstern.

Einen Fluchtversuch können wir uns nicht vorstellen. Dafür sind die Lagerzäune viel zu weit von uns entfernt, als daß jemand von oben über sie hinüberspringen könnte – auch nicht mit einem Riesensatz.

Nach ungefähr zehn Minuten herrscht draußen wieder die übliche totale Stille. Nur von Zeit zu Zeit bellt noch ein Schäferhund im Stacheldrahtgehege der Lagerzäune. Wir spekulieren zwar eine geraume Weile über die Vorkommnisse, können allerdings zu keinem schlüssigen Ergebnis kommen, ehe wir wieder einschlafen.

Die Aufklärung nähert sich bereits am nächsten Morgen, weil wir Horst Schlieter vergeblich im Haus suchen und vermuten müssen, daß er in das nächtliche Geschehen verwickelt ist. Am Zaun um unser Haus erscheinen im Laufe des Vormittags Kameraden aus anderen Häusern und suchen das Gespräch mit uns. Sie haben Informationen aus einer Krankenbaracke, nach denen in der letzten Nacht ein Schwerverletzter dort eingeliefert worden sein soll. Für uns wird es zur Gewißheit, daß es sich nur um Horst Schlieter handeln kann. Nach und nach rundet sich in den nächsten Tagen das Bild ab.

Horst Schlieter ist am Abflußrohr der Regenrinne auf das Dach geklettert, mit einem Kopfsprung vom Dachfirst gesprungen, um sich das Leben zu nehmen. Er hat sich aber nicht – wie beabsichtigt – das Genick gebrochen, sondern ist nur schwer verletzt. Die Posten auf den zwei nächstgelegenen Wachtürmen haben ihn beobachtet und wahrscheinlich einen Fluchtversuch vermutet, der sie veranlaßt hat zu schießen. Nach dem gescheiterten ersten Selbstmordversuch im NKWD-Gefängnis in Brandenburg, bei dem er sich die Pulsadern geöffnet hatte, ist auch sein zweiter Versuch gescheitert.

Wir verlieren Horst Schlieter nur kurz aus den Augen, denn wenige Wochen später finden wir ihn in einem der Häuserblocks wieder, nachdem seine Verletzungen ausgeheilt sind. Er ist jedoch geistesgestört und erkennt die früheren Kameraden nicht. Seine geistige Verwirrung ist nichts Ungewöhnliches. Einzelne Häftlinge sind mit der Zeit in einen solchen Zustand verfallen. Einer von ihnen, ein Jugendlicher, marschiert fortwährend und bei jedem Wetter strammen Schrittes über die Lagerstraßen und ruft in regelmäßigem Rhythmus weithin hörbar: „Hitler Scheiße, Stalin Scheiße, alles Scheiße!" Die Russen kennen seine geistige Verfassung, lassen ihn gewähren und lachen nur über ihn.

Nach den Wochen in der Quarantäne, beginnt eine gewisse Ungeduld um sich zu greifen. Zu lange und zu dicht sitzen wir uns nun schon „auf der Pelle". Das äußert sich in Nervosität, Gereiztheit, Intoleranz und in explosiven Aggressionen. Der harmonische Umgang miteinander, der uns seit den Tagen im NKWD-Gefängnis in Brandenburg das Los erleichtert hat, erleidet nach und nach erhebliche Einbußen. Am Ende bewahren wir jedoch immer wieder soviel Selbstdisziplin und Besonnenheit, daß keine ausgesprochenen persönlichen Feindseligkeiten oder bleibende Feindschaft sich entwickeln können und unser Dasein noch zusätzlich erschweren.

Endlich am 20. Dezember 1946 ist es soweit. Vier Tage vor Heiligabend erscheint am frühen Vormittag derselbe Oberleutnant vom NKWD im Haus, der uns am Abend unserer

Ankunft am 4. Dezember so unfreundlich und ungastlich in Empfang genommen und kurz „vergattert“ hatte. Mitten in den Hausflur stellt er sich und ruft uns zu sich. Grußlos und unvermittelt verkündet er: „Quarantäne ist zuende! Ich sagen, wer in welches Haus kommt! Dort melden in Büro von Hauskommandant!“

Dem Anfangsbuchstaben meines Namens entsprechend, gehe ich davon aus, daß ich ziemlich zum Schluß aufgerufen werde. Nach einer Weile höre ich: „Völkner, Dieter, Vater Germann, Haus 6!“ Eine Sache von Minuten ist dieser Aufruf aller unserer Namen, aber der Oberleutnant tut sich dabei wichtig, als wäre es eine große Aktion und genießt seinen Auftritt. Danach „tritt er ohne ein weiteres Wort grußlos ab“ – so würde man sich wohl auf einer Theaterbühne ausdrücken. Still und wortlos geht jeder von uns zu seinem Liegeplatz im jeweiligen Zimmer und nimmt seine paar Habseligkeiten auf: Mantel, Mütze oder Hut, Wolldecke, Konservenbüchse und Stalinkelle. Zeit bleibt nicht für ein gefühlsbeladenes Abschiednehmen. Ein kurzer Abschiedsgruß klingt hier und da hinüber zu den Kameraden: „Mach’s gut! Bleib gesund! Bis dann!“ rufen wir uns zu, denn wir bleiben ja alle im Lager. Wir gehen davon aus, daß wir uns selbst unter tausenden von Häftlingen nicht aus den Augen verlieren werden. Der große unüberwindliche Drahtverhau hält uns alle zusammen.

Mein Weg nach dem Verlassen des Quarantänehauses in eine neue andere Gemeinschaft von Häftlingen ist nicht weit. Ich gehe die Lagerstraße entlang in Richtung Zentrum vorbei an einigen Einfamilienhäusern und stehe nach ungefähr 50 Metern vor einem der drei Eingänge von Haus 6, in dem sich das Büro des Hauskommandanten befindet. Die Tür einer früheren Wohnung im Erdgeschoß steht offen. Ich trete ein und treffe auf den Schreiber von Haus 6, Heinz Füllgraf, einen Berliner, was mir mit den ersten wenigen Sätzen, die wir miteinander sprechen, sein Dialekt verrät. Ich nenne meinen Namen. Er nickt wissend mit dem Kopf, als hätte er schon auf mich gewartet und begrüßt mich freundlich mit Handschlag. „Unser Läufer hat schon die Namen der Neuzugänge von der Lagerverwaltung gebracht" erklärt er, nachdem er meinen fragenden Blick aufgefangen und richtig gedeutet hat. „Der Hauskommandant, Hermann Zoch, ist nur kurz weggegangen. Er wird gleich zurückkommen." In Ermangelung einer Sitzgelegenheit bleibe ich vor seinem Schreibtisch stehen und beantworte seine Fragen nach dem Woher und nach dem Grund meiner Verhaftung. Ein Gefühl der Erleichterung überkommt mich, denn ich bin auch hier dem ersten Anschein nach zu urteilen wieder unter guten Kameraden.

Mein Eindruck verstärkt sich, als der Hauskommandant das Büro betritt. Hermann Zoch ist eine große stattliche Erscheinung, der ich irgendwelche Anzeichen einer längeren Haftzeit nicht anmerke. Ruhigen festen Schrittes tritt er auf mich zu. Ein offenes Lächeln, ehrlich und solide, huscht über sein Gesicht, als Heinz Füllgraf mich vorstellt. Nicht erst sein Händedruck sagt mir, mit wem ich es zu tun habe. Der Typus eines preußischen Offiziers, registriere ich blitzschnell, fast automatisch, und ich liege damit richtig. Hauptmann in der Deutschen Wehrmacht war er, wie ich später erfahren sollte. Unter Einbeziehung seiner Stimmlage hätte ich ihn mir auch als Heldentenor in einer Wagner-Oper vorstellen können. Wir wechseln wenige Worte und dann erhält Heinz Füllgraf den Auftrag, mich in ein Zimmer im I. Stock zu bringen. Einige Kameraden halten sich hier auf, die ich begrüße. Das also ist meine erste Station im Lager Ketschendorf nach der Quarantäne. Erst jetzt setzt sich bei mir die Erkenntnis durch, daß ich mit einer langen Haftzeit rechnen und mich darauf einrichten muß.

Etwas unsicher und hilflos stehe ich in dem etwa 20 qm großen Raum. Einige Häftlinge, meist ältere Männer, sitzen auf einer der zwei Sitzbänke, die einen ungefähr 5 Meter langen und 50 Zentimeter breiten Tisch flankieren. Stimmengewirr liegt über der Szene. Manche scheinen mit irgendetwas beschäftigt, was sich bei genauerem Hinsehen als Ausbesserung ihrer Kleidung herausstellt. Putz- und Flickstunde könnte es genannt werden.

Ich gehe auf meine zukünftigen Weggefährten zu und nenne meinen Namen. Hätte ich mit einer irgendwie gearteten Reaktion auf mein Erscheinen gerechnet, müßte ich mich enttäuscht fühlen. Keiner nimmt sonderlich Notiz von mir; kaum daß einer aufblickt, wenn ich vor ihm stehe und ihm die Hand reiche. Keiner fragt, woher ich komme oder warum ich hier bin! Es macht den Eindruck, als hätte totale Apathie, Mattigkeit und Müdigkeit sie erfaßt und von Geist und Körper Besitz ergriffen. Ich komme hier in eine Situation, in der ich nicht recht weiß wie ich mich verhalten soll. Ich versuche, mir nichts anmerken zu lassen, obgleich es mich erschreckt und zutiefst betroffen macht. Was haben die Zustände in diesem Lager aus den Menschen gemacht?

Nachdem ich einige von ihnen mit Handschlag nach alter Väter Sitte begrüßt habe, fällt mir ein, nach einem Stubenältesten zu fragen, und ich bringe damit etwas Bewegung in das beklemmende Schweigen. Einer antwortet mir auch prompt: „Sowas gibt es hier nicht." Ich taste mich weiter vor mit der Frage, welche Pritsche denn wohl frei sei, nachdem ich mit einem schnellen Blick entdeckt habe, daß außer dem Tisch und den Sitzbänken nur noch an den Wänden entlang aufgestellte Holzpritschen zum Mobiliar gehören. Einer hebt den Arm und zeigt mit dem Daumen über die Schulter auf eine der Pritschen, auf der nichts umherliegt. Ich sage artig „Danke, dann werde ich mich da mal niederlassen." Ich halte bewußt an den guten Manieren fest, die mir im Elternhaus und in der Schule beigebracht worden sind. Aber auch damit kann ich niemand zu einem Gespräch verleiten. Unsere erste Begegnung bleibt einsilbig. So lege ich schließlich meinen Mantel, meine Decke, meine Konservendose und die Stalinkelle auf die mir mehr oder weniger zugewiesene Pritsche. Ich will mich nicht aufdrängen und lege mich auf die Pritsche, statt mich an den Tisch zu setzen. Sich Menschen aufzudrängen, hat mir noch nie gelegen.

Ich zähle 5 dreistöckige Pritschen im Raum, von denen ich nun eine in mittlerer Höhe belegt habe. Die Bauart einer Pritsche besteht aus jeweils 2 Vierkanthölzern an Kopf- und Fußende. Auf den sie verbindenden und stabilisierenden etwa 10 Zentimeter breiten Brettern befinden sich die drei Lagen von Holzbrettern, auf denen man liegt. Jede Pritsche ist 2 Meter lang und 60 Zentimeter breit, so daß ein großer und breitschultriger Mann ausgestreckt und auf dem Rücken liegend gerade Platz darauf findet. In diesem Raum haben also 15 Menschen eine zweifelhafte Schlafstätte, wie ich erst einmal mit gemischten Gefühlen feststelle. Während man auf den harten Holzbrettern liegt, läßt es sich selbst von Strohsäcken nur träumen.

Weder Schränke noch Spinde, die zum üblichen Inventar von Gemeinschaftsunterkünften gehören, sind vorhanden. Es werden aber auch keine gebraucht. Wir Häftlinge haben außer Mantel, Kopfbedeckung, Decke, Konservendose und Stalinkelle nichts abzulegen oder aufzubewahren. Wir besitzen weder Zahnbürste, Zahnpasta, noch Kamm oder sonstige Utensilien des täglichen Lebens. Seine Kleidung trägt der Häftling Tag und Nacht auf dem Leib. Zum Wechseln hat er nichts. Sogar mit einem Paar Strümpfe und Schuhe muß er Jahr und Tag auskommen. Manchmal ergibt sich die Gelegenheit, von der eventuell noch in besserem Zustand befindlichen Bekleidung eines gerade Verstorbenen ein Stück zu „erbeuten“ und auszutauschen. Aus erbeuteten Kleiderresten – am besten aus Hemdenstoff – können „Fußlappen“ geschnitten werden, wenn die Strümpfe voller Löcher und nicht mehr zu tragen sind.

Nach und nach füllt sich unsere Stube mit den Kameraden, die sich außer Haus aufgehalten hatten. Es geht auf Mittag zu. Zum Empfang der „Wassersuppe“, wie die als warme Mahlzeit oder als Mittagessen anzusehende Flüssigkeit bezeichnet wird, ist die Belegschaft vollzählig. Es ist ein ungeschriebenes Gesetzt, daß der jenige, der zuletzt in die Stube eingewiesen worden ist, als Letzter mit seiner Konservendose an den Essenkübel heranzutreten hat, um die 3/4 Liter fassende Kelle voll Suppe zu empfangen. Still und friedlich löffelt dann jeder auf der Bank am Tisch sitzend mit der Stalinkelle den Inhalt seiner Konservendose aus. Hin und wieder rülpst einer, ein anderer schlürft die Suppe von der Stalinkelle. Von dem einen Kameraden im freundlichen, von einem anderen im barschen Ton kommt mitunter eine Zurechtweisung, manierlich zu essen. Gesprochen wird ansonsten nur wenig beim Essen. Es herrscht fast andächtige Stille im Raum, was ich bisher nur vom morgendlichen Brotempfang und Essen kenne. Ich habe den Eindruck, daß ich unter verträgliche Menschen geraten bin. Ich werde in dieser Gemeinschaft wie schon mit den Kameraden im Gefängnis und in der Quarantäne gut zurechtkommen.

Nach dem Essen ist ein einstündiger Mittagsschlaf angesagt, dessen Dauer allerdings nicht so genau zu begrenzen ist, denn wir haben ja keine Uhr. Es hat sich in zahlreichen Stubengemeinschaften so eingebürgert. Das Hauptargument für eine solche Mittagspause ist möglichst optimale Verwertung der Nahrung durch den Körper. Es ist jedoch auch für viele ein notwendiges Nachholen entgangenen Nachtschlafs. Von den nächtlichen Plagegeistern, den Wanzen, höre ich schon im Laufe des Tages beiläufig und sehe bei einigen Kameraden noch die Spuren der vergangenen Nacht im Gesicht und am Hals.

Ich komme nach dem Mittagsschlaf mit einem in der Pritsche über mir liegenden Kameraden ins Gespräch. Er heißt Helmut Kursawa, stammt aus Berlin und war vor dem Krieg Kriminalkommissar. Während des Krieges war er zum Sicherheitsdienst abkommandiert und in Polen und Rußland eingesetzt. Die über ein Jahr in Ketschendorf verbrachte Zeit hat er relativ gut überstanden. Körperlich wie geistig ist er noch gut zuwege. Er kann interessant erzählen und scheint schier unerschöpflich Erlebnisse und Begebenheiten aus seinem Berufsleben und aus dem Kriegseinsatz vermitteln zu können. Für mich steht bald fest, daß ich fortan zu seinen Zuhörern zählen werde. Er ist Mitte vierzig und ein agiler, forscher Typ. Unsere Sympathie beruht offenbar auf Gegenseitigkeit. Ich bin froh, daß ich so schnell diesen Kontakt finde, denn es ist leider kein jüngerer Mann in meinem Alter in dieser Stubengemeinschaft. Seine Lebenserfahrungen beeindrucken mich sehr.

Ich bin hier unter soliden, einfachen Menschen, Handwerker, Beamte und Bauern zumeist, alle ehrenhafte Männer, die sich nach meinem Eindruck und meiner daraus resultierenden Überzeugung nichts haben zuschulden kommen lassen. Hitlers Gefolgsleute sind sie vielfach nur geworden, weil sie sich in der Zeit des wirtschaftlichen Elends, des politischen und moralischen Chaos der Weimarer Republik mit Hitler eine bessere Zukunft für Deutschland erhofft haben. Viele der letzten Zauderer hatten Hitlers Erfolge in allen Bereichen in den Jahren nach seiner Machtübernahme überzeugt und zum Eintritt in seine Partei bewegt.

Schon am nächsten Tag in der Mittagsstunde werde ich zum ersten Mal unmittelbar mit dem Tod im Lager konfrontiert. Wir hatten soeben am Tisch mit unserer Suppe in der Konservendose Platz genommen und löffelten sie still in uns hinein, als plötzlich der rechts neben mir sitzende Kamerad lautlos in sich zusammensinkt. Die Konservendose und die Stalinkelle drohen ihm aus den Händen zu fallen. Sein Kopf schlägt auf der Tischplatte auf. Ein eisiger Schreck durchfährt mich. Intuitiv greife ich nach der Konservendose, nicht um ein Verschütten der Suppe zu verhindern, sondern um sie zu essen, falls mein Nebenmann tot ist, woran ich keinen Zweifel habe. Dann braucht er keine Suppe mehr, jagt mir ein Gedanke durch den Kopf. Mir hilft sie vielleicht zu überleben. Ungerührt stelle ich die Konservendose meines Nebenmannes vor mir auf den Tisch.

Skrupel, Pietät und Anstand, sind sie zu einem Begriff aus einer fernen Welt für mich geworden? War das alles nur Schein in einer anderen Welt? Ist das schlagartig in dieser

Stunde und in dieser Lage alles von mir abgefallen? Korrumpieren unsere Peiniger mit dem drohenden Hungertod unseren Anstand und unsere Moral? Ich lerne die unbarmherzige Wahrheit kennen: Hunger tut weh!

Zwei Kameraden legen den Toten auf seine Pritsche, während ein anderer das Büro des Hauskommandanten aufsucht, um dort das Sterben unseres Kameraden zu melden. In unserer Gemeinschaft macht sich eine stille Betroffenheit breit. Keiner spricht ein Wort. Erst als er von zwei Kameraden aus dem sogenannten „Leichenkommando" abgeholt worden ist, löst sich unsere Erstarrung und gibt ersten zögernden Ansätzen zu Gesprächen über das Geschehen in unserer Mitte Raum. Wahrscheinlich hat ein Herzversagen zum Tode des Kameraden geführt. Das ist hier eine häufig auftretende Todesursache, die durch die lange Zeit der Unterernährung und eine totale Schwächung des gesamten Organismus ausgelöst wird. Manche Kameraden in unserer Stube sind durch die andauernde Unterernährung derart schwach und kraftlos geworden, daß sie es allein nicht mehr schaffen, auf die Pritsche zu klettern, wenn diese sich in mittlerer Höhe oder gar oben befindet. Andere helfen ihnen dann gern beim Hinaufsteigen und sind froh, daß ihre Pritsche unten ist, weil manche von ihnen die gleichen Schwierigkeiten hätten, hinaufzukommen. Wenn aus irgendwelchen Gründen eine Pritsche im unteren Bereich frei wird, stürzen sich gleich mehrere Kameraden darauf, um sie zu belegen. Die lange Haftzeit hinterläßt deutliche Spuren, besonders bei den Männern der älteren Jahrgänge.

Ich muß dringend Herbert Görigk aufsuchen, von dem ich weiß daß er in Haus 4 untergebracht ist, der aber nicht wissen kann, wohin es mich nach Beendigung der Quarantäne verschlagen hat. In der Schreibstube von Haus 4 erfahre ich in welcher Stube er untergebracht ist. Da ich ihn nicht antreffe, sage ich einem seiner Kameraden, daß ich nach Haus 6 verlegt worden sei.

Am frühen Vormittag des nächsten Tages erscheint er

prompt, um mich zu einem Spaziergang auf den Lagerstraßen abzuholen. In einer fremden Stube darf der Häftling sich nicht aufhalten. Ich kann jedoch nur eine begrenzte Zeit im Freien zubringen, weil es mir in der kalten klaren Winterluft bald zu kalt am Kopf und an den Händen wird. Keine Kopfbedeckung zu haben, ist ein Problem, das mich schon seit der Zeit in der Quarantäne begleitet. Schnell erzählen wir uns, was uns am wichtigsten erscheint, und Herbert verspricht mir, sich nach einer Mütze umzusehen. „Vielleicht kann ich den Weihnachtsmann spielen“, verabschiedet er sich von mir.

Tatsächlich holt er mich am nächsten Tag, es ist Heiligabend, zum Spaziergang ab, mit einer Mütze unterm Arm. Das ist wie Bescherung, wie zuhause. Eine Riesenfreude bereitet er mir damit, obwohl es lediglich eine Kleinigkeit unter normalen Umständen wäre. Hier ist es überwältigend und unglaublich viel mehr als nur ein Weihnachtsgeschenk. Wie soll ein Häftling hier zu einer Mütze kommen? Es ist eine schwarze Schirmmütze wie sie die Panzersoldaten der Deutschen Wehrmacht trugen. Ich setze sie spontan noch in der Stube auf, und die Mütze paßt wie angegossen. Ich bin Herbert unendlich dankbar für seine Hilfe. Etliche Male sage ich ihm das auch und frage, wie er an die Mütze gekommen ist? Er aber winkt nur beschwichtigend ab und sagt mit dem ihm eigenen verschmitzten Lächeln um die Mundwinkel: „Ist doch egal. Die Hauptsache, Du mußt jetzt nicht frieren am Kopf.“

Wir treffen uns von nun an fast jeden Tag und auf seine Anregung hin meistens vormittags gegen 10.00 Uhr. Warum ausgerechnet um diese Zeit, will ich wissen. Herbert, der mir von Tag zu Tag vertrauter wird, hat beobachtet, daß der gummibereifte blaue Kastenwagen, auf dem die Toten ins Wäldchen gefahren werden, meistens um diese Tageszeit nach Beendigung des traurigen Transports zurückkommt. An manchen Tagen dient derselbe Ackerwagen anschließend dem Transport von Nahrungsmitteln und bringt Kartoffeln, Möhren, Mehl, Graupen und Fleisch für die Küche. Zwei russische Soldaten bewachen den Transport, damit die auf den Straßen befindlichen Häftlinge nicht in Versuchung kommen, ihn zu bestehlen. An manchen Tagen ist der Wagen aber randvoll mit Kartoffeln beladen. Sobald er über Unebenheiten der Straße holpert, purzeln hin und wieder einige Kartoffeln herunter und kullern über die Straße. Deshalb sind einige Häftlinge immer „auf dem Sprung“, um sich diese zu schnappen. „Du mußt schon ahnen und schnell hinlaufen, wohin sie trudeln. Dann erwischst Du manchmal 2 oder drei Kartoffeln“, erklärt Herbert mir.

Es ist ihm gelungen, sich eine zweite Konservendose zu beschaffen. In das Blech hat er mit Hilfe eines Steines und eines Nagels Löcher in etwa gleichmäßigem Abstand geschlagen und sich so eine Kartoffelreibe hergestellt wie man sie zum Reiben von Kartoffeln kennt, um Kartoffelpuffer zu backen. Über einem Feuer, für das er Holz von einem Kameraden aus dem Holzeinschlag-Kommando bekommt, kocht er den entstandenen wässerigen Teig von 2–3 Kartoffeln solange in der immer wieder mit Wasser aufgefüllten Konservendose, bis die Masse dank der enthaltenen Kartoffelstärke zu einem „Pamps“ wird – Strunzelsuppe genannt. Das ist zwar nicht übermäßig nahrhaft, füllt aber für einige Stunden den Magen und stillt den Hunger. Die Strunzelsuppe ist geschmacklos, denn Salz hat er nicht. An manchen Tagen können wir uns also eine minimale Zusatzverpflegung verschaffen, denn ich gehe dafür gern mit Herbert auf Beobachtungsposten. Es braucht viel Geduld. Aber Zeit haben wir ja genug.

Die Weihnachtstage – wir hüten uns davor von Feiertagen zu sprechen – gehen spurlos an uns vorüber. Hier gibt es nichts zu feiern. Die Eintönigkeit des Lageralltags wird von keinen außergewöhnlichen Ereignissen unterbrochen. Man könnte sich zum Beispiel einen riesigen Tannenbaum im Zentrum des Lagers, wo reichlich Platz dafür vorhanden wäre, vorstellen, wenn schon nicht für jede Stube ein Bäumchen verfügbar ist. Man könnte sich vorstellen, daß aus einem solchen Anlaß eine zusätzliche Brotration oder ein Essen ausgeteilt wird, das die Bezeichnung Essen überhaupt verdient. Man könnte, man könnte..., aber besser nicht, sonst käme uns die Erbärmlichkeit unseres Daseins noch deutlicher ins Bewußtsein. Wir ignorieren alles, was mit Weihnachten zusammenhängt und was es unter normalen Lebensbedingungen ausmacht. Wer denkt hier an Gott, an Jesus Christus, an den Stall von Bethlehem, an „Ehre sei Gott in der Höhe und Friede auf Erden und den Menschen ein Wohlgefallen?“ Ich nicht und Herbert auch nicht. Und soweit mein Wahrnehmungsvermögen reicht, ergeht es den Kameraden um uns nicht anders. Glaube und Hoffnung sind Botschaften, die uns nicht mehr erreichen oder sind Illusionen geworden, die uns hier nichts mehr bedeuten. Wir wollen sie hier nicht hören, denn wir können sie nicht für wahrhaftig halten. Unsere Wahrhaftigkeit ist Hunger, Sterben und Tod um uns herum. Kein Zeichen in dieser Not, das Rettung verheißen könnte!

Der Jahreswechsel vollzieht sich gleichermaßen ohne die geringste Markierung. Wir wundern uns darüber, daß uns die Tagesdaten noch gegenwärtig sind, ohne Kalender. Ist das so, weil wir wenigstens damit den Anschluß an das zivile Leben halten wollen oder weil wir im Stillen hoffen, daß die Tage der weiteren Haft vielleicht doch gezählt sein könnten? Oder ist es der letzte Orientierungspunkt, der uns bleibt in dieser Welt von Unwägbarkeiten, Unberechenbarkeit und Willkür?

Eines Vormittags, wir gehen gerade über die Lagerstraße in Richtung Quarantänehaus, sehen Herbert und ich reges Leben und Treiben an dem das Haus umgebenden Zaun. Wir wissen sofort, daß ein neuer Transport von Häftlingen eingetroffen ist. Wir setzen unseren Spaziergang in Richtung Quarantänehaus fort. Neugier lenkt unsere Schritte. Dabei schwingt die Hoffnung mit, es könnte jemand aus Kyritz oder der näheren Umgebung dabei sein, der etwas aus der Heimat zu berichten weiß.

Wir sind noch gar nicht am Zaun, vielleicht 10 bis 15 Meter entfernt, da entdecke ich einen Mann, den ich auf Anhieb erkenne. Er ist einen Kopf größer als ich, und ich kann ihn auch nicht übersehen. „Mich laust der Affe!" entfährt es mir spontan. „Das ist ja Horst Neumann". Herbert kennt ihn nicht, denn Horst stammt nicht aus Kyritz, sondern aus Neustadt/Dosse, ungefähr 12 Kilometer von Kyritz entfernt. Er ist ein Jahr älter als ich, hat dieselbe Schule besucht wie ich, die Jahnschule in Kyritz, allerdings eine Klasse höher. Mir fällt sogar blitzartig sein Spitzname ein. Wir nannten ihn „Pinker", weil sein Vater Schmiedemeister gewesen war. Noch als Kind hatte er seine Eltern verloren und war als Waise bei seiner Großmutter aufgewachsen. Mein Vater, der beruflich oft in Neustadt zu tun hatte, kannte seinen Vater.

Inzwischen sind wir dicht vor dem Zaun angekommen. Horst Neumann blickt auf, sieht mich und erkennt mich ebenfalls sofort. Fast gleichzeitig rufen wir uns zu: „Mensch, wie kommst Du hierher?" Eine lange herzliche Begrüßung folgt. Wir kennen uns natürlich gut aus jahrelanger Schulzeit, in der wir uns fast täglich begegnet sind in den Pausen auf dem Schulhof. Pinker war mir besonders lebhaft in Erinnerung geblieben, weil er ein exzellenter Handballer gewesen war. Wie viele andere Schülerinnen und Schüler aus Ortschaften in der Umgebung von Kyritz, kam er mit der Bahn zur Schule. Weil er mit einem Mädchen aus meiner Klasse befreundet war, blieb er manchmal bis zum Abend in Kyritz. Nun finde ich in diesem Lager unter tausenden von Männern einen Menschen wieder, der mir vertraut ist aus manchen Jahren gemeinsamen Erlebens in einer schöneren und glücklicheren Zeit. Recht angeregt, eher aufgeregt, reden wir darauflos. Fragen und Antworten schwirren hin und her, bis wir die erste Wißbegierde befriedigt haben und uns nicht nur die Füße kalt geworden sind. Wir verabreden uns für den nächsten Vormittag am Zaun.

Lange liege ich in dieser Nacht wach auf meiner Pritsche und kann nicht einschlafen. Die Begegnung mit Horst Neumann geht mir immer wieder durch den Kopf und hält mich wach. Daß ich unter diesen Umständen und in einem solchen Umfeld einem Menschen begegne, der mir aus der Schulzeit gut bekannt ist und den sein Lebensweg hierher geführt hat wie mich, wird zu einem bedeutenden Erlebnis. Wenngleich für uns beide die Umstände dieses Wiedersehens die schlimmsten sind, die man sich denken kann, erfüllen mich die Gedanken mit einem positiven Gefühl. Bewußt oder unbewußt knüpfe ich Hoffnung daran, daß solche schweren Zeiten und Prüfungen besser zu ertragen und zu bestehen sein werden im Zeichen vertrauter enger menschlicher Beziehungen.

Wenn ich bisher rund um mich gute Kameraden hatte, mit denen ich Freud und Leid der Haft teilen konnte, so haben uns jedoch nur die aktuellen Situationen und das Erlebnis als Häftlinge verbunden. Mir sind bisher nur selten Gedanken an das gekommen, was man Heimat nennt und an alles, was sich damit verbindet. Jetzt bekomme ich einen Gesprächspartner und Weggefährten, mit dem mich menschlich mehr verbindet. Am Ende meiner Gedankengänge aber steht: Besinnung und Erinnerung ja, aber nicht zuviel. Am Zuviel könntest Du seelisch zugrundegehen.

Am nächsten Vormittag läßt Herbert mich allein zum Quarantänehaus gehen, denn er will unbedingt die Einfahrt des Ackerwagens beobachten. Horst Neumann steht bereits am Zaun und wartet auf mich. Ich erzähle ihm, wie schlecht ich in der vergangenen Nacht geschlafen habe und wie sehr mich unser Wiedersehen berührt. Ich weiß von einem Heimaturlaub, daß er im letzten Kriegsjahr Unteroffizier geworden war, nachdem er 1943 Soldat werden mußte. So kann er seinen Bericht ab dem Zeitpunkt beginnen, als er 1945 in englische Kriegsgefangenschaft geraten war. Im Frühjahr 1946 entlassen, ist er zurückgekehrt in seinen Heimatort Neustadt, wo er wieder bei seiner Großmutter gewohnt hat. Irgendein Denunziant hat der sowjetischen Geheimpolizei „gesteckt“ – wie man das damals so sagte –, daß er während seiner letzten Schuljahre Hitlerjugendführer war bis zur Einberufung 1943. Am frühen Morgen eines Tages Ende Oktober 1946 waren zwei Russen in zivilen schwarzen Ledermänteln im Haus seiner Großmutter erschienen und hatten ihn abgeholt. Via Brandenburg, NKWD-Gefängnis, war er anschließend wie wir im Viehwaggon in dieses Lager gekommen.

Es ist wieder lausig kalt an diesem Morgen, bald wird es uns zu kalt, und so kann ich ihm nur in groben Zügen die Stationen meines Weges nach dem zwangsläufigen Verlassen der Schule 1944 schildern. Ich armseliges dürres „Klappergestell" friere eben sehr schnell und möchte am liebsten mit den Zähnen klappern. Eine solche Blöße mag ich mir ihm gegenüber jedoch nicht geben, der sich noch in einem relativ guten „Futterzustand" befindet. Die Verpflegung in der Gefangenschaft beim Tommy sei gut und mehr als ausreichend gewesen, hatte er mir erzählt, und seine Großmutter hätte ihn auch nicht hungern lassen.

In den nächsten Tagen besuche ich Horst immer für kurze Gespräche am Zaun des Quarantänehauses. Die gemeinsamen Erinnerungen an unsere Heimatstadt, an Menschen die wir kennen und an Geschehnisse, die uns gedanklich verbinden helfen uns sichtlich, die Tage in dieser tristen Einöde halbwegs erträglich zu verbringen und den Lageralltag für kurze Zeit damit auszufüllen.

Heftiges Gepolter im Treppenhaus schreckt unsere Stubengemeinschaft an einem Tag Mitte Januar auf, als Helmut Kursawa, der ehemalige Kripobeamte aus Berlin, wieder einmal über einen Kriminalfall berichtet und wir ihm gespannt zuhören. Die Tür geht auf, der uns schon bekannte NKWD-Oberleutnant und ein Sergeant betreten den Raum. Ihnen folgen Hermann Zoch, unser Hauskommandant und der Schreiber, Heinz Füllgraf. Der Sergeant übergibt dem Oberleutnant einen Stapel Akten, der uns verkündet, daß wir verlegt werden. Erst denke ich, in ein anderes Lager, nach Rußland oder was weiß ich wohin. Aber als der erste Kamerad aufgerufen wird, wissen wir, daß wir in ein anderes Haus verlegt werden. Nach mehreren Namensnennungen wird es klar: wir bleiben nicht zusammen, sondern werden auf diverse andere Häuser aufgeteilt. Ich muß nach Haus 4. Am Ende des neuerlichen theatralischen Auftritts des Oberleutnants folgt nur noch die völlig überflüssige Anordnung: „Alles mitnehmen!“

Als wir mit unserem Bündel unterm Arm ins Treppenhaus kommen, sehen wir, daß es sich um einen generellen „Tapetenwechsel“ handelt. Beim Betreten der Lagerstraße sehen wir hunderte von Kameraden hin und her eilen mit ihrem Bündel. Andere trotten gemächlich von einem Haus zum anderen, teils nebenan, teils weiter weg. Manche rufen sich etwas zu. Stimmengewirr überlagert die Szene. Der Vergleich mit einem Ameisenhaufen drängt sich beim Anblick dieses Tohuwabohu auf.

Die schon länger inhaftierten Kameraden wissen es aus Erfahrung richtig zu deuten. Es hat Methode, wenn auch kein organisatorischer Hintergrund zu erkennen ist. Die Häftlinge sollen nicht vertraut werden miteinander, es sollen keine echten Gemeinschaften entstehen oder sich über längere Zeiträume entwickeln. Es könnte verschworenen Gemeinschaften etwas einfallen: Ausbruchversuch, Hungerstreik, Revolte, irgendwelche Aktionen gegen die Bewacher oder ähnlich Bedrohliches. Es ist sicher in der jahrzehntelangen Erfahrung und Praxis der sowjetischen Geheimpolizei alles schon mal dagewesen!

Ein kurzer Weg über die Lagerstraße führt mich zu Haus 4. In der Schreibstube wird mir eine Stube zugewiesen. Ich bin einer der Ersten dort und belege eine untere Pritsche. Nach Herbert, der bisher in diesem Haus war, suche ich nicht. Wer weiß, wo der umher schwirrt? Wir sind ohnehin bei Horst für den Nachmittag nach dem Essen verabredet am Zaun. Allmählich füllt sich die Stube mit den hierher verlegten Kameraden. Seltsam, es gibt fast keine förmliche namentliche Vorstellung mehr.

Am Nachmittag treffen wir uns zu dritt und haben nun ein aktuelles Thema: Tapetenwechsel. Offensichtlich ist ohne Kriterien die gesamte Belegschaft des Lagers umgekrempelt worden, ausschließlich zu dem Zweck, neue Fremdheit zu schaffen, Vertrauen zu zerstören, Kameradschaft und Freundschaft zu eliminieren.

Was mag mich in der neuen Stubengemeinschaft und in diesem Haus erwarten? Eine erste Antwort auf derlei Fragen bringt am Abend der Zählappell. Neben mir stellt sich im letzten hinteren Glied ein junger Mann auf, der mich um eine Kopflänge oder mehr überragt und der demzufolge noch magerer wirkt als ich. Er ist etwa gleichaltrig. Sein fein geschnittenes Gesicht offenbart Intelligenz und Bildung. Er blickt im wahrsten Sinne des Wortes auf mich herab, weil deutlich größer, aber nicht weil arrogant. Freundlich nicken wir uns zu. Ob die Russen überhaupt organisatorisch mit der heutigen Aktion zurechtkommen? Wir nutzen die Zeit mit kurzen Gesprächen rechts und links im Glied. So komme ich auch mit dem jungen Mann neben mir ins Gespräch und erfahre, daß er Rolf von der Hagen heißt. Seit Sommer vergangenen Jahres ist er hier. Wir sind uns nach wenigen ausgetauschten Sätzen offenbar sympathisch.

Endlich beginnt die Prozedur auf der Lagerstraße vor dem Haus. Jeder neu in dieses Haus verlegte Häftling wird namentlich einschließlich Vornamen seines Vaters aufgerufen und bestätigt seine Anwesenheit. Der Sergeant nennt den Namen des Hauskommandanten und des Schreibers. Beide müssen vortreten, damit wir wissen, wer das ist. Dann zählt der Sergeant und vergleicht das Ergebnis mit seinen Unterlagen – und siehe da, es scheint zu stimmen! Jedenfalls möchte man das vom Gesicht des Russen ablesen und glauben, weil er nicht noch einmal anfängt zu zählen. Wir dürfen wegtreten. Rolf von der Hagen und ich bleiben für einen kurzen Augenblick stehen. Wir verabreden uns und pfeifen leise eine Erkennungsmelodie. Unter hunderten von Kameraden wollen wir uns am nächsten Abend beim Zählappell wiederfinden, um nebeneinander antreten zu können. Wir wählen das Lied: „Gute Nacht, mein liebes Mädchen. Es ist spät, drum gute Nacht". Wir bedauern, nicht derselben Stubengemeinschaft anzugehören.

Unser Treffen am nächsten Abend klappt auf Anhieb. Wieder können wir eine ganze Weile miteinander reden über „Gott und die Welt" sowie über unsere Gastgeber. Plötzlich entdeckt Rolf von der Hagen ein paar Reihen rechts von uns einen etwa 25- bis 30jährigen Kameraden im feldgrauen Wehrmachtsmantel. Überrascht ruft er: „Das ist ja unser falscher Doktor!" Der hört den Ausruf, schaut zu uns herüber, dreht aber gleich wieder den Kopf weg. Ich frage: „Wer ist das?" Darauf erfahre ich einiges über den Medizinstudenten, der ein paar Semester studiert, sich bei den Russen als Arzt ausgegeben und mit einem „Operationsbesteck" aus zugerichtetem Blech von Konservendosen einige Blinddarmoperationen durchgeführt hat. Das Ergebnis soll, mit wie ohne Operation, gewesen sein: der Exitus seiner „Patienten". Allerdings hatte es ihm zu einigen zusätzlichen Brotrationen verholfen, ehe die Russen den Schwindel aufdeckten.

Meinen früheren Weggefährten aus dem Gefängnis und aus der Quarantäne begegne ich selten. Unter den tausenden von Männern trifft man sich nicht so oft. Durch die Verlegungsaktion trifft man tatsächlich manch einen Kameraden nicht mehr an, dessen Quartier mit Mühe ausgekundschaftet worden war. In einem gewissen Umfang erreichen die Russen den gewollten Effekt. Wer nicht ausgesprochen kontaktfreudig ist und sich schwer auf neue Situationen einstellen kann, gerät leicht in eine Isolierung. Ich bin froh, mit meinen beiden Kameraden aus der Heimat und Rolf von der Hagen den Kontakt halten zu können. Wir treffen uns zumeist sporadisch am Zaun des Quarantänehauses oder spazieren bis wir durchgefroren sind auf den Lagerstraßen. Zwischendurch suchen wir die Stuben auf, um uns zu wärmen. In der neuen Stubengemeinschaft komme ich auch gut zurecht.

Eines abends vor dem Zählappell verkündet der Hauskommandant, daß Leute gesucht werden für das Beerdigungskommando. Jeder weiß Bescheid über die zusätzliche Brotportion, die unsere Kameraden für ihre Arbeit erhalten. An die zu verrichtende Arbeit denke ich nicht. Ich merke jedoch von Tag zu Tag wie ich immer dünner werde und habe nur die Brotportion im Sinn, um den Hunger stillen zu können und zu überleben. Ich gehe am nächsten Morgen in die Schreibstube und melde mich. Am Nachmittag des nächsten Tages holt mich ein Läufer ab, um mich zum Oberhäftling zu bringen, einem Baltendeutschen namens Kasimir, der auch Lagerkommandant genannt wird und von Häftlingsseite für Ordnung im Lager zuständig ist. Ohne wenn und aber empfängt er mich mit der Frage: „Pa russki ponjumai?“ – sprichst Du russisch? Mit einem der wenigen russischen Worte, die ich kenne, antworte ich: „Njet“. Damit erübrigt sich schon alles. Es wird nichts mit der zusätzlichen Brotration.

Nicht alles in diesen Tagen ist negativ zu sehen. So hat die Verlegung in das Haus 4 für meine Kameraden und mich einen Vorteil gebracht, der nicht hoch genug veranschlagt werden kann. Während in Haus 6 die Wanzenplage in manchen Nächten selbst für mich schlafraubend und wegen des Juckreizes quälend geworden ist, kann ich hier fast jede Nacht ohne Unterbrechungen durchschlafen. Nur selten verirrt sich mal eine Wanze zu mir auf die Pritsche und auf meinen Körper. Gut ausgeschlafen und ausgeruht wache ich morgens vom Scheppern der Kartusche auf, wasche mich so gut es geht und warte auf die Verteilung von Brot und Zucker. Dabei fällt mir ein Kinderlied ein, das wir naiv und harmlos in der Schule gesungen hatten, als ich noch keine Ahnung hatte, ihnen jemals in meinem Leben zu begegnen: „Auf der Mauer, auf der Mauer sitzt ’ne kleine Wanze. Seht Euch mal die Wanze an, wie die Wanze tanzen kann. Auf der Mauer, auf der Mauer sitzt ’ne kleine Wanze.“ Jetzt wird mir eigentlich erst richtig bewußt, daß während der ganzen Zeit meiner bisherigen Haft nie ein Lied gesungen wurde, sei es von einem einzelnen oder der Gemeinschaft der Häftlinge. Offenbar ist unsere Verfassung so schlecht, daß das Singen als positive Lebensäußerung keinen Bestand mehr in uns hat. Das ist um so bezeichnender, als gerade wir Deutschen stets gern und in jeder Lebenslage singen. Im I. Weltkrieg sind ganze Regimenter der deutschen Armee, die vorwiegend aus Studenten bestanden, mit einem Lied auf den Lippen ins feindliche Feuer marschiert und gestorben. Das war bei Langemarck in Westflandern. Sie starben begeistert, aber hier wird still, in Erniedrigung und Verzweiflung gestorben. Hier wird nicht gesungen.

Mitte Januar geschieht etwas Unvorhersehbares, mit dem niemand rechnen konnte. Eine „Hygiene-Kontrolle" bricht über uns herein. Nichts Spektakuläres, aber offenbar für die russische Lagerverwaltung ein wichtiger Programmpunkt.

Ich bekomme von der Straße aus mit, daß eine Frau in russischer Uniform im Offiziersrang, von einem einfachen Soldaten mit Kalaschnikow begleitet, im Eingang des nächstgelegenen Hauses verschwindet. Nach schätzungsweise 20 Minuten kommen die beiden wieder aus dem Haus. Mit ihren Schaftstiefeln eilt die kleine, zierliche Frau über die Lagerstraße und betritt mit dem sie begleitenden Soldaten den nächsten Eingang desselben Hauses. Wir rätseln, was das wohl bedeuten mag. Fortsetzung folgt, und nun gehen die beiden in unseren Hauseingang. Ungeduldig und mit wachsender Spannung warte ich, bis sie wieder herauskommen. Dann gehe ich hinein und die Treppe hinauf in unsere Stube.

Fast vollzählig treffe ich die Stubengemeinschaft an. Meine Kameraden machen noch einen leicht verwirrten Eindruck. Einige diskutieren, andere machen sich an ihren Pritschen zu schaffen. Meine Frage: „Was ist denn hier los?" geht im Stimmengewirr unter. Es dauert eine ganze Weile, ehe einer der Kameraden mich wahrnimmt und zu erzählen beginnt.

Den Drücker der Stubentür fast noch in der Hand, nachdem sie diese aufgerissen hatte, stand plötzlich die Frau mitten in der Stube. Sie rief: „Hygienekontrolle!“ und ging sogleich auf eine Holzpritsche los, um die darauf zusammengelegten Habseligkeiten eines Kameraden, – Decke, Mantel, Mütze, Konservendose und Stalinkelle – zu inspizieren. Sie hatte halblaut auf russisch irgendwelche Äußerungen – vermutlich Flüche – von sich gegeben. Hier und da machte sie Stichproben auf anderen Pritschen, bis sie auf die Konservendose eines Kameraden stieß, die ein paar kleinere Roststellen außen am Boden hatte. Sie fragte auf deutsch: „Wem gehört?“ Derjenige war an seine Pritsche kaum herangetreten, worauf sie ihm – begleitet von einigen derben russischen Flüchen – die Konservendose an den Kopf geschlagen hatte. Sie rief: „Verdammte deutsche Schweine! Du holen neue Dose, karascho?“ Dann hatte sie prüfend in Ecken und Winkel der Stube geblickt. Plötzlich hob sie den Kopf und entdeckte in einer Ecke des Raumes an der Zimmerdecke die Fäden eines Spinnengewebes. Laut kreischte sie: „Girlanden für Pfingsten, was?“ und draußen war sie. Allmählich findet die Stubengemeinschaft die Fassung wieder.

Längere Zeit sollen wir nach dem Willen der Lagerverwaltung auch in dieser Stube und in diesem Haus nicht zusammenbleiben. Nach etwa zwei Wochen komme ich im Zuge einer weiteren begrenzten Verlegungsaktion nach Haus 2. In einer dortigen Stubengemeinschaft bin ich der einzige Neuzugang. Alle anderen Kameraden sind seit der vorhergehenden Aktion in dieser Stube. Da ist Walter Nagel, ein ehemaliger Lehrer aus Hamburg und während des Krieges als Oberleutnant in einem Divisionsstab des Heeres gewesen, Rudi Struensee, Dr. Dr., Theologe, da ist Alex, der Volksschulrektor, auch „Philosoph“ genannt, aus Berlin und Heinz Zander, genannt „Multiplex“, dessen Vater einst der Ullstein-Verlag in Berlin gehört hat. Einer aus der näheren Umgebung meines Heimatortes ist Rolf Kalkstein aus Wittenberge, der abgeholt worden ist, weil er Leutnant in der Wehrmacht gewesen war.

Walter Nagel nimmt sich meiner als Jüngstem in der Stube und als Neuling am meisten an. Er ist ein äußerst liebenswürdiger, stets fröhlicher und sehr umgänglicher Mensch, ein hilfreicher Kamerad, wie man ihn gerade in dieser mißlichen Lebenslage braucht. Seine Fröhlichkeit und seine Herzlichkeit sind ansteckend und lassen keinen Mißmut aufkommen, wenn man mit ihm zusammen ist. Die meiste Zeit in der Stube verbringe ich mit ihm. Er weiß interessant zu erzählen. Ich fühle mich in diesem Kreis ausgesprochen wohl. Ich sehe mich als einen jungen Menschen, der in einem solchen Kreis lebenserfahrener, gebildeter und intelligenter Männer unglaublich viel lernen kann.

Walter Nagel ist nicht nur auf die Russen schlecht zu sprechen, sondern ebenso auf die Engländer. Sie hatten ihn in den letzten Kriegstagen in dem kleinen Ort Mues, östlich von Schwerin, gefangengenommen und kurze Zeit später im Zuge der Realisierung der Demarkationslinie entsprechend alliierter Vereinbarungen mit zigtausenden von Wehrmachtsangehörigen an die Rote Armee ausgeliefert. Mit vielen anderen ehemaligen Offizieren hatten ihn die Russen hierher gebracht.

Schier unerschöpflich kann er aus seiner Schul- und Jugendzeit und der anschließenden Zeit als Lehrer erzählen. Gleichermaßen interessant und eindrucksvoll sind Gespräche mit Alex, Rudi Struensee und Heinz Zander. Die Wochen in dieser Gemeinschaft werden zu einer der interessantesten Perioden meiner bisherigen Haftzeit. Immer weniger spüre ich und nehme ich wahr, daß ich Häftling im Lager Ketschendorf bin. Selbst der Hunger plagt mich nicht so aufdringlich wie in den Wochen zuvor. Ich werde auch nicht so daran erinnert, denn in dieser Gemeinschaft wird er nicht thematisiert. Mitleidig sehen wir nur morgens zu, wie „Multiplex“ Heinz Zander nach dem Empfang der Brotportion beginnt, sie in 50 und mehr kleine Würfel zu zerteilen und mit einem kleinen Holzspieß über Stunden zu essen. Alle sind sich einig, daß diese Methode der Lebenserhaltung, und selbst der Vermeidung des Hungergefühls, nicht dienlich ist. Manche essen die ganze Brotportion gemächlich kauend und nicht zu hastig nach der Verteilung. Andere essen 2/3 ungefähr am Morgen und lassen den Rest für den Abend.

Ein Gerücht durchläuft seit kurzem das Lager und hält sich hartnäckig. Eine russische Ärztekommission soll die Zustände im Lager sowie die körperliche Verfassung der Häftlinge und ihren Gesundheitszustand prüfen. Seit ich hier bin kursieren fast regelmäßig irgendwelche Ankündigungen und Informationen, die von Mund zu Mund gehen und angeblich immer „aus ganz sicherer Quelle stammen". Bisher haben sie sich noch immer in Luft aufgelöst. Da waren schon Kommissionen des internationalen, des schweizerischen und des schwedischen Roten Kreuzes angekündigt worden, die nie kamen. Weist man in Zusammenhang mit neuerlichen Ankündigungen und Informationen darauf hin, kann man mit unverbesserlichen Optimisten und Phantasten leicht in Streit geraten, denn diesmal ist es nach ihrer Auffassung „absolut sicher und verbürgt".

Tatsächlich findet gegen Ende Januar ein sogenannter Aufruf statt, der alle Häftlinge erfaßt. Es kommt allerdings keine Ärztekommission, unter der man sich eine Gruppe von mehreren Personen vorstellt!

In einer extra für diese Aktion leergeräumten Baracke im Zentrum des Lagergeländes müssen wir uns einfinden. Ein Läufer führt uns in Gruppen von 20 Männern dorthin. Es ist wohl Zufall, daß Horst Neumann, der inzwischen aus der Quarantäne entlassen ist, gleichzeitig mit mir hingeführt wird.

Als wir die Baracke betreten, sehen wir einen Tisch, vor dem die Ärztin steht, die vor kurzem die Hygienekontrolle durchgeführt hatte. Der schon öfter in Erscheinung getretene NKWD-Oberleutnant sitzt am Tisch mit einem weiblichen Sergeanten. Er hat Akten und Listen vor sich liegen. Ein Stück entfernt steht ein Posten mit einer Maschinenpistole und betrachtet gelangweilt die Szene. Wir müssen uns in einer Reihe aufstellen, nachdem wir uns nackt ausgezogen haben. Nach Namensaufruf haben wir an den Tisch heranzutreten. An den Kameraden vor mir sehe ich, wie die „Untersuchung" abläuft. Die russische Ärztin hat lediglich unsere körperliche Verfassung zu begutachten. Dazu genügt ihr nicht allein die Optik. Sie kneift mit Daumen und Zeigefinger jedem in eine „Arschbacke" – wie ein Kamerad vor mir sarkastisch bemerkt – und sagt dem als Schreiber am Tisch fungierenden weiblichen Sergeanten an, in welche Kategorie des Körperzustandes derjenige einzuordnen ist: Distrophie I, II oder III. Es folgt die Erfassung in Listen.

Die reichlich klein geratene, schwarzhaarige Ärztin mit dem Gesicht der Geier-Walli kneift auch mir in den Po, nachdem sie mich mit einem kurzen Blick gestreift hat. Dann ruft sie den am Tisch sitzenden Russen zu: „Distrophie III". Ich gehöre also zu den magersten und elendesten Gestalten des Lagers!

Nach einigen weiteren Kameraden wird Horst Neumann aufgerufen. Er hat aufgepaßt, in welche Kategorie ich gekommen bin und will versuchen, ebenfalls in Kategorie III zu kommen, damit wir möglichst zusammenbleiben. Seine Chancen sind bei der noch relativ guten körperlichen Verfassung denkbar schlecht. „Distrophie II" sagt die Ärztin. Da beginnt er ein großes Lamento. „Ich krank, ja bolnoije", ruft er ein um's andere Mal und zeigt heftig gestikulierend zum einen auf eine starke, gut sichtbare Krampfader am rechten Unterschenkel und zum anderen mit der rechten Hand auf die Herzgegend. Mit einer Grimasse, die Schmerzen signalisieren soll, will er seine Argumente stützen. Etwas verwirrt und zögernd sieht ihn die Ärztin an, noch unschlüssig. Dann sagt sie: „Karascho, tri" – also III. Horst geht zu seinem Haufen Kleidung und ist froh, daß er das geschafft hat. Wenn wir nur wüßten, was das alles bedeutet? Wir machen eine Menge Gesprächsstoff daraus.

A propos Frauen: seit Oktober vorigen Jahres, als im NKWD-Gebäude in Kyritz bei einer Vernehmung eine Frau als Dolmetscherin dabei war, sind die Ärztin und ihre Schreiberin die ersten Frauen, denen ich seitdem in der Haft begegne. Es ist in Gesprächen mit Kameraden, die länger hier sind als ich, beiläufig schon mal von weiblichen Häftlingen in diesem Lager die Rede gewesen. Erwähnt worden ist zum Beispiel Marianne Simson, eine junge Schauspielerin aus Berlin. Sie soll mit ihren Eltern gemeinsam ins Lager gekommen sein, hieß es. Da die Eltern bei der Verhaftung Widerstand geleistet hätten, weil sie eine Trennung von ihrer Tochter nicht hinnehmen wollten, wurden sie von den Russen einfach mitgenommen. Der Vater soll bereits verstorben sein und den Weg ins Wäldchen genommen haben.

Die weiblichen Häftlinge sollen völlig isoliert in einem anderen Bereich des Lagergeländes untergebracht sein, der uns – auch nicht optisch – zugänglich ist. In unserer reinen Männergesellschaft ist ohnehin infolge des immer weiter fortschreitenden körperlichen Verfalls kein akutes Verlangen nach Frauen mehr zu spüren. In dieser Hinsicht sorgen die Umstände dafür, daß es – vielleicht mit wenigen Ausnahmen – keine Probleme gibt. Geschlechtlich sind wir zum Neutrum geworden. Zu diesem Thema sind in keinem Kreis von Kameraden, mit denen ich zusammen war, Gedanken oder Fragen laut geworden. Ich habe jedenfalls keine Probleme damit. Geschlechtliche Regungen oder Erregung kenne ich schon lange nicht mehr.

Ganz andere Gedankengänge, wirklich existentieller Art und echt beunruhigend, löst das Geschehen um den sogenannten Aufruf und die Feststellung der Distrophiekategorie aus. Nach Augenschein hat die Ärztin uns eingestuft. Es gibt keine Waage, um das Gewicht der Häftlinge zu ermitteln, den Grad der Unterernährung realistisch zu bemessen. Nach einem Gesundheitszustand fragt hier niemand. Kranke mit offener Tuberkulose können nicht ermittelt werden, bleiben in ihren Stubengemeinschaften und infizieren ihre Kameraden. Geisteskranke müssen in den Stuben mit ihren Kameraden bleiben und von diesen betreut und versorgt werden.

Kameraden mit ansteckenden Krankheiten wie Ruhr und Gürtelrose versuchen solange wie möglich in ihren Stubengemeinschaften zu bleiben. Erst wenn es offenkundig wird für die Kameraden, sind sie bereit in die Lazarettbaracke zu gehen – mitunter erst, wenn andere Kameraden das beim Hauskommandanten melden und sie gezwungen werden. Lazarettbaracke, das ist das letzte Loch vor der Hölle, heißt es. Auch dort sind keine Ärzte, keine medizinische Versorgung, keinerlei Betreuung irgendwelcher Art. Es ist für viele die letzte Station vor dem Wäldchen.

Stalins Erfüllungsgehilfen müssen wahrnehmen, daß jetzt im Winter an manchen Tagen 40 bis 50 tote Häftlinge aus dem Lager hinausgekarrt werden und im Wäldchen verschwinden. Ich bin sicher, daß sie das nicht im geringsten rührt. Oder sind sie am Ende gar enttäuscht und unzufrieden, weil nicht noch mehr und noch schneller gestorben wird? Meine „Gewichtsklasse" – um einen Begriff aus dem Boxsport zu gebrauchen – ist Distrophie III. Ich würde es als Fliegengewicht einordnen. Ich schätze, daß ich noch zwischen 40 bis 45 kg wiege. Aber noch sehe ich keine Gefahr, demnächst zur Erhöhung der Sterberate beizutragen.

Es ist Februar, als Walter Nagel eines Morgens in meinem Gesicht eine „Phlegmone" entdeckt – wie er es nennt. Es ist eine Hautablösung oder Hautauflösung von 4 bis 5 Zentimeter Durchmesser direkt auf der Wange vor dem rechten Ohr. Eine rosarote Stelle hat sich gebildet, die ein Sekret absondert und anfängt zu jucken. Walter erklärt mir, das sei eine Körperreaktion auf Vitaminmangel. Man nennt es auch „Avitaminose". Er rät mir, sobald die Sonne sich blicken läßt, das Gesicht möglichst lange einer Sonnenbestrahlung auszusetzen. Im vorigen Frühjahr hat er sich längere Zeit damit gequält, bis ihm ein Kamerad dazu geraten hatte und es langsam abgeheilt sei. Ich folge seinem Rat, denn sonst hätte ich keine Möglichkeit, etwas dagegen zu tun. Erfreulicherweise haben wir trockenes Winterwetter und Sonnenschein. Nach ungefähr zwei Wochen ist diese Stelle und eine weitere kleine Stelle, die sich am rechten Unterarm gebildet hatte, abgeheilt. Die Stellen sind zwar noch etwas gerötet, aber es hat sich neue Haut gebildet und es „suppt" nicht mehr. Es dauert allerdings noch Monate, bis die Hautfarbe an den Stellen sich in nichts mehr von der gesunden Haut unterscheidet.

Die Freude darüber, das Problem der Phlegmone gelöst zu haben, wird getrübt durch ein neues gesundheitliches Problem. Eines Tages beginnen starke Leibschmerzen mich zu plagen. Ich muß schon bald zur Toilette – ganz schnell – und stelle fest, daß ich Durchfall habe. Das kann wohl mal sein, denke ich. Es beunruhigt mich nicht. Als ich dann aber erneut nachts einige Male zur Toilette muß und auch am Tage, kommen mir Bedenken. Ich bin ratlos, denn ich kann nichts dagegen unternehmen. Von Kameraden hatte ich schon früher einiges über typische Darmerkrankungen im Lager wie Ruhr oder Typhus gehört.

Als der Durchfall am nächsten Tage anhält, erzähle ich das Herbert Görigk bei unserem Treffen. Er macht ein besorgtes Gesicht und sagt recht bestimmt: „Dagegen müssen wir sofort etwas unternehmen. Ich gehe heute abend zu meinem Kumpel vom Holzkommando. Der muß uns Holz besorgen. Das werde ich verbrennen und Holzkohle daraus machen, die Du essen mußt. Mit meiner Kartoffelreibe zerkleinere ich das verbrannte Holz zu Pulver."

Seine sorgenvolle Miene erschreckt mich. Wenn mich jemand aus der Stubengemeinschaft fragt, warum ich so oft zum Klo laufe, soll ich nach Herberts Rat antworten, ich hätte mir die Blase erkältet und müsse deswegen öfter hingehen. Bei länger anhaltenden Durchfällen fürchten manche Kameraden aus Erfahrung eine Ansteckungsgefahr und veranlassen, daß der Betreffende in die sogenannte Lazarettbaracke verlegt wird. Es fällt mir schwer, meine Kameraden zu täuschen. Doch die Furcht vor den katastrophalen Zuständen in der Lazarettbaracke erfaßt mich.

Mit meiner Konservendose halb voll Wasser „schleiche

ich“ am nächsten Vormittag zu dem mit Herbert verabredeten Treffpunkt. An einer etwas abgelegenen Stelle auf der Lagerstraße schüttet er mir aus seiner Konservendose das körnige schwarze Pulver in meine geöffnete Handfläche, das ich nun mit einigen Schluck Wasser „einnehmen muß“. „Tierkohle wäre besser, aber die haben wir hier ja nicht“, bemerkt Herbert beiläufig. Ich kippe das restliche Wasser aus meiner Konservendose und trockne sie mit meinem Taschentuch – das einzige, das ich besitze –, damit ich eine gehörige Portion von dem Kohlepulver mitnehmen kann. Herbert gibt mir noch den Rat, vor jedem Essen das Pulver in reichlicher Menge zu schlucken und mich vor allem nach dem Mittagessen wenigstens eine Stunde auf die Pritsche zu legen. Er verspricht, jeden Tag nach mir zu sehen.

In den nächsten Tagen schlucke ich jede Menge Holzkohle und komme so leidlich über die Runden. Der Durchfall hört jedoch nicht auf. Als ich am dritten Tag feststelle, daß sich in dem wässerigen Stuhlgang Blut befindet, gerate ich in Panik. Ich sage Herbert, daß ich es vor den Kameraden nicht länger verheimlichen kann. Von Tag zu Tag werde ich hinfälliger, kann mich kaum noch auf den Beinen halten und zur Toilette schleppen. Ich liege fast den ganzen Tag auf der Pritsche. Ehe meine Kameraden handeln, will ich mich lieber selbst in der Schreibstube melden und mich in die Lazarettbaracke bringen lassen. Unter diesen Umständen hält auch Herbert es für die beste Lösung.

Es dürfte in den letzten Februartagen sein, als mich am Tag der Krankmeldung ein Läufer zur Lazarettbaracke bringt und mich bei einem sogenannten Barackensanitäter abliefert. Ohne große Formalitäten weist der mir einen Platz an, auf den ich mich auf dem Fußboden der Baracke hinlegen kann. Holzpritschen gibt es hier nicht. In der kalten ungeheizten Baracke liegen ungefähr 40 Häftlinge ordentlich aufgereiht nebeneinander. Ich erhalte einen Platz an der Längswand, denn da liegen in „Reih und Glied“ die Durchfallkranken, auf der anderen Seite Kameraden, die an Rose erkrankt sind. Ein übler Geruch erfüllt den Raum. Alles, was sich in meiner Vorstellung mit dem Begriff Lazarett verbindet, löscht die Wirklichkeit dieses Elendquartiers aus.

Am Nachmittag kommt Herbert – am Sanitäter vorbei – und bringt Nachschub an Holzkohle. Wir geben unsere Anstrengungen zum Stoppen des Durchfalls nicht auf. Er ist ebenso entsetzt über die Zustände in dieser Baracke wie ich. Als der „Sani“ zufällig mal bei uns vorbeikommt, sprechen wir ihn an und fragen reichlich scheinheilig, ob nur er für die Betreuung in der Baracke zuständig sei. Er erklärt uns, daß er für die Kranken nicht mehr tun kann, als sie – sofern sie noch gehfähig sind – zum Trockenklosett in einer Ecke der Baracke zu bringen und Hilfestellung zu geben. Nach ärztlicher Versorgung und nach Medikamenten mögen wir nicht fragen. „Das sind doch unmögliche Zustände“ wagt Herbert zu bemerken, womit er nur ein Achselzucken des Sani auslöst. „So ist das hier nun eben“ sagt der. „Ich kann daran nichts ändern. Hier liegen mehr als 30 Männer mit Dysenterie und Rose. Jeder muß selbst sehen wie er fertig wird“. Auf meine Frage, was ich mir unter Dysenterie vorzustellen habe, erklärt er mir, die Russen bezeichnen so alle Darmerkrankungen von Durchfall bis zur Ruhr. Ruhr und Gürtelrose sind äußerst ansteckende Krankheiten, aber wen interessiert es schon, ob wir uns untereinander anstecken!

Am nächsten Morgen bringt der Sani Brot, Zucker und Tee, mittags und abends eine Kelle voll Suppe – die lagerübliche Verpflegung. Ich esse alles sofort nach der Ausgabe auf, obgleich es mir zeitweilig nicht recht schmecken will. Ich denke, daß es bald mit mir zuendegeht, wenn ich nichts mehr esse. Daß es fast immer unverdaut wieder den Körper verläßt, ist mir dabei gleichgültig.

Herbert besucht mich an jedem Tag, auch wenn es nicht erlaubt ist. Der Sani hat es offenbar aufgegeben, ihn abzuweisen. Herbert bombardiert ihn mit kotterigen Bemerkungen, sobald er nur versucht den Mund aufzumachen. Holzkohlepulver bringt Herbert stets mit und ermahnt mich, es weiterhin zu schlucken. Ich erzähle ihm, daß der Sani doch einiges tut für uns und sogar ein paar verbeulte „Pfannen“ hat und benutzt, wenn jemand nicht mehr in der Lage ist zum Trockenklosett zu gehen.

Eines der aktuellsten Dinge aus dem Lagerleben, die mir Herbert täglich mitteilt, erfahre ich in diesen Tagen. Über 2.000 Männer sind, eingekleidet in die typischen erdbraunen russischen Wattejacken, separat in einige Häuser verlegt worden und sollen abtransportiert werden in die Sowjetunion. Unter den Häftlingen ist die Bezeichnung „Wattejacken- oder auch Pelzmützen-Transport“ schon gefunden für dieses bevorstehende Ereignis. Es heißt auch, daß dieses Lager total geräumt und aufgelöst werden soll. Ich ahne nicht, daß ich an diesem Tag Herbert zum letzten Mal im Lager Ketschendorf begegnet bin.

Wenige Tage später – es wird gegen Ende des Monats Februar sein – erscheint der Sanitäter eines Morgens nicht in der Baracke. Zwei Kameraden von der Küchenmannschaft bringen uns fertig geschnittene Brotrationen, Zucker und Tee. Zwei Portionen bleiben übrig, denn während der Nacht sind zwei Kameraden verstorben. Die Küchenhelfer nehmen die Brotportionen wieder mit. Die werden sie selbst essen. Auf unsere Frage nach dem Sani erfahren wir, daß er aufgerufen worden ist für den Wattejacken-Transport. Horst Neumann hat mich nie in der Lazarettbaracke besucht. Ob er am Sanitäter nicht vorbeigekommen ist oder auch für den Transport in die Sowjetunion vorgesehen ist?

Wir liegen jetzt völlig uns selbst überlassen auf dem Fußboden. Ich reiße mich zusammen, wenn ich merke, daß ich zum Trockenklosett muß. Ich schleppe mich unter Aufbietung aller Kräfte und allen Willens die 10 Meter dorthin. Andere an Ruhr erkrankte Kameraden, die schon zu schwach und völlig entkräftet sind und nicht mehr von ihrem Liegeplatz auf dem Barackenboden aufstehen können, machen alles unter sich. Die wenigen, die noch auf die Beine kommen, können ihnen nicht helfen. Dazu reichen unsere

Kräfte nicht. Die an Gürtelrose erkrankten Kameraden halten sich fern von uns, weil sie fürchten, sich anzustecken. Wir wollen jedoch auch keine Berührung mit ihnen, weil Gürtelrose ebenfalls in einem gewissen Stadium ansteckend ist.

Es breitet sich im Laufe des Tages ein schier unerträglicher Gestank in der Baracke aus. Eine wahnwitzige, nicht zu definierende Atmosphäre entsteht. Manche Kameraden befinden sich mit hohem Fieber im Endstadium ihrer Krankheit. In einem halbirren Zustand reden sie halblaut vor sich hin. Dann wieder schreien sie laut und verlangen nach Wasser oder Tee, rufen des öfteren nach dem Sanitäter und erkennen nicht mehr die Wirklichkeit unserer Situation. Mancher versucht ihnen klarzumachen wie es um uns steht, daß hier niemand ist, der sich um uns kümmert. Vergeblich zumeist, weil sie nichts mehr begreifen können. Ich bin wenigstens noch klar im Kopf und erfasse das ganze Geschehen.

Bei vollem Bewußtsein wirkt das alles auf mich wie ein Alptraum – oder ist es schon das Inferno schlechthin, das ich hier erlebe? Wegen der Kälte in der ungeheizten Baracke, ziehe ich meinen Mantel nicht aus und liege so, eingehüllt in meine Decke, auf dem Boden. Die Mütze liegt unter meinem Kopf. Der Fußboden unter mir ist noch trocken. Kraftlos und schwach bin ich; fast ist mein Lebenswille erloschen.

Wie aber mag den Kranken zumute sein, die in ihren eigenen Exkrementen liegen müssen, weil sie sich selbst nicht mehr von ihrem Platz fortbewegen können und niemand sie betreut und säubert? Wahrscheinlich sind sie an der Grenze zwischen Leben und Tod in ihrem Zustand nicht mehr fähig, etwas zu empfinden und sich dessen bewußt zu werden. Der Gedanke daran löst in mir einerseits Angst aus, sehr bald ein gleiches Schicksal zu erleiden, andererseits noch ein Fünkchen eigenen Willens, dagegen anzukämpfen. Viel mehr kann auch ich in dieser Lage nicht denken und empfinden – schon gar nicht die Unmenschlichkeit der sowjetischen Lagerverwaltung, kranke Häftlinge derart verkommen und letztlich umkommen zu lassen.

Zur Mittagszeit kommen die Küchenhelfer und teilen die Suppe aus. Nur wer noch bis zur Barackentür gehen kann, erhält seine Portion. Zahlreiche Kameraden leiden an Appetitlosigkeit und holen ihr Essen nicht, selbst wenn sie noch gehen können. Die meisten liegen auch tagsüber lang, schlafen oder dösen vor sich hin. Nur selten kommt unter den noch nicht so hinfälligen Kranken ein kurzes, belangloses Gespräch auf. Vom Geschehen im Lager erfahren wir überhaupt nichts.

In der Nacht haben wieder einige Kameraden die ewige Ruhe gefunden, wie wir am nächsten Morgen feststellen müssen. Still und friedlich haben sie diese unmenschliche Welt verlassen. Ich sehe, daß die Lücken und die Zwischenräume auf dem Fußboden der Baracke laufend größer werden, als vom Leichenkommando die Toten hinausgetragen werden. Wie lange ich wohl noch durchhalten kann, geht es mir durch den Kopf!

Im Laufe dieses Tages baue ich merklich ab. Apathisch und fast geistig weggetreten liege ich teilnahmslos auf dem Fußboden der Baracke. Ich nehme bald nicht mehr wahr, was um mich herum geschieht. Ich mache schon keine Anstrengungen mehr außer noch aufzustehen, wenn ich zum Trockenklosett muß. Appetitlosigkeit stellt sich ein, und ich esse mit Mühe nur die halbe Brotportion. Den Rest des Brotes lege ich an die rechte Seite unter die Decke, damit niemand in die Versuchung kommt, ihn mir wegzunehmen. Eigentlich ist diese Vorsichtsmaßnahme überflüssig, denn kaum einer von meinen Kameraden bewegt sich noch von seinem Platz. Es steckt wohl aus Gewohnheit in einem drin. Im Halbschlaf ist das Denken abgeschaltet. Dennoch geht mir immer öfter durch den Kopf: Nur nicht schlappmachen, dann ist es aus! Ich komme mir unendlich elend und verlassen vor.

Nach einer Nacht, in der mir totale Erschöpfung tiefen Schlaf gebracht hat, dämmert der letzte Tag des Februar herauf, oder ist es schon März? Die Brotportionen, Zucker und Tee werden von den Küchenhelfern wie am Vortage verteilt.

Keiner von uns ahnt, daß dies unser letzter Tag im Lager Ketschendorf werden soll.

Am frühen Vormittag geht plötzlich die Tür an der Stirnseite der Baracke auf und ein russischer Soldat tritt ein. Er öffnet beide Türflügel und stellt sie fest. Ein unüberhörbarer Wortschwall in russischer Sprache dringt zu uns herein. Schon trampeln einige Paare von Soldatenstiefeln in die Baracke, in ihrer Mitte die Ärztin. Ich schaffe es, mich aufrecht zu setzen und sehe, daß im Gefolge dieses Russentrupps auch eine größere Anzahl von Häftlingen hereinkommt. Sie haben Krankentragen dabei. Endlich hören wir wieder einmal das bekannte „Davaj“, diesmal aus dem Mund der Ärztin.

Es scheint so, als sollte die Baracke geräumt werden, denn vorn am Eingang werden die ersten auf dem Fußboden liegenden Kranken, die signalisieren, daß sie nicht aufstehen und gehen können, von den Kameraden auf die Tragen gelegt. Es sind zumeist Ruhrkranke, denn die Rosekranken sind fast alle gehfähig. Ohne Kommando weiß ein jeder von uns, daß er „seine sieben Sachen“ vorsorglich an sich nehmen muß, weil Verlegung zu erwarten ist. Wer von uns noch gehen oder kriechen kann, versucht auf die Beine zu kommen. Außer daß die Russen sich hin und wieder etwas zurufen, geht alles still und wortlos vonstatten. Deutsch radebrechend bedeutet die Ärztin zwei Häftlingen des „Räumkommandos“, das Trockenklosett mitzunehmen.

Mühsam und schwerfällig richte ich mich auf vom Fußboden und kann mich vorerst nur hinsetzen. In dieser sitzenden Stellung verharre ich eine Weile, ehe es mir gelingt aufzustehen. Ich muß also nicht wie viele Kameraden auf der Trage diese ungastliche Stätte verlassen. Ein russischer Soldat an der Stirnseite der Baracke winkt uns mit „Davaj, idi sjuda“ zu deutsch „Los, herkommen!“ zu sich. Mit meinen wenigen Habseligkeiten unterm Arm schwanke ich wie einige andere Kameraden dem Ausgang der Baracke zu. Der Russe versammelt die Gehfähigen vor der Baracke. Wir sehen wie zuerst die Kameraden von den Tragen auf die Ladefläche eines Lastwagens gehoben und gepackt werden, ehe wir auf den LKW gehoben werden und im hinteren Drittel der Ladefläche uns hinsetzen müssen.

Zu einer Verlegung im Lager würden sie uns nicht auf LKW verladen. Das Gerücht über die Auflösung des Lagers Ketschendorf scheint sich zu bestätigen. Im Lager selbst hätten sie uns mit dem gummibereiften Ackerwagen transportieren können. Wie es wohl weitergeht, wohin sie uns bringen werden? In dem Tohuwabohu des Aufbruchs, in dem die Ärztin hin und her rennt und mit ihrer kreischenden Stimme offenbar den Soldaten Befehle erteilt, kann in unserem Zustand kaum einer zur Besinnung kommen.

Gemischt mit Rose- und Ruhrkranken hat sich die Ladefläche bald gefüllt, und es kommt ein weiterer LKW heran. Als auch er fast voll beladen ist, setzen sich je zwei russische Soldaten mit Maschinenpistolen auf die hintere Bordwand der LKW. Die trostlose und elende Fracht setzt sich in Richtung Lagertor in Bewegung.

Da die hintere Plane unseres LKW nicht geschlossen ist, können die hinten sitzenden Kameraden über die Bordwand sehen. Was sie dabei feststellen und uns zuflüstern, heißt nicht mehr und nicht weniger: Straßen und Häuser sind menschenleer. Es spazieren weder Häftlinge über die Straßen noch sind im Lagerbereich russische Soldaten zu sehen. Wir gehören offenbar zu den letzten Häftlingen, die abtransportiert werden. Es sieht für uns nach totaler Räumung des Lagers aus.

Nach wenigen hundert Metern biegt unser LKW nach links von der Hauptstraße in den kurzen breiten Weg ein, der zur Schleuse führt. Durch die Schleuse, durch die unser Häftlings-Transport am 4. Dezember 1946 hinein gekommen ist ins Lager Ketschendorf, geht es nun hinaus. Ein kurzes Aufatmen ist mir vergönnt, den katastrophalen Zuständen in diesem Lager und insbesondere in der Lazarettbaracke entronnen zu sein. Dann wird es verdrängt von der bangen Frage nach dem Ziel dieser Fahrt. Veränderung löst neue Hoffnung aus, aber wer will und wer kann hier an ein besseres Morgen glauben? Ein letzter Blick zurück erfaßt noch ein letztes Mal das Areal mit Gebäuden, Baracken, Drahtverhau, Wachtürmen. Die Todesmaschinerie Ketschendorf, hat im Sinne der sowjetischen Siegermacht hervorragend funktioniert und wird nunmehr abgeschaltet! Zurückbleiben Tausende von toten Häftlingen, die namenlos verscharrt im Wäldchen liegen.

Es rollt ein Zug mit tausend Mann

Die zwei Militärlastwagen rollen mit dem Häuflein kranker Häftlinge aus der Isolierbaracke durch Fürstenwalde in Richtung Bahnhof. Es ist empfindlich kalt im Osten der Mark Brandenburg an diesem klaren Wintertag. Die Kälte packt uns auf dem LKW selbst in einer nur halbstündigen Fahrt. Uns friert erbärmlich. Wir sind ja nur noch Haut und Knochen – von unserer Krankheit ganz zu schweigen. In diesem Zustand müssen wir den russischen Soldaten, die uns bewachen, schon wie vom Tode gezeichnet erscheinen. Sie aber sitzen stumpfsinnig und teilnahmslos auf dem LKW.

Alle Anzeichen sprechen dafür, daß wir in Deutschland bleiben. In einem anderen Lager wird das Tor schon bald wieder hinter uns zuschlagen, werden wir weiterhin spurlos verschwinden – so meine Vermutung. Sie können uns, ein Bild des Jammers, nicht an sowjetzonale deutsche Behörden übergeben oder gar in deutsche Krankenhäuser bringen. Andererseits haben wir noch Glück – so glaube ich wenigstens –, daß wir nicht zu den 2.000 Häftlingen zählen, die kurze Zeit vor uns das Lager Ketschendorf als „Wattejacken-Transport“ in Richtung Osten verlassen mußten. Sie haben nun wohl schon ihren Bestimmungsort im fernen Rußland, in Sibirien oder sonstwo erreicht.

Auf dem Bahnhofsgelände angekommen, rollen die LKW zügig auf einen Zug zu, der auf einem Nebengleis steht. Unmittelbar neben einem der Viehwaggons mit offener Tür halten die LKW. Die beiden Soldaten springen ab und öffnen die hintere Bordwand. Einige Soldaten haben hier offenbar auf uns gewartet. Wir gehfähigen Kranken müssen absitzen und neben dem Waggon Aufstellung nehmen. Mein Blick streift sekundenschnell den Zug entlang. Ich sehe mindestens 20 bis 25 Waggons. Alle Waggontüren sind geschlossen. Die Lokomotive steht bereits unter Dampf. Nichts vom Dämmerzustand der letzten Tage spüre ich. Er ist einer wachen Anspannung gewichen. Sie läßt mich meine Krankheit und meinen desolaten Zustand fast vergessen. Ich bin wieder voll da und aufnahmefähig für das, was um uns geschieht.

Die nicht gehfähigen kranken Kameraden werden von den Soldaten in den Waggon getragen und verschwinden rechterhand hinter der Waggonwand. Uns, die wir gehen können, fordert ein Soldat mit „Davaj!“ auf, in den Waggon zu klettern. Mühsam, in dem einen oder anderen Fall mit Unterstützung eines Soldaten, gelingt es uns, auf die Kante des Bodens am Rande des Waggons zu gelangen. Von dort kriechen wir – manche gehen auch – weiter in das Innere des Waggons. Dabei sehe ich, daß dieses ein spezielles Beförderungsmittel für den Transport kranker Häftlinge ist.

Doppelstöckige, die ganze Breite des Waggons ausfüllende Holzpritschen sind aufgestellt, auf denen die Häftlinge liegen können. Sicher sind sie nur gedacht und gemacht für kranke Häftlinge. Wir genießen den Vorzug, bei diesem Transport nicht auf dem Boden liegen zu müssen. In der Mitte, so breit wie die Waggontür, ist die Fläche zwischen den Pritschen freigelassen. Hier steht bereits ein Trockenklosett. Auf einer der unteren Pritschen sind die nicht gehfähigen Ruhrkranken „abgelegt worden“. Auf die obere Pritsche an dieser Seite klettern wir, die Ruhrkranken, die sich noch selbst irgendwie fortbewegen können. Trotz der Kälte suche ich meinen Platz neben der Öffnung in der seitlichen Waggonwand. Ich denke, daß ich hier oben frische Luft habe. Auf der oberen und unteren Pritsche der gegenüber liegenden Seite sammeln sich die Rosekranken. So wahren wir wenigstens den möglichen räumlichen Abstand voneinander, der etwa 3 Meter beträgt, in der Hoffnung, uns nicht wechselseitig anzustecken. Es mögen 20 bis 25 Kameraden übriggeblieben sein von den rund 40, die wir waren, als ich in die Isolierbaracke des Lagers Ketschendorf vor 2 Wochen gekommen bin. Weder dort noch hier bestand und besteht die Chance, geheilt oder halbwegs wiederhergestellt herauszukommen. Sterben ist gegenwärtig für fast alle von uns die einzige Perspektive. Mir kommt das jedoch nicht zum Bewußtsein, und ich denke nicht mal in dieser Situation daran. Still und geduldig machen wir, die wir noch in der Lage sind zu erkennen, was uns widerfährt, uns mit den Gegebenheiten des Transports vertraut. Da knallt auch schon die Waggontür zu und wird verriegelt.

Ich liege mit meinem Reisegepäck, das aus Wolldecke, Konservendose und Stalinkelle besteht, mit allen Kleidungsstücken am Körper auf der Pritsche und stelle fest, daß reichlich Platz für einen jeden von uns vorhanden ist. Welch Enge mag in den anderen Waggons herrschen, in denen rund 1.000 Kameraden transportiert werden. Ich stelle mir vor, daß sie dicht an dicht auf dem Boden liegen während der Nacht und möglicherweise sogar abwechselnd auch am Tage stehen und liegen müssen.

Beim Übergang vom LKW in den Waggon ist mir aufgefallen, daß es in der letzten Nacht offenbar geschneit hat. Der Frost hat aber nachgelassen. Es wird wohl um 0 Grad sein. Daher ist es im Waggon nicht allzu kalt. Ehe ich nach einiger Zeit vor Erschöpfung einschlafe, denke ich noch: hoffentlich kommst du schnell genug von der Pritsche hier oben runter zum Trockenklosett, wenn du mal mußt.

Lange habe ich nicht schlafen können, denn ich werde schon bald wieder geweckt vom Rütteln des Waggons, als der Zug sich in Bewegung setzt. Es mag gegen Mittag sein, aber von der Helligkeit des Tages dringt nur schwaches Licht durch die Öffnung in der oberen Waggonwand zu uns herein. Die neben mir liegenden Kameraden kann ich in diesem Dämmerlicht sehen. Wir kennen einander nicht mit Namen. Wie schon in der Isolierbaracke stellen wir uns auch hier nicht mit Namen vor. Keine Gespräche füllen den Raum. Nur das Rollen und Rattern der Räder des Waggons bilden die Geräuschkulisse. Unauflöslich erscheint mir die Lethargie, in die wir alle in diesen Stunden verfallen sind. Regungslos hocken oder liegen wir auf den Pritschen.

Da die Sonne an diesem Tag scheint, können wir ungefähr

die Fahrtrichtung ermitteln. Unser Zug rollt nicht nach Osten, sondern in westliche Richtung. Ich knüpfe weder Hoffnung noch Vermutungen daran. Wie schnell kann sich die Richtung ändern? Überhaupt ist das im Gegensatz zu früheren Transporten in diesem Waggon kein Thema. Niemand interessiert sich dafür, wohin er geht, wielange der Transport dauert und was die Russen mit uns vorhaben.

Fast alle sind so hinfällig und erschöpft, daß der Schlaf uns selbst am Tage nur für kurze Phasen freigibt, um bewußt wahrzunehmen, was um uns geschieht. Lediglich der zeitweilige Andrang vor dem Trockenklosett dringt unangenehm ins Bewußtsein. Mancher kann sein Bedürfnis nicht mehr unterdrücken und verrichtet seine Notdurft einfach auf dem Boden des Waggons. Andere Kameraden sind nicht fähig, die Pritsche zu verlassen. Sie machen unter sich wie wir es auch schon in der Isolierbaracke erlebt haben, als kein Sanitäter mehr da war. Es dauert nicht lange, bis sich auf dem Boden des Waggons kleine Inseln bilden von wässerigem und blutigem Kot sowie von Urin. Beim Gang zum Trockenklosett ist es trotz vorsichtigen Auftretens nicht immer zu vermeiden, da hineinzutreten. Die Bewegungen des fahrenden Zuges machen unsere Schritte unsicher. Mit den so beschmutzten Schuhen trägt man das dann anschließend auf die Pritsche und beschmutzt mitunter auch die Kleidung und die Wolldecke. Bald wird dieser Waggon zu einer einzigen rollenden Latrine. Dementsprechend entwickelt sich schon ein aus der Lazarettbaracke in Ketschendorf gewohnter Gestank.

Hatten wir in den letzten Tagen in der Baracke in Ketschendorf gedacht, daß es schlimmer nicht kommen könnte, so sehen wir uns hier und jetzt in nicht vorstellbarer Weise getäuscht. Der Zustand, in dem wir uns befinden, übertrifft alles bisher Erlittene. Wenn er lange genug dauert, kann dieser Transport für uns kranke Häftlinge nur zu einer Geisterbahn des Todes werden.

Jegliches Zeitgefühl geht uns zunehmend verloren. Ich weiß nicht, ob wir drei, fünf Stunden oder den ganzen Tag unterwegs sind. Hunger stellt sich bei mir und manchen Kameraden ein. Quälender aber ist der Durst, der von Stunde zu Stunde größer wird. Kennen unsere Wachmannschaften denn überhaupt kein Erbarmen? Haben sie auch die letzte Regung mitmenschlichen Gefühls verloren? Oder handeln sie ohne Sinn und Verstand? Zur Realität komme ich wohl eher mit der Frage: Woher soll ein einfacher russischer Soldat wissen, daß es eine Begleiterscheinung unserer Erkrankung ist, infolge anhaltender Entwässerung des Körpers wahnsinnigen Durst zu haben, wenn es ihm kein Arzt oder kein halbwegs gebildeter Offizier sagt!

Mit mäßiger Geschwindigkeit rollt unser Zug noch immer westwärts. Irgendwann gegen Abend erfolgt ein Halt anscheinend auf einem kleineren Bahnhof. Wo, das ist uns völlig gleichgültig. Daß der Zug nicht mehr rollt, ist die einzige Wahrnehmung. Nach einiger Zeit wird die Waggontür entriegelt und geöffnet. Frische Luft weht in den Waggon hinein. Begierig und tief atmen wir die Luft ein und füllen unsere Lungen, als wäre es ein Lebenselixier.

Das selbstverständlichste von der Welt erscheint uns wie ein Geschenk oder eine Gnade des Himmels. Mehrere russische Soldaten stehen vor dem Waggon und unterhalten sich, während zwei andere sich der Waggontür nähern. Sie tragen fertig geschnittene Brotportionen in einer Holzkiste und zwei große Aluminiumkannen, die sie auf dem Boden des Waggons im Türbereich abstellen. In den Kannen befindet sich schwarzer Tee. Ein Soldat klettert in den Waggon und verteilt die Brotportionen. Er läßt einen der Rosekranken gewähren, der sich anschickt, ihm zur hand zu gehen und unsere Konservendosen mit Tee zu füllen. Hastig schlürfen die meisten von uns zuerst den Tee in der Hoffnung, noch einen Nachschlag ergattern zu können. Die Hoffnung erfüllt sich jedoch nicht. Offenbar soll jeder Häftling nur eine Portion Tee empfangen. Ob gesund oder krank, das macht offensichtlich bei den Russen keinen Unterschied.

Daß bei einem solchen Transport nicht auch noch Suppe

gekocht oder an einer Bahnstation bereitgestellt werden kann, ist zu begreifen. Wie sollte unser Begleit- und Bewachungskommando das organisieren? Hier findet keine Vergnügungsfahrt statt, sondern ein Häftlingstransport. Der soll möglichst unauffällig durchgeführt werden. Auf keinen Fall soll die deutsche Bevölkerung von unserem Dasein etwas erfahren. Unter keinen Umständen dürfen Kontakte zwischen den Häftlingen und der Bevölkerung zustande kommen. Welcher Eindruck würde entstehen, wenn fast zwei Jahre nach Kriegsende ein Zug mit mehr als Tausend Gefangenen, die man leicht als politische Häftlinge erkennen kann, durch die Sowjetzone rollt? Was, wenn gar jemand uns Elendsgestalten in der „rollenden Latrine" zu Gesicht bekäme? Die Unmenschlichkeit der siegreichen und glorreichen Sowjetmacht paßt nicht in den Schein von Demokratie, mit dem sie sich umgeben möchte.

Das Begleitkommando ist zahlenmäßig nicht groß genug, um vor jede Waggontür einen Posten zu stellen. So gehen die Soldaten mit der Verpflegung von Waggon zu Waggon, verteilen sie und schließen die Tür anschließend sofort wieder. Sie fürchten einerseits wohl Fluchtversuche und andererseits, daß Personal der Reichsbahn uns entdecken und Kontakt zu uns aufnehmen könnte.

Die Dunkelheit bricht herein. Ob sich der Zug heute nacht wieder in Bewegung setzt? Allmählich wird es kälter. Auf meinem Liegeplatz an der Öffnung des Waggons geht der bisherige Vorteil der Lüftung in den Nachteil über, in der kalten einströmenden Nachtluft zu frieren. Was meine körperliche und geistige Verfassung betrifft, habe ich den Eindruck, daß sich mein Zustand spürbar verbessert. Ich muß nicht mehr so oft wie in den ersten Stunden des Transports zum Trockenklosett und bin nicht mehr wie anfangs apathisch und hinfällig. Ich liege oft noch wach, während die Kameraden durchweg schlafen. Totale Stille herrscht im Waggon. Nur von Zeit zu Zeit klettert jemand von der Pritsche und sucht in der Dunkelheit – manchmal polternd und fluchend – den Weg zum Trockenklosett. Wie derjenige in die auf dem Boden befindlichen Exkremente hineintappt, kann ich mir gut vorstellen. Der Gedanke an diese Kloake ekelt mich jedoch nicht. Wenn dieser Zustand und das Eingesperrtsein in dem stinkenden Waggon noch das Leben ist, dann muß und will ich es ertragen. Dann darf es mich nicht niederdrücken und in Verzweiflung stürzen, denn ich will ja leben, überleben.

Irgendwann in der Nacht weckt mich das Rütteln des Waggons. Der Zug fährt an. Wir rollen weiter. Ich bleibe nicht lange wach, denn das gleichmäßige Geräusch der Räder des Waggons läßt mich nun doch bald in einen tiefen Schlaf fallen.

Es muß am frühen Morgen dieses zweiten Transporttages sein, als ich durch den erneuten Halt des Zuges, durch Rufe und laute Geräusche auf der Pritsche der Rosekranken aufwache. Der Schlaf hat mir gutgetan. Ich schöpfe neue Hoffnung, die Krankheit zu überwinden. Einer der Kameraden ruft mir zu, ich soll doch mal hinaus sehen und versuchen festzustellen, wo wir uns befinden. Noch etwas verschlafen rücke ich näher an das mit Stacheldraht bespannte Loch in der seitlichen Waggonwand. Als erstes sehe ich, daß es noch mehr geschneit hat. Mit Schnee bedeckte Felder und Wiesen breiten sich in meinem Blickfeld aus. Im Hintergrund stehen Häuser, die wegen der Dichte ihrer Ansammlung den Ortsrand einer größeren Stadt vermuten lassen. Nirgends gibt es einen Anhaltspunkt für den Ortsnamen. Der Zug hält auf offener Strecke. Es gibt keinerlei Anzeichen für ein Bahnhofsgelände.

Wach werden am Morgen ist eine Offenbarung. Es offenbart, daß man noch lebt. Nicht alle Kameraden in diesem Waggon werden aber an diesem Morgen wach. Auf der unteren Pritsche reagieren zwei Kameraden nicht mehr auf die Ansprache durch ihren Nachbarn. Nachdem sie längere Zeit regungslos und stumm in ihre Decken gehüllt liegen geblieben sind, haben die anderen Kameraden sie angestoßen und zu wecken versucht. Sie müssen feststellen, daß die beiden – vermutlich während der Nacht – verstorben sind. Der Tod rollt mit in diesem Zug. Das Sterben ist auch hier wie im Lager ein laut- und klagloser letzter Akt des Lebens. Dieser stille Tod kennt kein Jammern und keine Tränen.

Und doch bedrückt uns alle wegen der Unmittelbarkeit des Geschehens der Tod der zwei Kameraden. Er macht uns für eine längere Zeitspanne stumm und nachdenklich. Die Enge des Waggons läßt uns den Tod als unsinnige Vernichtung eines Menschenlebens erleben und begreifen, weit mehr als in der Großräumigkeit des Lagers. Dort hat die Anonymität und die Vielzahl der Toten den gewohnten Alltag geprägt. Es sei denn, daß ein Kamerad aus der Stube betroffen war.

Es dauert Stunden – uns erscheint es quälend lange – ehe die Entriegelung der Waggontür ankündigt, daß sie gleich geöffnet wird. Unser erster Blick fällt auf zwei Soldaten, die unmittelbar vor der Tür stehen. Sie stellen Brot und einige Aluminiumkannen in den Waggon. Auf den zweiten Blick sehen wir höchstens 25 bis 30 Meter vom Gleis entfernt die typische Stacheldrahtzone, die wir vom Lager Ketschendorf kennen. Während dort der Bretterzaun den Durchblick von beiden Seiten unmöglich machte, verwehrt hier eine etwa 2,50 Meter hohe Steinmauer jede Sicht. Kameraden, die sich vorwagen bis zur Tür und so ein größeres Blickfeld haben, sagen uns, daß Stacheldraht und Mauer sich hinziehen soweit das Auge reicht. Es muß sich nach ihrer Einschätzung um ein Riesenlager handeln. Als die Waggontür geschlossen ist, ergibt sich zum ersten mal seit Beginn des Transports zwischen einigen Kameraden ein Disput voller Vermutungen und Spekulationen.

Nach der Fahrzeit, den zwischenzeitlichen Haltezeiten des Zuges und der vermeintlichen Richtung zu urteilen, können es nur Buchenwald oder Sachsenhausen sein. Eine längere Fahrtstrecke in südlicher Richtung konnten wir nicht feststellen nach dem Stand der Sonne. So scheidet also Buchenwald aus. Wir müssen demnach annehmen, daß es sich um das ehemalige berüchtigte NS-Konzentrationslager Sachsenhausen handelt.

Stunde um Stunde vergeht. Nichts rollt; weder die Rollen der Waggontür, noch die Räder des Zuges setzen sich in Bewegung. Lange Zeit lassen sich auch keine Stimmen der Wachmannschaften hören. Wir kommen uns schon fast einsam und verlassen vor. Zu glauben, sie hätten uns vergessen, wäre jedoch absurd.

Der Tag vergeht und auch die Nacht. Wir liegen und frieren immer noch im Waggon als die Morgendämmerung heraufzieht. Wie es hier inzwischen aussieht auf dem Boden und wie es stinkt, ist unbeschreiblich. Allmählich fangen wir selbst an zu riechen. Es gibt kein Wasser zum Trinken und schon gar nicht zum Waschen. Wie sollte das hier auch gehen? Um so unverständlicher ist es für uns, warum wir weder ausgeladen noch weiter transportiert werden! Stumpfsinnig und wie blöde dösen manche Kameraden vor sich hin, andere schlafen. Das ziehe auch ich vor, nicht zuletzt, weil ich dann nicht über unser trostloses Dasein nachdenken und grübeln muß.

Gegen Mittag tut sich draußen vor dem Waggon etwas. Die Tür geht auf. Zwei Russen bringen Brot und Tee. Zwei weitere Soldaten haben eine große Zinkwanne herangeschleppt. Das ist neu. Umständlich grapschen sie mit bloßen Händen in die Wanne. Was kommt zum Vorschein? Salzheringe, von denen jeder von uns zwei Stück erhält. Wild und gierig beißen einige Kameraden hinein. „Pfui Teufel!" höre ich jemand laut rufen. „Das ist ja schieres Salz. Sowas kann man doch nicht essen!" Es entsteht ein kurzer Disput – Heringe essen, ja oder nein? Die einen sind dafür, um den Hunger zu stillen und weil Eiweiß und Vitamine darin enthalten sind. Die anderen warnen vor unerträglichem Durst, der die Folge sein könnte. Wir wissen nicht so recht, was wir davon zu halten haben! Wie die meisten Kameraden entschließe auch ich mich, die beiden Heringe zu essen – mit Widerwillen, wegen des Salzes.

Mein Glück, muß ich jetzt sagen, daß sich nach und nach der Hunger bei mir wieder eingestellt hat und der Durchfall nur noch einige Male am Tag den Gang zum Trockenklosett erzwingt. Ich fühle mich nicht mehr so schlapp und hinfällig. Es wächst meine Zuversicht, bald wieder „auf dem Posten zu sein". Zwar ist der Hunger im gesunden Zustand eine Qual, aber jetzt bei dieser Krankheit ist es ein gutes Zeichen, wenn er sich zurückmeldet. Die Körperfunktionen scheinen sich zu normalisieren.

Der Tag vergeht und auch die zweite Nacht, ohne daß wir von unserem Aufenthalt in dem stinkenden und dämmerlichtigen Waggon erlöst werden. Am Morgen des dritten Tages müssen die russischen Soldaten erneut zwei Tote aus unserem Waggon herausholen. Wie am Vortage legen sie die Toten erst einmal in den Schnee neben dem Gleis. Schnell schließen sie die Waggontür. So können wir nicht beobachten, was weiter mit ihnen geschieht. Wir gehen davon aus, daß unsere toten Kameraden nicht die einzigen Opfer dieses Transports sind. An Herzschwäche, Lungenentzündung und offener Tbc sind sicher in anderen Waggons ebenfalls Kameraden verstorben. Wer weiß wie es den Bahndamm entlang in dieser Stunde aussieht? Die bei diesem Transport weiter gestiegene Bedrohung unseres Lebens, empfinde ich nicht mehr. Tote nehmen wir nun schon emotionslos und wie selbstverständlich hin. Was geschieht mit meiner vergewaltigten Seele? Verdränge ich die Furcht vor dem Sterben oder bin ich wie die meisten Kameraden so unbegreiflich gefühllos und gleichgültig geworden? Ich weiß es nicht in dieser Stunde, und ich werde es wohl nie wissen.

Bewegung kommt wenig später in unseren Waggon, als ein Soldat mit einem Eimer voll Wasser und einem Besen in der Hand hereinkommt. Er gießt nach und nach das Wasser auf den Boden, ohne uns eines Blickes zu würdigen. Stumm bleibt er und fegt so gut es geht die Exkremente, die zum Teil schon festgetrocknet sind, hinaus. Währenddessen steht ein weiterer Soldat, die Kalaschnikow im Anschlag, vor dem Waggon. Plötzlich steigen zwei Soldaten ein, gehen auf das Tockenklosett zu und tragen es hinaus, sicher um es zu leeren. Andere Schlüsse mögen wir daraus nicht ziehen. Bald kommen sie damit zurück und stellen es an seinen Platz. An ein Ausladen ihrer Häftlinge denken die Russen – jedenfalls vorerst – nicht. Die ganze Aktion, die wir „Saubere Latrine" nennen, bringt uns bessere Luft in dieses rollende Verließ, da zwangsläufig die Waggontür eine längere Zeit offensteht.

Bald gibt es die gewohnte Verpflegung. Alle, die ihre Salzheringe gegessen haben, stürzen sich zuerst auf den Tee, da sich der vorausgesagte Durst bereits eingestellt hat. Wenig später sind die Konservendosen, die uns während des Transports ausschließlich als Trinkgefäße dienen, leer. Der Durst bleibt dennoch, wenn auch nicht mehr so quälend.

Wieder vergehen Stunden, bis sich der Zug plötzlich ohne Vorankündigung in Bewegung setzt. Entgegengesetzt ist die Richtung zu der, aus der wir hergekommen sind. Der rückwärts rollende Zug weckt bei mir Erinnerungen an den ersten gescheiterten Versuch, uns von Brandenburg ins Lager Ketschendorf zu bringen. Nicht auszumalen, wenn es von hier nach Ketschendorf zurück gehen würde.

Nach wenigen Kilometern in langsamer Fahrt hält der Zug erneut. Ein Blick durch das Loch in der Waggonwand sagt mir, daß wir auf dem Bahnhof von Oranienburg stehen. Es dauert nicht lange – ein Rangiermanöver noch – und schon geht es weiter. Wer weiß wohin?

Wir stellen eine neue Fahrtrichtung fest: der Zug rollt nach Norden. Hin und wieder gibt es mal einen längeren, mal einen kürzeren Halt. Meistens begegnet uns dann ein anderer Zug. In der Nacht passiert das selten. Offenbar gibt es in diesem ausgeplünderten Landstrich nicht viel zu transportieren. Wir schlafen tief und fest, ohne uns dafür zu interessieren, wohin die Reise geht.

Im Sonderlager Nr. 9 des NKWD Fünfeichen bei Neubrandenburg

Am fünften Tag hält der Zug im Morgengrauen auf offener Strecke. Kurz danach hören wir russische Kommandos und Stimmengewirr, die uns vermuten lassen, daß der Zug sein Ziel erreicht hat – auch wenn weit und breit kein Bahnhof auszumachen ist. Schon vernehmen wir die typischen Geräusche vom Entriegeln und Öffnen der Waggons vor und hinter uns. Davaj, davaj von allen Seiten bedeutet hier sicher die Aufforderung, die Waggons zu verlassen. Bald mischen sich deutsche Laute unter das Stimmengewirr. Wir warten geduldig, fast teilnahmslos, bis die Reihe an uns ist. Daß wir ebenfalls ausgeladen werden, scheint uns gewiß, denn wir glauben, daß alle Häftlinge dieses Zuges in ein in der Nähe gelegenes Lager gebracht werden.

Wir müssen nicht lange warten, bis die Tür auch unseres Waggons geöffnet wird und ein Sowjetsoldat seinen Kopf neugierig zur Tür hereinsteckt. Er scheint überrascht und verwundert zu sein über das, was er zu sehen bekommt. Oder prallt er schnurstracks zurück vor dem Gestank, der ihm aus dem Waggon entgegenschlägt? Hat er womöglich auf einer der unteren Pritschen die zwei toten Kameraden entdeckt, die in der letzten Nacht gestorben sind? Er macht die Waggontür sofort wieder zu. Nach wenigen Minuten steht er mit einigen Häftlingen, die er offenbar von den bereits ausgestiegenen Kameraden herangeholt hat, erneut vor unserem Waggon. Sie müssen die beiden Toten aus dem Waggon tragen, die dieses Mal jedoch nicht am Bahndamm hingelegt, sondern sogleich abtransportiert werden. Danach fordert uns ein anderer Soldat auf, den Waggon zu verlassen.

Als wir, die Gehfähigen, zu denen ich noch immer oder wieder gehöre – so genau weiß ich das zur Stunde nicht – nach dem Verlassen des Waggons am Bahndamm stehen, erkennen wir, daß wir als letzter Waggon entladen worden sind. Die Kameraden, die nicht gehfähig sind, bleiben im Waggon zurück, während wir uns anschicken, der bereits in einiger Entfernung vor uns abmarschierenden Kolonne zu folgen. Die Anzahl der in lockerer, weit auseinander gezogener Ordnung sich mühsam und langsam vorwärts schleppenden Häftlinge scheint aus deutlich mehr als 1000 Männern zu bestehen. Die Spitze der Kolonne ist nach etwa 200 Metern vom Bahndamm abgebogen in einen Feldweg, der eine schneebedeckte Anhöhe hinauf führt. Als wir, das kleine Häuflein der kranken Häftlinge, die am Ende der Kolonne mehr wanken als gehen, an diesen Punkt kommen, sehe ich zur rechten oberhalb des Bahndamms ein Wäldchen von geringer Ausdehnung. Ich denke an Ketschendorf, an das dortige Wäldchen, und eine schreckliche Vermutung kommt in mir auf. Keuchend stapfen wir im Schnee die mäßige Steigung des Feldwegs hinauf. Den Anblick dieser leicht hügeligen Landschaft nehme ich nur ganz kurz wahr. Ich hoffe, daß nun bald ein Lagerkomplex vor uns auftaucht. Ich bin mit meinen Kräften am Ende.

Zu der Erschöpfung des kräftezehrenden Weges kommt der nach dem Verzehr der ungewässerten Salzheringe unvermindert anhaltende Durst, der mich und manchen anderen Kameraden quält. Er treibt uns zu einer Verzweiflungstat, zu der der hohe Schnee am Wegesrand den Anstoß gibt. Wie einige Kameraden vor und neben mir in der Kolonne, täusche ich ein Stolpern und Straucheln auf dem unebenen Weg vor, lasse mich seitwärts hinfallen in den hohen Schnee, der nicht von der Kolonne festgetreten ist. Mit meinen schaufelförmig gehaltenen Händen nehme ich blitzschnell soviel Schnee auf wie ich nur greifen kann, stopfe ihn mir in den Mund, und versuche so, den Durst ein wenig zu stillen. Ich rechne damit, daß die uns eskortierenden Soldaten das verbieten werden. Sie lassen uns jedoch gewähren, was mich einerseits überrascht aber andererseits auch ermutigt, mich noch einige Male in kürzeren Zeitabständen hinfallen zu lassen. Sicher wären unsere Bewacher nicht untätig geblieben, wenn sich die ganze Kolonne einfach in den Schnee geworfen hätte. Eine gewisse Verzweiflung und die daraus resultierende Dreistigkeit gehören eben dazu, die Grenzen auszuloten, die abgesteckt sind – in diesem Falle von der Wachmannschaft.

Mit einigem Abstand folgen wir den Kameraden aus den anderen Waggons, die offenbar ebenso erschöpft wie wir sind und sich mit mehr und mehr verlangsamendem Tempo im hohen Schnee vorwärtsquälen. Nach schätzungsweise 1000 Metern haben wir den Abhang bewältigt. Was vor uns liegt, erscheint mir landschaftlich als Plateau von erheblichem Ausmaß. Da das Gros der Kolonne inzwischen weit vor uns ist und ich in unserer kleinen Gruppe in der ersten Reihe gehe, habe ich einen guten Überblick über das Gelände. Ein Kamerad neben mir zeigt schon auf den riesigen weit auseinander liegenden Lagerbereich, den ich jetzt ebenfalls erkennen kann. Stacheldraht, Wachtürme, Baracken und über allem, auf den zwei uns am nächsten befindlichen Wachtürmen, weht der „Rote Hungerlappen“, wie wir ihre rote Sowjetfahne mit Hammer und Sichel nennen, Symbol des Hungers für uns schon im Lager Ketschendorf.

Wir kommen in die unmittelbare Nähe eines kleineren Lagerabschnittes, als uns einer der Soldaten stoppt. Seinen Befehl „Stoi“ befolgen wir nur allzugern. Wir stehen vor einem stacheldrahtbewehrten großen Tor. Unser kleiner überschaubarer Trupp von knapp 20 Männern wird zügig eingelassen. Vier Soldaten, die uns bis hier bewacht haben, können abtreten. Ein anderer führt uns zu einer in diesem Bereich stehenden Steinbaracke und liefert uns dort ab. Mir ist nach Umfallen zumute, aber noch ist nicht zu erkennen, ob ich bald vor einer Holzpritsche stehe, um mich hinlegen zu können.

Hoffentlich ist das, was uns jetzt erwartet, der allerletzte Akt dieser Verlegungsaktion. Mit stoischer Gelassenheit – ausgelöst durch eine totale Erschöpfung – lasse ich alles über mich ergehen. Mich bewegen keinerlei Gedanken und Vermutungen, was uns hier erwarten oder widerfahren könnte.

Fast wieder wie schon bei früheren Situationen in der Haft, bewege ich mich in einem tranceähnlichen Zustand. Kaum nehme ich bewußt wahr, was um mich herum und mit mir geschieht. Ort, Raum und Zeit sind für mich völlig bedeutungslos geworden. Das Hiersein löst keine Neugier und keine Frage aus. Mit letztmöglicher Anstrengung bin ich durch das Tor in ein anderes Lager gekommen. Diese Standortbestimmung genügt mir.

Kann es für einen Häftling in diesem elenden Zustand, in diesen trostlosen Stunden und Tagen überhaupt den Ansatz einer Hoffnung geben, daß sich seine Situation jemals verbessern könnte?

Vor dem Eingang zur Steinbaracke nimmt uns ein Häftling in Empfang, der im Gegensatz zu uns armseligen Gestalten den Eindruck eines gepflegten besseren Herrn in mittlerem Alter macht. Er stellt sich als Verwalter des Lazaretts im Lager Fünfeichen vor. Er nennt auch seinen Namen, den ich wohl höre, aber nicht behalten kann. Er sagt uns, daß wir duschen würden, unsere Kleidung bis auf Schuhe und Strümpfe abgeben müßten, die nach der Entlausung „auf Kammer kämen", Drillichanzüge und Unterwäsche erhalten und entsprechend unserer Erkrankung in eine der sechs Krankenbaracken gebracht würden.

Nach dem Duschen werden wir in einen anderen Raum geführt, in dem eine Waage steht. Ich habe zwar große Mühe, mich noch aufrecht zu halten, aber das will ich nun doch wissen, wieviel ich noch wiege. Es ist eine uralte Kastenwaage, auf der in früheren Zeiten vermutlich ein Bauer seine Kartoffelsäcke oder ein Kohlenhändler die Briketts abgewogen hat. Es dauert eine Weile, bis ein in einen Drillichanzug gekleideter Häftling die Gewichte aufgelegt und die Waage tariert hat, um mein Gewicht ablesen zu können. Der inzwischen 20jährige Häftling Dieter Völkner wiegt 39 Kilogramm = 78 Pfund – so die Ansage des „Wiegemeisters". Das sind 44 Pfund weniger als zum Zeitpunkt meiner Verhaftung. Nun fährt mir doch ein Schreck durch die Glieder. Ich konnte ja schon lange die stetige Gewichtsabnahme an meinem Körper beobachten, hätte mit so viel allerdings nicht gerechnet. Diese Gewichtsansage präge ich mir trotz aller Schwäche an Körper und Geist ein. Es tröstet mich nicht, daß es bei den Kameraden keine wesentlich anderen Ergebnisse gibt.

Mit automatischen Gehbewegungen schleppe ich meinen ausgemergelten Körper auf Anweisung des Lazarettverwalters nach der Einkleidung in Drillich in einen zweiten Raum, in dem Frauen in weißer Schwesterntracht schon auf uns warten. Eine der Schwestern nennt die betreffenden Erkrankungen. Eine jeweils andere Schwester sammelt die daran Erkrankten um sich und verläßt mit ihnen den Raum und die Steinbaracke.

Nach dem Verlassen der Steinbaracke genügt ein kurzer Blick nach beiden Seiten, um festzustellen, daß 7 ockerfarben angestrichene Holzbaracken den Bereich der Unterbringung von kranken Häftlingen ausmachen. Die Schwester, bringt uns direkt zu einer etwa 20 Meter entfernt liegenden Baracke. Sie führt uns durch einen langen Flur und verteilt uns dabei auf einzelne Stuben. Mich weist sie in eine der vorderen Stuben ein.

Etwas verdattert stehe ich mitten in der Stube und sehe rechts hinter der Tür eine freie Holzpritsche, auf der ein Strohsack liegt. Er sieht an einer Stelle unter einem weißen Laken hervor. Einige Kameraden auf den übrigen Pritschen nehme ich wohl wahr, habe aber nur einen Gedanken und ein Verlangen: mich hinzulegen, auszuruhen und zu schlafen. Endlich auf der Kante der Pritsche sitzend, lasse ich mich einfach hintenüber fallen und schon schlafe ich tief und fest. Daß meine neuen Weggefährten ihre Unterhaltung halblaut fortsetzen, stört mich nicht.

Nach einigen Stunden werde ich behutsam geweckt von einer Schwester, neben der ein Mann im weißen Kittel steht. Ich habe sofort den Eindruck, es mit einem Arzt zu tun zu haben. „Ich bin der Barackenarzt“ vernehme ich noch etwas benommen und weiß nicht so recht, wie ich darauf reagieren soll, als er sich mit seinem Namen vorstellt. Es ist Dr. Klein, und die Schwester stellt er als Helga Willert vor. Ich fühle mich in eine andere Welt versetzt und kann diese Veränderung meiner Lage kaum begreifen. Träume ich? Habe ich noch alle meine Sinne beisammen? Ich bin auf vieles gefaßt, aber nicht auf so etwas: ein Lazarett in sauberen Baracken, mit unterteilten Räumen, mit einem Arzt und Krankenschwestern! Das ist fast unglaublich zivilisiert. Ich liege fassungslos und stumm auf meiner Pritsche. Jetzt erst wird mir bewußt, daß ich mich mit meinem Drillichanzug einfach hingehauen habe. Das ist mir etwas peinlich. Doch wer kennt die Sitten und Gebräuche in dieser neuen Umgebung, wenn er aus der Hölle von Ketschendorf kommt und diesen mörderischen Transport hinter sich hat?

Dr. Klein übergeht mit seinen Fragen meine Beklommenheit, die er sicher bemerkt hat. Ich muß ihm meine Beschwerden und den bisherigen Verlauf der Krankheit schildern – auch daß ich noch mehrmals täglich Durchfall habe. Ich traue meinen Augen kaum, als ich sehe, wie Schwester Helga ein Blatt Papier auf einen Pappdeckel legt und Notizen macht. Dr. Klein kann mir zur Behandlung zwar auch nur geriebene Holzkohle verordnen und täglich eine Tasse Kamillentee. Sonstige Medikamente und Heilmittel sind hier ebenfalls nicht zu haben, erfahre ich von ihm. Es bleibt ein sehr kurzes Gespräch. Dennoch beeindruckt mich die Freundlichkeit und der ausgesprochen umgängliche Ton dieses Arztes. Vom Betreten der Baracke bis zum Ende des Gespräches ist alles, was ich bis jetzt wahrnehmen konnte dazu angetan, mir das Gefühl zu geben, daß ich hier gut aufgehoben bin.

Nachdem Dr. Klein und Schwester Helga den Raum verlassen haben, sehe ich mich in meiner neuen Behausung erst einmal um. Ich zähle 9 Kameraden – zumeist Jugendliche – auf den 5 doppelstöckigen Pritschen in diesem etwa 20 qm großen Raum. Es ist hell und sauber hier drin und durch ein Fenster fällt der Schein des Tageslichts. Bald beginnt einer der Kameraden ein Gespräch, in dessen Mittelpunkt die

Fragen an mich stehen in der schon bei früheren Gelegenheiten erfahrenen gleichen Art und Weise. Namen werden ausgetauscht, und am Ende dieses ersten Kennenlernens in groben Zügen weiß ich, daß wir hier in der Baracke 6 des Lager-Lazeretts Fünfeichen bei Neubrandenburg liegen. Meine neuen Weggefährten stammen vorwiegend aus Mecklenburg. Einige waren noch Schüler, als sie vom NKWD verhaftet wurden.

Mittags nehme ich hier eine erste Mahlzeit ein, die aus einer undefinierbaren Gemüsesuppe besteht. Sie ist durch den hohen Anteil an Kohlkraut, Tomatenstücken und Scheibchen von Möhren etwas dicker eingekocht als die wässerige Suppen in Ketschendorf. Ein leicht säuerlicher Geschmack bedeutet ein wenig Abwechslung gegenüber dem früheren Einerlei. Aber auch in dieser Suppe findet sich kaum Fett und keinerlei Fleisch. Ich schätze, daß sie fast ebenso wenig gehaltvoll ist wie das, was man uns in Ketschendorf zugemutet hat. Das heißt: der Hunger wird uns weiterhin begleiten.

Am späten Nachmittag läßt sich zu meiner Überraschung ein Sanitäter in unserer Stube sehen. Ich erkenne den Sanitäter – oder den Pfleger – in ihm wegen seines weißen Drillichanzuges. Das uns „verpaßte" Drillichzeug ist weiß mit blauen Streifen, wie wir es als Bekleidung der Verwundeten in deutschen Lazaretten während des Krieges kannten. Der Sanitäter namens Behnke ist Mecklenburger, was ich nach den ersten Sätzen seinem unverwechselbaren Dialekt entnehmen kann. Er sieht sich in der Stube um und fragt, ob einer von uns ein Anliegen hat oder einer der bettlägerigen Kameraden zur Toilette gebracht werden muß. Da ich selbst gerade ein Rumoren im Bauch verspüre, melde ich mich. Hermann Behnke ist ein Hüne von Mensch und ist noch in relativ guter körperlicher Verfassung. Er geleitet mich zu einem Raum am Ende des Barackenflurs. Schon beim Öffnen der Tür bemerke ich, großzügig angeordnet, Waschbecken und ein WC, das separat hinter einer Wandverkleidung wiederum durch eine Tür zu erreichen ist. Es macht alles einen sauberen Eindruck, obgleich auf den ersten Blick zu erkennen ist, daß es sich um alte vielgebrauchte Installationen handelt. Immer mehr verstärkt sich bei mir das Gefühl, hier unter halbwegs erträglichen äußeren Umständen die Krankheit überstehen zu können. Der Gedanke, daß es auch in diesem als Lazarett bezeichneten Lagerabschnitt keine echte medizinische Versorgung gibt, kann das nicht beeinträchtigen.

Im Vergleich mit dem Lager und insbesondere mit der Isolierbaracke in Ketschendorf, in die wir kranken Häftlinge mit ansteckenden Krankheiten kamen, bin ich dort in der Hölle gewesen und scheine hier im Paradies zu sein!

Es geht mir von Tag zu Tag besser, und bald hören die Beschwerden der Ruhrerkrankung ganz auf. Ich darf jederzeit von der Pritsche aufstehen, darf aber die Baracke noch nicht verlassen. Im zivilisierten Leben oder im Krankenhaus würde ich sagen, daß ich noch keinen „Ausgang" habe. Dr. Klein, der uns duzt, den wir aber siezen, setzt jeden Tag ein Stethoskop an, um uns abzuhorchen. Mehr kann er nicht tun. Irgendwie muß er seine Existenzberechtigung belegen. Manchmal denke ich an Schattenspiele dabei. Andererseits bin ich jedoch froh, daß es hier wenigstens so abläuft und wir im Mittelpunkt einer wie auch immer gearteten Betreuung unser Dasein fristen.

Unser Verhältnis zu den uns betreuenden Häftlingen gestaltet sich im täglichen Umgang miteinander ständig freundlicher. Es wird zu einer echten seelischen Hilfe für das Überleben, daß wir einander immer mehr vertrauen und immer mehr voneinander erfahren. Nicht nur die Gespräche innerhalb der Stubengemeinschaft, sondern auch mancher, wenn auch nur kurzer Gedankenaustausch mit unseren Betreuern, fördert ein gesundes Gemeinschaftsgefühl in dieser Not und in diesem Elend des Eingesperrtseins.

Dr. Klein war Arzt in Rostock, Helga Willert stammt aus Schönberg. Gemeinsam mit ihrem Vater, der Lehrer war, ist sie verhaftet worden. Friedrich Willert ist im Lager verstorben. Bei der täglichen Ausgabe von Kohle und Kamillentee erfahren wir von ihr, daß es im Bereich des Lazaretts eine sogenannte „Lazarettapotheke“ gibt, die jedoch nur über natürliche Heilmittel in geringstem Umfang verfügt. Es sind hauptsächlich im Lazarettbereich angebaute Heilkräuter, die von einem Apotheker geerntet und getrocknet werden. Für manche, wenig schwerwiegende Krankheit sollen sie hilfreich sein. Für die meisten hier grassierenden organischen Erkrankungen sind sie bedeutungslos. Medikamente mit erfolgversprechender Wirkung, wie sie inzwischen – fast zwei Jahre nach Kriegsende – in der Sowjetzone in Apotheken, Krankenhäusern und im Sanitätsbereich der Roten Armee verfügbar sind, stehen nicht zur Verfügung. Es wäre geradezu widersinnig, wenn der NKWD, die Besatzungsmacht oder gar deutsche Behörden dafür die notwendigen finanziellen Mittel einsetzen würden, wenn zuvor nicht die Ernährung wenigstens ausreichend wäre und die durch Hunger und Mangel entstehenden Krankheiten von vornherein verhindert werden würden. Die totale Unter- und Mangelernährung ist die Grundlage für das Auslösen der Krankheiten von Lunge, Herz und Magen sowie des Verdauungstrakts, die zum Massensterben führen. Für viele Häftlinge ist das Lazarett die angenehmere letzte Station vor dem Sterben. Da sind genau genommen die Baracken mit den sauberen Stuben, mit Ärzten, Krankenschwestern und Sanitätern nur Staffage. Vielleicht hängen sich die Sowjets damit das Mäntelchen einer humanen Behandlung ihrer Häftlinge um?

Bei allen Vorzügen der Unterbringung und der Behandlung, die ich im Lazarett genieße – im wahrsten Sinne des Wortes genieße – ist meine Enttäuschung dennoch groß, daß auch hier dem Sterben nicht Einhalt geboten wird und nicht geboten werden kann. Mit jedem Tag entferne ich mich aber von solchen Gedankengängen. Von Tag zu Tag verdrängt sie das Leben unter diesen Bedingungen, die dem Zustand einer gewissen Normalität Vorschub leisten. Es ist zwar nicht ausgesprochen gemütlich in unserer Stube, aber als einen Fortschritt sehe ich es schon an, daß ein Tisch und einige Schemel zum „Mobiliar“ gehören. Im Gegensatz zu den Bänken in den Unterkünften in Ketschendorf, laden die Schemel hier regelrecht zum Sitzen ein. Sie werden von denen, die aufstehen dürfen, gern benutzt. So ergibt sich häufig eine Gesprächsrunde. In einem solchen Gespräch, in dem ich meine Verwunderung über die hiesigen Zustände der Inhaftierung zum Ausdruck bringe, werde ich von meinen Kameraden sehr gründlich über die Zustände und ihre eigenen Erfahrungen im Bereich des Lagers selbst aufgeklärt.

Im eigentlichen Lager inhaftiert zu sein, das ist hier danach nicht viel anders als es in Ketschendorf war. Ein wesentlicher Unterschied besteht in den Gebäuden, in denen die Häftlinge untergebracht sind. Es sind zwar auch Baracken wie hier im Lazarett; sie sind aber alt und morsch im Holz. Schon der äußere Anblick vermittelt ein trostloses Bild. Von sauberen sanitären und hygienischen Verhältnissen, die mir in diesem Lazarett ausgesprochene Verwunderung abnötigen, kann dort keine Rede sein, höre ich. Da waren wir in Ketschendorf – vor allem in dem strengen Winter 1946/47 – deutlich besser untergebracht in den Häusern.

Ich höre von meinen Kameraden, daß das Lager Fünfeichen in zwei getrennte Komplexe geteilt ist, nämlich das Nord- und das Südlager. Einige von ihnen waren im Nordlager, andere im Südlager, ehe sie ins Lazarett kamen. Auf die Frage, warum der eine hier und der andere dort war, weiß keiner eine schlüssige Antwort. Nach übereinstimmender Schilderung waren die Zustände in den Baracken selbst gleichermaßen schlimm.

Die Baracken sind etwa 60 Meter lang und 11 Meter breit. Ein schräges Pappdach deckt sie in 4 Meter Höhe. Sie sind in einen A-Teil und einen B-Teil von je 25 Meter Länge unterteilt. Zwischen beiden Barackenteilen befindet sich ein Waschraum mit Waschtrögen und darüberlaufender Wasserleitung, wie ich es schon aus dem NKWD-Gefängnis Brandenburg kenne. Ein mittels Holz abgetrennter Raum von

Plan des Lagers Neubrandenburg-Fünfeichen

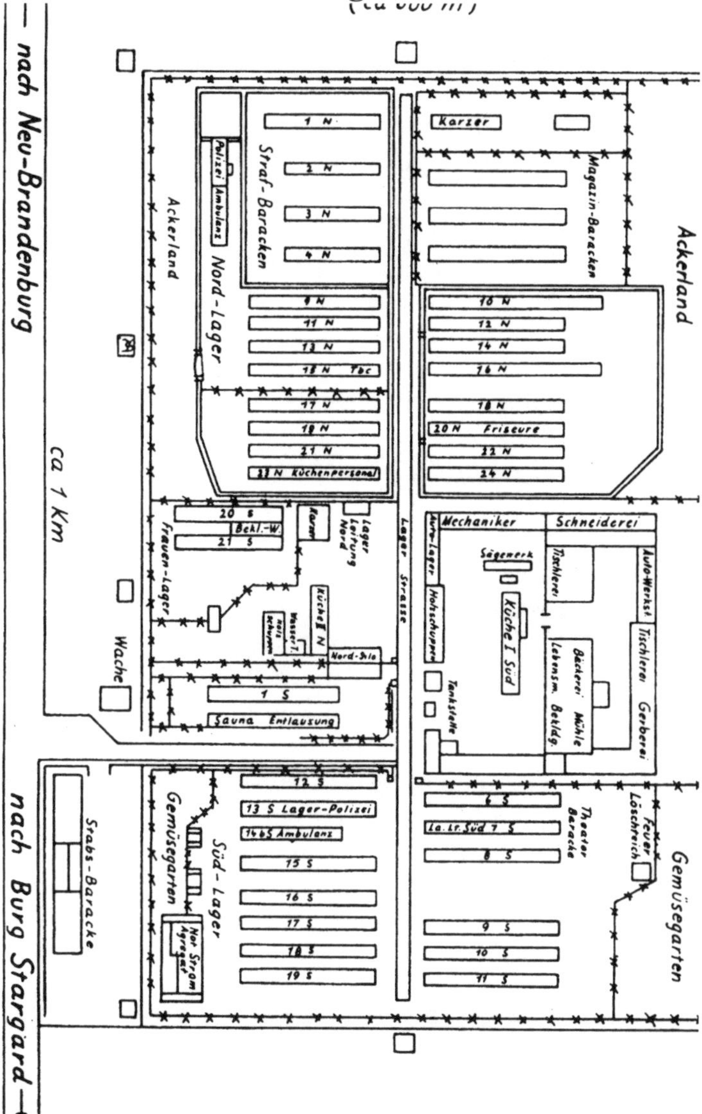

Quelle: Gerhard Finn, Die politischen Häftlinge der Sowjetzone, Verlag Wissenschaft und Politik, Köln 1989

etwa 3x3 Meter dient dem Barackenältesten als Stube. Ein von Häftlingen selbstgebauter Steinofen in jedem Barackenteil konnte, mit täglich 1–2 Briketts und „einem Arm voll Holz“ pro Ofen beheizt, im strengen letzten Winter nur völlig unzureichend Wärme verbreiten. Es sollen zeitweilig sogar zahllose Eiszapfen von den Decken gehangen haben.

Es gibt in den Baracken keine Zwischenwände. Nur die dreistöckigen Holzpritschen begrenzen sogenannte Stuben und Gänge. Die Holzpritschen entsprechen wohl denen, auf denen wir in Ketschendorf gelegen haben. Jede derart begrenzte Stube mit einem Barackenfenster verfügt über einen Tisch und 2–3 Schemel. In einer gesamten Baracke sind bis zu 360 Häftlinge untergebracht. Der Barackenälteste genießt gewisse Privilegien, zum Beispiel eine Sonderration in der Verpflegung.

Ich erfahre weiter, daß in sogenannten aus Beton erbauten „Hochhauslatrinen“, die keinerlei Inventar oder Ausstattung enthalten, die Häftlinge ihre Notdurft verrichten müssen. Diese Latrinen befinden sich etwa 20 bis 50 Meter von den Baracken entfernt. Am oberen Treppenende steht ein Latrinenwächter, der kleine Stofflappen von den Kleidungsstücken verstorbener Häftlinge verteilt. Der Besitz und die Verwendung von Papier ist hier wie im Lager Ketschendorf verboten und mit strenger Bestrafung belegt, wegen des Verdachts der Verbindung mit der Außenwelt mittels Kassiber. Der Latrinenwächter beaufsichtigt zugleich eine Schale mit Chlorwasser, in die jeder Häftling nach seiner Verrichtung seine Hände und Finger tauchen muß.

Im Nordlager dürfen sich die Häftlinge tagsüber nur innerhalb ihres von Mauern umgebenen Bereichs aufhalten. Sie haben keine Sicht in die das Lager umgebende Landschaft. Die Insassen des Südlagers hingegen können durch die fünffachen Stacheldrahtzäune weit ins Land schauen. Das Nordlager wird als Straflager, das Südlager als Arbeitslager bezeichnet. Wegen der größeren Bewegungsfreiheit gilt der Aufenthalt im Südlager als gewisse Hafterleichterung. Innerhalb des Nordlagers, in einem von Mauern abgeschirmten Bereich stehen 4 Baracken, in denen sich Sonderhäftlinge befinden sollen. Sie haben vergitterte Fenster und sollen kleinere, in sich wiederum abgeteilte Stuben oder Zellen enthalten. Da diese Baracken seit Einrichtung des Lagers durch den NKWD hermetisch abgeschlossen geblieben sind, weiß niemand so genau, was sich darin abspielt und welchem Zweck ihre Belegung dient.

Ich höre, daß eine weitere Baracke im Südlager für sogenannte Lagerpolizisten bestimmt ist. Diese interne Lagerpolizei, einzeln von dem russischen NKWD-Führungsoffizier ausgewählt, wird von dem deutschen ehemaligen Polizei-Oberleutnant Riedel, den die Russen zum Hauptmann befördert haben, kommandiert. Sie erhalten doppelte Brotrationen.

Im Mittelteil des Lagers, also zwischen Nord- und Südlager, in dem auch die Werkstätten liegen, sind zwei Frauenbaracken. Wie im Lager Ketschendorf ist auch hier eine völlige Isolation von den Baracken für die Männer gewährleistet und jeglicher Blickkontakt ausgeschlossen. Die dreiteilige Baracke soll aus einem zweiteiligen Schlaftrakt und einem Arbeitsraum bestehen. Offenbar ist die Belegung deutlich geringer als bei den Männern.

In den Werkstätten führt Ewald Pieck, Altkommunist und Bruder von Wilhelm Pieck, dem Vorsitzenden der KPD der Sowjetzone, das Kommando. Mit dem lukrativen Amt des Werkstättenleiters hat Pieck gute Chancen, die Lagerhaft zu überleben. Aber weder kann sein Bruder ihn hier herausholen, noch kann er ihn besuchen.

Ewald Pieck und seine Handwerker – Schreiner, Maler, Schlosser und Schneider – stellen in mehreren handwerklichen Arbeitsstätten unter ständiger Aufsicht der Häftlingspolizei Gebrauchsgegenstände für die Russen, speziell für die Kommandantur her. Es steht ihnen sogar ein kleines Sägewerk zur Verfügung. Nach getaner Arbeit müssen sie sich einer Leibesvisitation unterziehen. Sie erhalten täglich 50 Gramm Brot zusätzlich für ihre Arbeit.

In der Quarantänebaracke muß jeder neu eingelieferte Häftling mindestens vier Wochen bleiben. Manche Häftlinge müssen nach einer Untersuchung mehrere Monate darin verbringen, wenn der Lagerarzt Baskow, im Rang eines Majors, oder der 2. Lagerarzt, Unterleutnant Babenko, einen Verdacht auf Seuchengefahr hegen oder wenn ein baldiger Exitus zu erwarten ist. Erst nach einer gewissen Frist entscheidet ein russischer Offizier über die Einweisung in eine Lagerbaracke des Nord- oder Südlagers. Wir kranken Häftlinge aus dem Transport von Ketschendorf „verdanken" es unserem Zustand, daß wir unmittelbar ins Lazarett kamen und nicht noch einen längeren Aufenthalt in der Quarantäne verbringen mußten. Offensichtlich wird in diesem Lager gründlicher gearbeitet als in Ketschendorf, denn dort gab es keine ärztliche Untersuchung zur Beendigung der Quarantänezeit. Wer die Quarantänezeit überstand ohne deutliche Anzeichen von Krankheit, war eben gesund.

Zwei Steingebäude in diesem mittleren Lagerbereich zwischen Nord- und Südlager sind als Küchen eingerichtet, die mit ehemaligem Wehrmachtsgerät ausgerüstet sind. Eine weitere Baracke dient der Entlausung.

Einen bedeutenden Umfang in den Schilderungen meiner Stubengefährten nehmen die Sauerkrautsilos ein. Der permanente Hunger macht Essen und Trinken auch hier zum Thema Nummer 1. Bei jeder passenden oder unpassenden Gelegenheit wird der bekannte Slogan zitiert, der in der Deutschen Wehrmacht im Umlauf war: „Wie die Verpflegung, so die Bewegung!"

Sauerkraut ist die Grundlage für die im gesamten Lager einschließlich Lazarett ausgegebenen warmen Mahlzeiten. Dafür lagern neben den Küchengebäuden riesige Mengen von Sauerkraut, die in großen Silos von 5x5 Meter Breite und 6–7 Meter Tiefe mit gekachelten Wänden und Böden eingestampft werden. Jeden Sommer und Herbst werden Hunderte von Fässern Sauerkraut sowie zahllose Kisten von Tomaten, Gurken und Mais in die Silos hineingeschüttet. Jeweils 6–8

Häftlinge müssen pro Schicht von vier Stunden den Inhalt zerstampfen, in Gummistiefeln. Für diese Arbeit erhalten sie 50 Gramm Brot täglich zusätzlich. Während dieser Arbeit dürfen sie soviel Sauerkraut, Gurken und Tomaten essen wie sie wollen und können. Es soll schon mal ein Häftling mit einer fiebrigen Oxalsäurevergiftung ins Lazarett gekommen sein, der etwa 100 Tomaten gegessen hatte. Er hat es überlebt. Der durch diese Verarbeitung des Gemüses entstehende dicke „Pamps“ ergibt die Silage.

Die unter Verwendung von reichlich Wasser aus der Silage hergestellte Suppe gibt es täglich mittags zwischen 12.00 und 13.00 Uhr und abends zwischen 19.00 und 20.00 Uhr, mittags und abends einen 3/4 Liter. Meistens sind nicht die geringsten Spuren von Fett und Fleisch in der braunen Steingutschüssel zu entdecken, aus der hier mit der Stalinkelle gegessen wird. Wenn jemand in der Stubengemeinschaft ein winziges Stückchen Kartoffel findet, eine Rarität, dann löst das eine lautstarke „Sondermeldung“ aus. Tagein, tagaus gibt es diese säuerlich schmeckende Sauerkrautsuppe, die manche von den Kameraden nach Wochen, Monaten oder Jahren nicht mehr essen mögen – zum überwiegenden Teil wegen sich einstellender Magenbeschwerden.

Die morgendliche Brotration entspricht der Zuteilung im Lager Ketschendorf: 300 Gramm Brot. Dazu gibt es 17 Gramm Zucker – meistens braun und naß. Weder zu Weihnachten noch an irgendeinem anderen Feiertag, geschweige denn Wochentag, gibt es jemals oder gab es bisher Butter, Wurst, Käse, Milch, Fett, Brotaufstrich, Obst. Es ist also auch weiterhin nicht gut leben bei einem Tagessatz von schätzungsweise 700 bis 800 Kalorien. „Es ist zum Leben zu wenig“, aber nicht – wie der Volksmund sagt „zum Sterben zuviel“. In Nichts unterscheidet sich die Verpflegung im Lazarett von der in den anderen Lagerabschnitten. Wir sind „vom Regen in die Traufe“ gekommen, wenn man die Zustände in den Lagern vergleicht und das hiesige Lazarett ausnimmt. Der Vorteil des Aufenthalts in diesem Lazarett reduziert sich genau besehen auf die bessere Unterbringung, die hilfreiche Betreuung durch Ärzte, Schwestern und Sanitäter sowie die gar nicht hoch genug einzuschätzende Tatsache, der primitiven und geisttötenden Atmosphäre einer Massenunterkunft nicht ausgesetzt zu sein. Alle denken mit Schrecken daran, eines Tages nach unserer Genesung ins Lager selbst zu müssen. Wir wissen, daß wir hier im Lazarett, trotz unserer Erkrankung, noch das bessere Los gezogen haben und fühlen uns – abgesehen vom Unrecht der Haft und dem immerwährenden Hunger – fast human behandelt.

Schnell und unmerklich gewöhne ich mich an die im Vergleich mit der Isolierbaracke des Lagers Ketschendorf veränderten Verhältnisse. In die für mich neue Gemeinschaft kann ich mich gut einfügen. Es herrscht in dieser Stube viel Eintracht, ja sogar Harmonie und damit viel gegenseitiges Verständnis. Ich bin nun fast zwei Wochen hier. Belastend – nicht nur für mich – ist jedoch ein ständig sich wiederholendes Ereignis: der Tod von Menschen, den wegen fehlender Medikamente und nicht gegebener Operationsmöglichkeiten kein Arzt verhindern kann. Es ist für die Stubengemeinschaft unausweichlich, immer erneut damit konfrontiert zu werden, wenn auch die Sterbenden – meist rechtzeitig – vom Sanitäter in einen dafür vorgesehenen Raum der Baracke gebracht werden. Es macht einen umso betroffener und trauriger, bewegt einen umso länger, je besser man den Kameraden kennt und je mehr man ihn schätzt und liebgewonnen hat. Das ist anders als im Lager Ketschendorf und sicher auch anders als hier im Lager, wo vorwiegend anonym gestorben und der „unpersönliche Abgang“ kaum oder selten überhaupt bemerkt wurde.

Andreas Gieseke, ein Schüler aus Teterow, Heinz Lehnig, aus dem südlichen Teil der Mark Brandenburg, Karl-Heinz Matuschka, Siegfried Gerlach, der interessant als Sohn eines Schlachters über Fleisch und Wurst erzählen konnte, Achim Mettke, alle mit mir aus Ketschendorf gekommen, sterben in diesen Wochen. Dagegen haben, genau wie ich, Klaus Drenkhahn aus Parchim, Fritz Hurras aus Finsterwalde und Harri Hinz aus Berlin die Ruhrerkrankung Ende März endgültig überstanden und überlebt. Wir sind allerdings so abgemagert, daß wir lakonisch feststellen, wir sähen jetzt dem Mahatma Gandhi ähnlich.

Mit einem Kameraden aus dieser Stube verbindet mich ein besonderes Verhältnis. Es ist so wie in Ketschendorf mit Herbert Görigk, Horst Neumann und Walter Nagel. Wo mögen sie geblieben sein, die Ketschendorfer Freunde? Sind sie in Rußland oder mit mir nach Fünfeichen gekommen? In Fritz Hurrass finde ich hier einen wahren Freund und ständigen Begleiter. Begleiter deswegen, weil wir von Dr. Klein die Erlaubnis bekommen, innerhalb des Lazarettgeländes spazieren zu gehen und uns außerhalb der Baracke aufzuhalten.

Schon bald wird manches selbstverständlich. So stört die Nachtruhe kein Ungeziefer. Von der Wanzenplage ist das Lazarett – wie ich höre – schon längst befreit. Von Zeit zu Zeit gibt es neue, gewaschene Unterwäsche und in längeren Zeitabständen wird der Drillichanzug gewechselt und das Bettzeug – Laken und Bezüge. Der Kleiderwechsel ist mit Duschen in der Steinbaracke verbunden. Dabei begegnen wir hin und wieder dem Lazarettverwalter, der uns nach der Ankunft im Lazarett vor dieser Baracke in Empfang genommen und eingewiesen hat. Er ist Dr. Hans Wilda, ein Rechtsanwalt aus Neubrandenburg, der offensichtlich dieses Lazarett sehr gut führt und verwaltet.

Ich lerne bei einem dieser Wäschewechsel ein typisch russisches Unterhemd kennen, das mir ausgehändigt wird und mir auf Anhieb gefällt. Es hat einen kasakförmigen Schnitt und einen 3 cm hohen am Hals anliegenden „Stehkragen“ – man sagt wohl „Bündchen“ dazu. Das hatte ich schon früher bei russischen Soldaten gesehen. Dieses Unterhemd stammt offenbar aus Beständen der Roten Armee. Es ist erstaunlich, daß hier von manchen kleinen und nebensächlich erscheinenden Dingen, wenn sie positiv eingeordnet werden können, eine große Wirkung – hauptsächlich stimmungsmäßig – ausgeht, zumindest für mich.

Neue kranke Kameraden kommen in unsere Stube und nehmen die durch die traurigen Ereignisse des Exitus freigewordenen Pritschen und Plätze ein. So nimmt das Erzählen und der Gedankenaustausch kein Ende. Viele Fragen und die Wißbegier der Neuzugänge aus dem Lager konzentrieren sich besonders auf mich, da ich erst vor einem knappen halben Jahr verhaftet worden bin und ihnen – die zumeist schon 1945 verhaftet wurden und seitdem im Lager sind – von den Verhältnissen im Nachkriegsdeutschland und speziell in der Sowjetzone berichten kann.

So gehen die Tage dahin, die nun mit dem Ausklang des Winters spürbar länger werden. Die ersten wärmenden Strahlen der Märzsonne laden nicht nur zu Spaziergängen ein. Weit öffnen wir jeden Tag das Barackenfenster, um die frische Frühlingsluft hineinzulassen, die besonders den bettlägerigen Kameraden guttut. Aus unserem Fenster können wir direkt auf die letzte der sieben Holzbaracken sehen, die mit Frauen und nicht, wie bei unserer Ankunft vermutet, mit kranken Häftlingen belegt ist. Hier sind die Krankenschwestern und die weiblichen Häftlinge untergebracht, die als Arbeitskommando in den Haushalten der Familien unserer Bewacher und in den Steinbaracken des Lazaretts als Wäscherinnen eingesetzt sind. Diese Baracke ist nur 15 Meter von uns entfernt. Ein 2,50 Meter hoher Stacheldrahtzaun zwischen den Baracken trennt uns, kann aber Sehen und lautes Sprechen oder Rufen nicht unterbinden. Allgemein wird von der Frauenbaracke gesprochen. Da sie parallel zu unserer Baracke steht, liegen die Fenster genau gegenüber.

An einem Vormittag, wir stehen zu Dritt an unserem geöffneten Fenster und sehen hinüber zur Frauenbaracke, geht auch drüben das Fenster auf und zwei junge Frauen – es können auch Mädchen sein – erscheinen und sehen zu uns herüber. „Hallo“ und „Guten Morgen“ schallt es hinüber und herüber in verhaltener Lautstärke, denn unmittelbar hinter der Frauenbaracke verläuft der große, das ganze Lazarett umgebende Drahtverhau mit einem Wachturm samt Posten. Es könnte fatale Folgen haben, wenn die Russen uns bei diesem Kontakt mit Frauen entdecken würden.

Aus dem verhaltenen Rufen zwischen unseren Baracken wird sehr schnell ein Gespräch, besser gesagt ein Frage- und Antwortspiel. Ein Wort gibt das andere, und bald stellt sich heraus, daß eine der jungen Frauen aus Schwerin stammt. Da ich in Schwerin geboren bin und von seiten meiner Mutter Verwandte dort wohnen, frage ich Frau Schewe, deren Eltern eine Bäckerei haben, ob sie zufällig die Familie Dreyer und deren drei Söhne Adolf, Friedrich und Georg kennt. Was ich darauf von ihr erfahre, hätte ich nicht für möglich gehalten, denn Schwerin ist kein Dorf und beileibe keine Kleinstadt. Sie kennt auf eine ganz persönliche Weise meinen Vetter Georg, der einige Jahre älter ist als ich. Sie war während des Krieges notdienstverpflichtet in einer Behörde tätig und zwar als Sekretärin meines Vetters. 1945 hatten zunächst die Engländer Schwerin besetzt. Mein Vetter und Frau Schewe waren von ihnen verhaftet worden. Nach der Entlassung ging sie zurück nach Schwerin, das inzwischen zur Sowjetzone gehörte, während mein Vetter im Westen blieb. Er handelte in Erwartung einer erneuten Inhaftierung richtig, wie sich am Schicksal von Frau Schewe bald erweisen sollte. Ihr Mann war jedoch aus der Gefangenschaft nach Schwerin heimgekehrt, und sie wollte zu ihm. Nach einiger Zeit wurde sie verhaftet und kam ins Lager Fünfeichen. Sie war schwanger und bringt hier ihr Kind zur Welt.

Im ersten Augenblick erfasse ich noch gar nicht die ganze Ungeheuerlichkeit einer solchen Handlungsweise des NKWD. Erst in der folgenden Diskussion mit den Kameraden wird mir das Ausmaß an Unmenschlichkeit an diesem unschuldigen Menschen bewußt. Welcher Unrechtstat oder welchen Verbrechens könnte sich diese Frau am Schreibtisch schuldig gemacht haben? Im englischen Lager Fallingbostel seien sie gut behandelt und verpflegt worden. Aus dem dortigen Entnazifizierungsverfahren war sie als unbelastet entlassen worden, ebenso mein Vetter, so der Bericht von Frau Schewe.

Ob in der Geburtsurkunde ihrer Tochter – wenn es überhaupt eine gibt – als Geburtsort Lager Fünfeichen steht? Der Terror des Sowjetsystems, den ich nun in einer weiteren Variante kennenlerne, wird mir immer widerwärtiger. Noch ist es nur Verachtung, die ich für die Schergen Stalins empfinde und für den Diktator selbst. Jedoch ist die Schwelle zu einem abgrundtiefen Haß nur noch sehr niedrig.

Von den zahlreichen Insassen der Frauenbaracke sprechen wir an diesem Vormittag noch mit Dorli Wittenburg und Lieschen Wardo. Die beiden arbeiten in der Wäscherei. Nachdem die drei jungen Frauen erfahren haben, daß ich erst 1946 verhaftet worden bin, fragen sie mich unvermutet nach dem „Capri-Fischer-Lied“, ob ich den Text kenne und ob ich es ihnen mal vorsingen könnte! Sie hätten davon gehört und erfahren, daß das zur Zeit draußen der große Schlager sei, begründen sie ihren mir zunächst etwas sonderbar erscheinenden Wunsch. „Wer kennt diesen deutschen Nachkriegsschlager nicht?“, fällt mir schnell als Reaktion ein. Nach kurzem Zögern singe ich mit meiner im Schulchor und in der Hitlerjugend geübten Stimme: „Wenn bei Capri die rote Sonne im Meer versinkt und am Himmel die bleiche Sichel des Mondes blinkt.“ Bald erscheinen noch einige andere Frauen und Mädchen drüben am Fenster der Baracke. Als ich den Refrain des Liedes zuende gesungen habe, belohnt mich verhaltener, aber für uns deutlich vernehmbarer Beifall. Etwas hier im Lager und im Lager Ketschendorf Undenkbares geschieht und gibt dem Eingesperrtsein und der ungewohnten strengen Isolierung endlich einmal freundlichere Züge.

Zudem soll es, wie sich zeigen wird, bei dem Beifall nicht bleiben. Gegen Abend bringt mir die neue Krankenschwester, Ilse Frahm, die vor kurzem Helga Willert abgelöst hat, ein Wehrmachtskochgeschirr voll Essen in die Stube. Grüße aus der Frauenbaracke begleiten das gehaltvolle Essen aus der Küche einer russischen Familie unserer Bewacher, bei denen etliche Frauen tagsüber arbeiten. Sie können zumeist jeden Tag von dort eine reichliche Essenportion mitnehmen in ihre Unterkunft. Zusammen mit der Lagerration können sie soviel Essen selbst nicht verzehren und bedenken damit vor allem jüngere kranke Häftlinge. Ich kann das Essen, das mir Frau Schewe schickt, allein auch nicht schaffen, und nicht nur deshalb beteilige ich Fritz Hurrass gern daran.

In den nächsten Tagen lernen wir „durch den Stacheldrahtzaun", also von Fenster zu Fenster, Anneliese Müller aus Grimmen und Helga Scholz aus Berlin kennen. Paul Münch aus Demmin, ein Onkel von Anneliese Müller, der ebenfalls in unserer Stube liegt, erhält von ihr auch des öfteren Zusatzverpflegung – wie wir es nennen.

An manchen Tagen, wenn wir uns unbeobachtet glauben, gibt es kurze Gespräche. Frau Schewe hat dabei gelegentlich ihr Kleinkind auf dem Arm. In unserer Gemütsverfassung schwanken wir jungen Burschen zwischen Rührseligkeit einerseits und Wut und Zorn andererseits bei diesem Anblick. Absurd und grotesk zugleich erscheint uns diese Situation: junge Mutter mit ihrem Kind auf dem Arm in der Baracke eines sowjetischen Lagers. Schade, daß wir dieses Bild nicht fotografisch festhalten können, um es ungläubigen Zeitgenossen eines Tages präsentieren zu können.

Dank der 2 bis 3 Essenportionen, die aus der Frauenbaracke ständig zu uns herüber kommen, nehmen wir nach und nach an Gewicht zu. Klaus Drenkhahn zählt inzwischen ebenfalls zu den Empfängern, weil er Lieschen Wardo kennt. Wir sind den Frauen unendlich dankbar, denn wer weiß, ob wir diese Phase der Haft wegen der Schwächung durch die Krankheit sonst überstehen würden? Ob uns wenigen glücklichen Empfängern des Essens die Kameraden das neiden, kann ich nicht sagen. Mir kommt der Gedanke nicht, denn hier ist jeder sich selbst der Nächste. Die brutale Konsequenz unter diesen Umständen, die nicht wir herbeigeführt und zu verantworten haben, heißt: Aufgeteilt hilft niemand – ungeteilt kann es vielleicht einigen wenigen die Rettung bringen.

Im Unterbewußtsein scheint mein Gewissen gegen Skrupel abgeschirmt zu sein, weil ich es war, der gerade am Fenster stand, als in der Baracke das Fenster geöffnet wurde und die Frauen dort erschienen. Ich war es, den das Schicksal just in diesen Sekunden hier sein ließen und dem diese irdische Macht, die über Leben und Tod entscheidet, eine unerwartete Chance zum Überleben bot. Und selbst wenn mein Egoismus und der feste Wille zu überleben bewußt mein Handeln bestimmen sollten, kämen mir keine Zweifel an meinem Tun. Nicht ich bin schuldig am Tod von Zigtausenden von unschuldigen Menschen und nicht ich kann sie mit einem Löffel voll Suppe davor bewahren. „Rette sich wer kann" gilt auf See, wenn im Sturm ein Schiff in Seenot gerät und sinkt. Das gilt auch hier, wo eine tödliche Bedrohung eine gleiche Handlungsweise erzwingt.

Der Frühling hält seinen Einzug und findet uns in einer guten Stimmung und in laufend besser werdender körperlicher Verfassung vor. In dieser Zeit, in der ich denke über den Berg zu sein und die Haft zu überstehen, befällt mich eine neue Erkrankung.

Immer heftiger und immer unerträglicher werden Schmerzen im rechten unteren Bereich des Brustkorbs, so etwa im unteren Rippenbogen. Ich versuche, es so lang wie möglich zu verheimlichen. Ich fürchte, es könne sich um eine Krankheit handeln, die, wenn ansteckend, eine Verlegung in eine andere Krankenbaracke nach sich ziehen könnte. Als sich zwei Tage nach dem ersten Auftreten der Beschwerden der Zustand deutlich verschlimmert, Husten, nächtliche Schweißausbrüche – und wie mir scheint – Fieber dazu kommen, erzähle ich Dr. Klein bei der Visite davon.

Mit seinem Stethoskop hört er Herz und Lunge ab, klopft

mit Zeigefinger und Mittelfinger der rechten Hand auf zwei aufgelegte Finger der linken Hand, die er auf verschiedenen Stellen des Rückens aufgelegt hat, fühlt den Puls und legt schließlich seine äußere Handfläche auf meine Stirn. Dann muß ich noch meine Zunge ausstrecken, die er in Augenschein nimmt. Ich denke, so also verläuft hier eine gründliche Untersuchung. Welch ein Unterschied gegenüber jeglicher fehlenden ärztlichen Betreuung im Lager Ketschendorf. Aber noch ist Dr. Klein mit seinen Möglichkeiten nicht am Ende. Er setzt noch einmal sein Stethoskop auf eine Stelle unterhalb der Rippen und fordert mich auf, mit möglichst tiefer Stimmlage und laut und vernehmlich „99“ zu sagen.

Sein fast immer entspannt und freundlich wirkendes Gesicht vermittelt mir einen nachdenklichen Ausdruck, als er mir seine Diagnose kundtut, daß ich vermutlich eine Rippenfellentzündung habe. Ob es eine trockene oder feuchte Rippenfellentzündung ist, in der medizinischen Fachsprache als „Pleuritis“ bezeichnet, könne er noch nicht sagen. Mehr als strenge Bettruhe kann er mir zunächst nicht verordnen. Übersetzt in den Lagerjargon würde ich es „Pritschenruhe“ nennen. Mein erster Gedanke: So ein Mist. Nun muß ich hier womöglich wieder wochenlang auf der Matte liegen. Mein zweiter Gedanke: ich muß vorläufig nicht ins Lager, wo mir die lebenserhaltende Zusatzverpflegung aus der Frauenbaracke fehlen würde. Dr. Klein gibt mir noch einige Verhaltensmaßregeln und dann müssen er und die Schwester Ilse mich mit meinen Gedanken allein lassen, die in den nächsten Stunden um mein neues gesundheitliches Problem kreisen.

Tage und Wochen vergehen, die ich auf der Pritsche und in der Stube verbringen muß. Ich kann nicht den Frühling mit Spaziergängen im Lazarettgelände genießen wie Fritz Hurrass und einige andere, fast wieder gesunde Kameraden aus unserer Stube und aus unserer Baracke. Bald stellt es sich heraus, daß ich eine trockene Rippenfellentzündung habe und nicht punktiert werden muß.

Ende April trifft mich fast der Schlag, als Dr. Klein mir

nach einer erneuten gründlichen Untersuchung eröffnet, daß ich an Tuberkulose erkrankt bin. Er ist sich dessen ganz sicher und kündigt mir als Konsequenz an, daß ich in die Krankenbaracke 5 verlegt werden muß. Dort liegen kranke Häftlinge, vorwiegend mit geschlossener Tbc, aber isoliert auch Häftlinge mit offener Tbc. Nach seiner Diagnose und meinem Befinden geht Dr. Klein davon aus, daß ich als Folge der Rippenfellentzündung nur geschlossene und keine offene Tbc bekommen habe. Es bleibt abzuwarten, so der Arzt, ob sich daraus eine offene Tbc entwickelt oder ob die im rechten Lungenflügel betroffenen Stellen sich verkapseln. Seine Worte sind für mich niederschmetternd und deprimierend. Sie eliminieren meinen Optimismus, der langsam aber stetig gewachsen war in den letzten Wochen, weil es mir eigentlich ganz gut ging. Ehrlich betroffen macht es auch Fritz Hurrass und einige andere Kameraden, die mir deutlich zu verstehen geben, daß sie meine Verlegung sehr bedauern.

Unmittelbar nach Beendigung der Visite kommt Schwester Ilse in unsere Stube, um mich abzuholen und in die Nachbarbaracke zu bringen. Es fällt mir schwer hier wegzugehen. Sechs Wochen Tag und Nacht mit diesen prächtigen jungen Menschen in einem harmonischen Verhältnis verbracht zu haben, das schafft starke menschliche Bindungen. Auch das gute Verhältnis zum Barackenarzt und zu Schwester Ilse war dazu angetan, mich im Rahmen der gegebenen Umstände gut aufgehoben zu fühlen.

In der Baracke 5 werde ich zum Aufenthaltsraum von Arzt und Schwester gebracht. Dort begrüßt mich freundlich, aber wie mir scheint etwas reserviert, Schwester Lilo. Ich kenne sie schon von einigen Begegnungen im Lazarettgelände seit wir „Ausgang“ hatten. Sie ist eine hübsche junge Frau. An ihren listigen braunen Augen stört ein leichter Silberblick – oder irritiert er nur einen jungen Burschen wie mich? Es geht das Gerücht um, sie hätte ein Verhältnis mit einem russischen Offizier gehabt und genieße Privilegien. Sie bringt mich in eine Stube im vorderen Teil der Baracke, in der ebenfalls nur

Jugendliche und junge Männer untergebracht sind, mehrheitlich Mecklenburger, wie sie sagt.

Schon nach wenigen Minuten beginnt ein erstes Gespräch mit meinen neuen Stubengefährten. Dabei fällt mir besonders ein junger Mann auf einer Pritsche auf, der mir auf Anhieb sympathisch ist. Er ist der älteste in der Stube und offensichtlich auch der informelle „Führer“ dieser Gemeinschaft. Es ist Freiherr Albrecht von Maltzahn aus Ivenack, einem kleinen Ort in der Nähe von Stavenhagen. Er stammt von einem dortigen Rittergut. Sein bisheriger Lebensweg ist in manchen Entwicklungen wie der meine verlaufen. Als Schüler eines Gymnasiums war er ebenfalls Hitlerjugendführer geworden und hatte durch Zurückstellung vom Wehrdienst noch das Abitur machen können. Ich bekam allerdings nur das sogenannte Notabitur, den Reifevermerk wegen der Einberufung zum Heer, den ich im Mai 1944 erhalten hatte. Für die sowjetische Besatzungsmacht gab es in seinem Fall jedoch einen weiteren Grund zur Verhaftung. Er gehörte obendrein zur Kaste der „Junker und Großgrundbesitzer“, die von ihr und von den deutschen Kommunisten besonders verfolgt wurden. Er war bereits 1945 verhaftet worden.

Im Lager Fünfeichen sind zahlreiche Gutsbesitzer aus Mecklenburg und Vorpommern seit 1945 inhaftiert, erfahre ich von Albrecht von Maltzahn. Unter anderem befinden sich unter ihnen von Quistorp, von Meding, von Opitz und Warnecke. Auch zahlreiche Großbauern wurden verhaftet und hierher gebracht. Einige von ihnen sind bereits verstorben. Land zu besitzen war ihr Schicksal, brachte ihnen Lagerhaft und einen frühen Tod, weil sie den gemeinsamen Zielen der Sowjets und der deutschen Kommunisten, ihren Befehlsempfängern, hätten im Wege stehen können.

Unsere interessante erste Unterhaltung wird unterbrochen. Der Barackenarzt, Dr. Leibig, der aus Berlin stammt und von dem erzählt wird, er sei der Leibarzt des früheren Reichsaußenministers Joachim von Ribbentrop gewesen, betritt unsere Stube in Begleitung von Schwester Lilli. Seine große stattliche Erscheinung, seine elegante, für hiesige Verhältnisse überaus gepflegte Kleidung – der offene weiße Arztkittel gibt den Blick darauf frei –, sein blondes Haar, von ersten silbernen Strähnen durchzogen und die vornehmen feingeschnittenen Gesichtszüge beeindrucken mich gewaltig. Es ist der persönlichkeitsbezogene Auftritt eines Herrn. Ihm haben offensichtlich weder die Russen noch die Zustände im Lager etwas von seiner Persönlichkeit nehmen können.

Wenn ich hier jemals rauskomme – lebendig –, kaufe ich mir solche Schuhe wie Dr. Leibig sie trägt, geht es mir spontan durch den Kopf. Ich glaube, man nennt dieses Modell „Karlsbader". Sie sind hellbraun-orange und randgesteppt. Mein Gott, daß es so etwas in all diesem Elend noch gibt? Ich war schon immer für elegante modische Kleidung zu haben gewesen. Da werde ich aber schon in die Wirklichkeit zurückgeholt: Dr. Leibig geht nicht mit einem schnellen Schritt auf mich zu – nein, er schreitet. Hätte es anders sein können?

Es folgen die üblichen Fragen von ihm und die Antworten von mir. Es folgt eine Untersuchung wie ich sie von Dr. Klein schon kenne, mit demselben Ergebnis. Ich muß in der nächsten Zeit liegen und nochmals liegen, also alles wie schon gehabt. Genau wie meine neuen Stubengefährten, die – wie ich höre – alle geschlossene Tbc haben, muß ich langweilig auf der Matte liegen. Da liegen Max Ehrke aus Boitzenburg, Gottfried Ginther aus Oppeln und Heinz Günter Karsten aus Neustrelitz sowie einige andere, die ich wohl noch kennenlerne.

Obgleich es mir schwerfällt, befolge ich die ärztlichen Anweisungen, insbesondere die des fast ausschließlichen Liegens auf der Pritsche sehr genau. Man kennt die Liegekuren in Sanatorien und Lungenheilstätten vom hörensagen. Tuberkulose ist eine Lungenkrankheit, die dort ebenfalls nur so und mittels besonderer gehaltvoller Ernährung behandelt werden kann. Unter anderem wird Lebertran verabreicht, um eine Heilung herbeizuführen. Es gibt Klimazonen, die eine Heilung fördern, zum Beispiel der Schwarzwald und die

Gegend von Davos in der Schweiz. Gedankenspiele – welcher Art auch immer – bringen mich hier nicht weiter. Sie trüben nur meinen Sinn und beeinträchtigen meine Hoffnung, diese Krankheit zu überwinden. Diese Hoffnung beruht hauptsächlich darauf, daß auch nach meiner Verlegung fast jeden Abend „der Schlag Essen“, das Wehrmachtskochgeschirr von der Frauenbaracke, zu mir herüber kommt. Er kommt mal von Frau Schewe und mal von Anneliese Müller, deren Onkel zwischenzeitlich verstorben ist. Schwester Ilse hatte ihnen erzählt, daß ich mit Tbc in die Baracke 5 verlegt worden sei. Kurze Zeit später folgt mir Fritz Hurrass mit Tbc.

Im Lager Fünfeichen und auch hier im Lazarett leben wir nicht zeitlos wie im Lager Ketschendorf. Dort mußten wir leben ohne Kenntnis des Tagesdatums, ohne zu wissen, ob es Wochentag oder Sonntag ist und ohne den Übergang von einem Monat zum anderen wahrzunehmen. Nur wenige Häftlinge fanden Möglichkeiten, den Kalender aktuell zu halten. Hier hingegen erfahren wir Tag für Tag das Datum und ob es Wochentag oder Sonntag ist. Ob es ein uneingeschränkter Vorteil ist, weiß ich nicht zu sagen. Mit der Dauer der Haft könnte dieser Umstand die Ungeduld verstärken, endlich entlassen zu werden. Im Mai dieses Jahres 1947 – ich bin bereits länger als ein halbes Jahr inhaftiert – erlebe ich erstmalig fern der Heimat hinter Stacheldraht den Muttertag. Ein Tag mit schönem Frühlingswetter und Sonnenschein.

Nach langen Monaten erfassen mich zum ersten Mal wieder Gedanken an meine Eltern, meinen Bruder, meine Freundin und an zuhause. Der Gedanke an meine Mutter steht naturgemäß im Mittelpunkt der geliebten Menschen, an die ich nun tieftraurig und in stiller Wehmut denke. Fragen über Fragen gehen mir durch den Kopf. Sind sie – vor allem meine herzkranke Mutter – noch am Leben? Wie können sie leben in der Ungewißheit über mein Schicksal und ob ich überhaupt noch am Leben bin? Wie werden sie damit fertig? Daß sie in Trostlosigkeit und Trauer ohne ein Lebenszeichen von mir leben müssen, Tag für Tag und sicher auch in schlaflosen Nächten, das trifft mich heute, an diesem Muttertag mehr als der Gedanke an meine eigene elende Lage: an Tbc erkrankt, in einem sowjetischen Lager inhaftiert zu sein. Wenn die Russen uns doch wenigstens einmal an unsere Angehörigen schreiben ließen und sie uns mal besuchen könnten.

An keinem einzigen Tag während der bisherigen Haftzeit habe ich mich so unendlich traurig und elend gefühlt. Und endlich bricht ein Strom von Tränen aus mir hervor. Fritz Hurrass merkt es, will mich trösten, aber ich weine und weine. Ich kann nicht sprechen, nicht antworten, so schüttelt mich ein Weinkrampf, ein nicht endenwollendes Schluchzen. Ich verkrieche mich auf der Pritsche unter der Decke und will mit meinem Schmerz allein bleiben.

Zwei Wochen nach diesem seelischen Tiefpunkt erleide ich eine gesundheitliche Attacke. An diesem Tag habe ich mich nach dem Mittagessen auf meine Pritsche gelegt, um den allgemein üblichen, ärztlich verordneten Mittagsschlaf zu halten. Ich merke, daß plötzlich Blut sich im Rachenraum und im Mund ansammelt. Unwillkürlich denke ich an Nasenbluten. Dann stelle ich jedoch fest, daß es aus der Speiseröhre oder der Luftröhre aufsteigt und den Mund und die Rachenhöhle zu füllen beginnt. Ich rufe Fritz Hurrass und bitte ihn, schnell den Arzt oder die Schwester zu holen. Ich sage ihm warum, und schon rennt er los. Helga Scholz, die neue Schwester, die vor kurzem Schwester Lilo abgelöst hat, kommt sofort und reicht mir eine leere Konservendose. Langsam zwar, aber unaufhörlich kommt Blut.

Kurz darauf steht Dr. Leibig vor mir und erfaßt die Situation. Leider kann er nicht feststellen, woher das Blut kommt, ob aus der Speiseröhre, der Luftröhre, aus den Bronchien, aus der Lunge oder aus dem Magen? Es gibt hier keinerlei medizinische Instrumente oder sonstige Möglichkeiten für eine Diagnose in einem solchen Fall. Aber er weiß Rat, folgert logisch, erkennt die offenbar einzige Möglichkeit und handelt sofort. Woher das Blut auch kommen mag – für ihn gibt es nur eine ganzheitliche Möglichkeit, die Blutung zu stoppen. Schwester Helga muß eine Konservendose voll Wasser und dazu Salz holen. Dr. Leibig schüttet löffelweise Salz in das Wasser – 5, 6 oder 7 Stalinkellen voll, vielleicht noch mehr –, und dann muß ich das trinken. Mit Widerwillen schlucke ich diese Salzlake und denke unwillkürlich an die Salzheringe auf dem Transport. Da ich das Salzwasser hinunterschlucken kann ohne große Schwierigkeiten, ist die Konservendose bald leer! Aber bis dahin ist die andere Konservendose randvoll mit Blut. Dr. Leibig, der über die ganze Zeit nicht von meiner Seite gewichen ist und Schwester Helga atmen erleichtert auf. Die als einzige Möglichkeit erkannte notwendige Blutverdickung und die damit verbundene stärkere Gerinnungsfähigkeit des Blutes hat offensichtlich gewirkt und die innere Blutung zum Stillstand gebracht. Wurde dadurch mein Leben gerettet? Dr. Leibig zuckt nur mit den Schultern, als ich ihn frage, was das gewesen sein könnte. Die Panik, die mich anfangs erfaßt hatte, ist abgeklungen. Der Schreck jedoch bleibt mir nicht nur in den nächsten Stunden in den Gliedern stecken.

Mitte Juni darf ich stundenweise aufstehen und Ende des Monats darf ich auch wieder im Lazarettgelände spazierengehen. Von Zeit zu Zeit werden wir gewogen. Weitere Abnahme des Gewichts ist besonders bei Tbc ein schlechtes, Zunahme ein gutes Zeichen. Zumindest läßt letzteres auf beginnende oder erfolgte Heilung schließen. Nicht zuletzt wegen der Gewichtszunahme auf 45 Kilogramm äußert sich Dr. Leibig zufriedenstellend über meinen Zustand. Durch das gute zusätzliche Essen aus der Frauenbaracke, das ich noch immer bekomme, habe ich nicht nur an Gewicht, sondern auch an Kraft, Wohlbefinden und Zuversicht zugenommen.

Über drei Monate bin ich nun schon im Lazarett, als Dr. Leibig uns eines Tages ankündigt, daß am nächsten Morgen der russische Unterarzt Babenko zur Kontrolluntersuchung kommt. Jeder, der länger als drei Monate im Lazarett ist, wird daraufhin untersucht, ob er noch länger hierbleiben muß oder wieder ins Lager zurückkehren soll. „Wenn er sein Stethoskop ansetzt, müßt Ihr mit tiefstmöglicher Baßstimme ‚99' sagen und brummen. Sollte dabei ein Geräusch im Brustkorb entstehen und Babenko es hören, könnt Ihr noch einen Monat, wenigstens, im Lazarett bleiben, weil er Euch dann für noch nicht geheilt hält", instruiert uns Dr. Leibig. Zuerst sehen wir ihn etwas verwundert an, vielleicht auch etwas ungläubig, weil wir noch keine rechte Vorstellung haben von dem, was auf uns zukommt. Aber auch wohl deswegen, weil wir so plötzlich mit der Tatsache konfrontiert werden, daß die schönen Tage, trotz unserer Erkrankung schönen Tage und die besseren, als wir sie im Lager hätten verbringen müssen, so unerwartet plötzlich zuende sein könnten.

Erwartungsvoll sehen wir dem ersten Besuch des russischen Arztes entgegen. Babenko kommt am nächsten frühen Vormittag. Er ist ein großer breitschulteriger Mann von etwa 30 bis 35 Jahren. Seine typischen russischen Gesichtszüge lassen auf Gutmütigkeit und Jovialität schließen. Man könnte leicht Zutrauen zu ihm haben. Einzeln müssen wir in das Arztzimmer eintreten, in dem Babenko auf einem Stuhl sitzt und Dr. Leibig steht. Wir müssen unseren Namen nennen und dann vor den Unterarzt hintreten. Dieser große Mann muß sich bücken, um sein Stethoskop an der ihm offenbar richtig erscheinenden Stelle auf meinen Brustkorb zu setzen. Dr. Leibig gibt das Kommando, und so tief ich meine Stimme senken kann, brumme ich laut und vernehmlich „99". Babenko lauscht einen kurzen Moment in meinen Körper hinein, macht ein nachdenkliches Gesicht, wiegt seinen großen Kopf mit dem kurzgeschnittenen Haar von rechts nach links und dann noch mal von links nach rechts und sagt „Karascho". Er hat wohl was gehört, und das ist für ihn ein Befund. Ich bleibe weitere vier Wochen im Lazarett, bestätigt mir Dr. Leibig.

Alle Kameraden aus meiner Stube kommen gleichermaßen „über die Runde". So bleiben wir vorerst einmal zusammen. Schnell entschwindet Babenko aus unserem

Gesichtskreis. Keiner denkt daran, daß er nach vier Wochen wieder „unter die Lupe“ – in diesem Fall unter das Stethoskop von Babenko – genommen wird.

Meine Genesung und die einzelner Kameraden aus unserer Stube, macht gute Fortschritte. Die erträgliche Atmosphäre, die durch die zusätzliche Kost aus der Frauenbaracke anhaltende Gewichtszunahme und der wohltuende Umgang miteinander und mit Arzt und Schwester, tragen sicher wesentlich dazu bei. Der verhältnismäßig sonnige Frühling, der uns, Fritz Hurrass und mir, die Möglichkeit zu längeren Spaziergängen schafft, läßt uns fast vergessen, daß wir hinter Stacheldraht mit einer Lungenerkrankung leben müssen. Wir gehen zumeist den 100 Meter langen Hauptweg des Lazarettgeländes auf und ab, oft 10 bis 20 Mal. Von diesem Weg führen schmale Abzweigungen zu den einzelnen Krankenbaracken. Stehen davor einzelne Kameraden aus diesen Baracken oder spazieren andere ebenfalls auf dem Hauptweg, kommen wir hin und wieder mit ihnen ins Gespräch. Bei solchen Kontakten und Gesprächen erfahren wir zunehmend Einzelheiten über mancherlei Geschehnisse im Lazarett, über Krankheitsfälle und Behandlungen in den Baracken.

Allein drei Baracken sind mit Häftlingen belegt, die an offener oder geschlossener Tuberkulose erkrankt sind. In zwei Baracken sind Häftlinge mit Distrophie dritten Grades untergebracht, die zumeist so abgemagert sind, daß sie vor Schwäche nicht mehr gehen können und von Sanitätern versorgt werden müssen. Je eine Baracke gibt es für innere Krankheiten, für chirurgische Fälle und für Typhus, Ruhr und Diphtherie. Es kursieren mancherlei Berichte über teils erfolgreiche Bemühungen von Ärzten, mit improvisierten Methoden und selbstgebastelten Instrumenten für Operationen, kranke Kameraden vor dem Tode zu bewahren.

Gemessen an den Erkrankungen und an dem Leiden anderer, können wir von Glück sagen, daß wir nur Tbc-krank sind und eine Chance haben, wieder gesund zu werden.

Eines Tages begegnen uns zwei Frauen bei unserem

Spaziergang, die wir freundlich grüßen und mit denen wir ins Gespräch kommen. Obgleich sie schon acht Wochen – ebenfalls an Tbc erkrankt – in einer am Eingang unserer Baracke liegenden Stube untergebracht sind, wußten wir bisher nichts von ihrer Existenz. Wir nennen unsere Namen und erfahren, daß die jüngere, etwa in meinem Alter, Gitta Pless heißt und aus Berlin stammt. Die schätzungsweise 50jährige andere Frau heißt Irene Wolf.

Was wir tun ist reichlich leichtfertig, zumindest unüberlegt, denn die Lagerordnung verbietet jeglichen Versuch der Kontaktaufnahme und des engeren Kontaktes zwischen Männern und Frauen, gegen die wir – allerdings „gut getarnt" – schon bei den Gesprächen mit den Frauen der uns gegenüberliegenden Baracke, verstoßen haben. Hier flanieren wir nun fast wie auf einem Boulevard mit zwei Damen. Andere Kameraden sehen das, Ärzte und Schwestern eilen an uns vorüber, und wir grüßen einander freundlich. Wäre ein Spitzel darunter, könnte es böse Folgen für uns vier haben. Deshalb trennen wir uns bald wieder.

Hier im Lazarett ist die totale Trennung von Männern und Frauen von unseren Bewachern nicht konsequent durchzusetzen; schon wegen des Einsatzes weiblicher Häftlinge als Schwestern in den Krankenbaracken und in der Wäscherei. NKWD-Offiziere oder russische Soldaten halten sich für gewöhnlich nicht im Lazarett auf. Hier wird offensichtlich eine Art Selbstverwaltung praktiziert. Das wirkt sich verglichen mit dem Lager Ketschendorf sehr zum Vorteil aller aus. Die russische NKWD-Administration ist wahrscheinlich froh, sich um uns nicht kümmern zu müssen, braucht das Massensterben nicht unmittelbar mit anzusehen und toleriert wohl aus diesen Gründen manches. Die Posten auf den vier Wachtürmen sind weit genug vom Geschehen im Lazarett entfernt und haben keinen Einblick.

Einige Häftlinge dürfen hier im Lazarett unter Anleitung eines „Obergärtners" sogar zur Verschönerung beitragen, indem sie Blumenbeete und Rabatte zwischen den Baracken und den Wegen anlegen und pflegen. So macht das ganze Lazarettgelände einen überaus ordentlichen und gepflegten Eindruck.

In den nächsten Wochen haben wir doch wieder manches Rendezvous mit den beiden Frauen aus unserer Baracke, aber mit großer Umsicht und an möglichst wenig frequentierten Stellen. Wir bleiben also unauffällig und sprechen meistens nur kurz miteinander. Gitta Pless ist ein bildhübsches schwarzhaariges Mädchen. Wir sind uns sympathisch und mögen uns offenbar. Aber mehr als einen Flirt läßt die Situation nicht zu. Von Frau Wolf erfahren wir, daß sie für Familienangehörige unserer Bewacher Stricksachen anfertigt und für sich gerade einen Pullover strickt. Ich habe einen Pullover mit V-Ausschnitt, der mir im Winter am Hals keinen Schutz gegen die Kälte bietet. Ich darf ihr den eines Tages verstohlen in die Hand drücken, da sie sich bereit erklärt hat, mit Resten ihrer Wolle einen Rollkragen daranzusetzen. Für den nächsten Winter, den wir nach unserer Einschätzung noch in Haft sein werden, bin ich nun besser gerüstet. Leider endet diese kleine Episode wenige Wochen später, da beide Frauen ins Lager zurückkehren müssen.

Bald bewegen wir – Fritz Hurrass und ich – uns immer selbstverständlicher und neugieriger auch zwischen den einzelnen Baracken und deren Rückseiten. Wir machen das Beste aus unserer Lage und den sich uns bietenden Möglichkeiten und Freiräumen. So kommt es, daß wir viele Wochen hindurch das Eingesperrtsein nicht mehr so bewußt empfinden wie früher und die Realität und Aktualität der Haft fast völlig in den Hintergrund tritt. Das im Vergleich zum Aufenthalt im Lager hier von uns voll ausgeschöpfte abwechslungsreiche Leben im Lazarett macht uns wieder zu zwei optimistischen und im Grunde genommen auch zu zwei fröhlichen jungen Menschen. Diese Empfindung leben wir voll aus und sind manchmal regelrecht ausgelassen, wie zwei junge Männer unter normalen Umständen und Lebensbedingungen sein sollten und sein können. Wir schaffen uns unter diesen verhältnismäßig günstigen Bedingungen unsere eigene Welt und eine eigene individuelle Art, mit dem Eingesperrtsein fertig zu werden.

Wir nähern uns eines Tages bei einem Spaziergang einer aus Stein gemauerten kleineren Unterkunft hinter den Baracken 3 und 4, und treten dort an ein vergittertes Fenster. Drinnen sehen wir einige Häftlinge, die ebenso gekleidet sind wie wir, also offensichtlich Kranke. Mit verbundenen Köpfen, Händen oder Armen trotten sie umher in dem Raum, der etwas größer ist als unsere Stube. Wir rätseln, was es mit ihnen und ihren Blessuren auf sich haben könnte.

Zufällig kommt aus der einzigen Tür des Hauses ein Sanitäter heraus. Auf unsere Fragen erfahren wir, daß hier die geisteskranken Häftlinge untergebracht sind. Der Sanitäter erklärt uns in breiter plattdeutscher mecklenburger Mundart: „De sünd mall. Dat Hus heet Mallenhagen. Mall, dat heet up hochdütsch verrückt und disse Lüe sünd verrückt wohrn und sünd nu hier inbunkert." Wir hören ihm zu und sehen ihn verständnislos an. Da erzählt er uns, wie diese geisteskranken Häftlinge immer wieder zu ihren Verletzungen kommen.

Die Verletzungen haben sie bei der letzten „Seeschlacht" davongetragen. Einer von ihnen hat dieses „Gesellschaftsspiel" erfunden, das alle mitspielen. Sie sind in verschiedene Kriegsschifftypen eingeteilt. Manche sind U-Boote, manche sind Zerstörer, andere sind Schlachtschiffe oder Minensuchboote. Auf Kommando des Spielführers nehmen alle in der Stube befindlichen Geisteskranken aus ihren Pritschen die quer darin liegenden Holzbretter heraus, die etwa 10 Zentimeter breit, 60 Zentimeter lang und 1,5 Zentimeter dick sind. Auf ein weiteres Kommando schleudern die vermeintlichen Kriegsschiffe sich gegenseitig die Bretter an die Köpfe oder wohin sie sonst treffen. Mit „Hurra" werden die Treffer gefeiert. Die Holzbretter sind ihre Torpedos, und ein feindliches Schiff versenkt zu haben macht sie glücklich – ungeachtet der Verletzungen.

Recht ratlos stehen wir vor dem Steinhaus und wissen nicht, was wir sagen, ob wir lachen oder weinen sollen. Betretenes Schweigen zwischen uns und dem Sanitäter herrscht für eine Weile, ehe wir weitergehen und unseren Spaziergang fortsetzen. Später erzählen wir den Kameraden in der Stube von dieser ungewollten Entdeckung und Begegnung mit einem weiteren traurigen Kapitel der Lagerhaft, das uns bisher verborgen geblieben ist. Einige Kameraden kannten das Steinhaus und seine bemitleidenswerten Insassen schon.

Albrecht von Maltzahn, seit 1945 im Lager, weiß viel über das Schicksal einiger Häftlinge aus seiner Umgebung im Lager zu erzählen. Nicht selten sind Selbstmordversuche. Vorwiegend Intellektuelle haben nach seiner Schilderung versucht, auf diese Weise ihrer Haft ein Ende zu bereiten und das als letzten Ausweg gesehen.

Man erfährt und weiß hier in Fünfeichen über Umwege viel mehr vom aktuellen Geschehen – sowohl im Nord- und Südlager als auch im Lazarett – als in Ketschendorf. Nur direkt von einem Lagerbereich zum anderen gibt es keine informativen Kontakte. Manches davon entstammt zwar der Gerüchteküche, aber oft ist ein Fünkchen Wahrheit daran. Die sicherste und ergiebigste Nachrichtenquelle ist der Friseur, der einmal im Monate in die Baracke kommt, um alle Haare zu scheren wegen des möglichen Befalls mit Läusen. Wir nehmen es gelassen hin und haben uns daran gewöhnt. Wenn das Haar gerade wieder einen Zentimeter lang gewachsen ist, gibt es erneut „Kahlschlag", wie wir das nennen. Nur kurz erinnert uns diese Prozedur daran, daß wir Häftlinge sind. Optisch läßt uns der kahlgeschorene Kopf jedoch wie Sträflinge erscheinen. Der Friseur ist nach eigener Aussage verpflichtet, Stillschweigen zu bewahren über alles, was er wahrnimmt und erfährt. Er hält sich aber nicht an diese „Vergatterung" und berichtet uns so allerhand aus dem Lagerleben während des Haareschneidens. So erwarten wir sein Kommen und sein Tun ganz gern.

Schöne, fast unbeschwerte Sommertage verleben wir im Lazarett. Meinen Geburtstag am 20. Juli ignoriere ich, so wie fast alle Kameraden in der Stube von ihrem Geburtstag nicht Notiz nehmen wollen. Ich werde in diesem Jahr 1947 einundzwanzig Jahre alt, bin also jetzt volljährig. Im Grunde genommen wäre es ein besonderer Anlaß zum Feiern, aber was kann hier unter diesen Umständen „Feiern" bedeuten? Nur imaginäre Gedankenspiele könnte es auslösen, und die würden schließlich zu Trübsinn und Trostlosigkeit führen. Ich vermeide jeden Anflug von Sentimentalität. Die Wirklichkeit, an der ich mich erfreuen kann, ist das Gefühl einer fortschreitenden Genesung und die Zuversicht, bald wieder ganz gesund zu sein. Die Gegenwart von Fritz Hurrass, die harmonische Atmosphäre in unserer Stubengemeinschaft und die Spaziergänge – fast möchte ich sagen die Ausflüge im Lazarettgelände – wecken in mir eine gewisse innere Fröhlichkeit und Gelassenheit, die mich mein Schicksal leichter ertragen lassen.

In die unmittelbare Nähe der fünffachen Stacheldrahtzäune führt mich eines Tages ein weiterer Spaziergang mit Fritz Hurrass. Bewußt sind wir an der Stelle stehen geblieben, von der aus man weit ins Land sehen kann. Das Gewirr an Stacheldraht und die in der Gasse zwischen zwei Zäunen laufenden Schäferhunde sind dabei natürlich nicht zu übersehen. Sie rufen uns brutal in die Realität des Häftlingsdaseins zurück, denn sie schließen genau wie Nord- und Südlager auch das Lazarett hermetisch von der Außenwelt ab.

Wir treffen hier Harri Hinz, der inzwischen mit Tbc in eine andere Stube unserer Baracke eingewiesen worden ist. Gemeinsam schweifen nun unsere Blicke durch das Drahtgeflecht hindurch über die dahinter liegende Landschaft, die wir als die Freiheit empfinden, die Freiheit, in der wir eines Tages wieder leben wollen. Leben in Freiheit ist der Ausgangspunkt unseres Gespräches mit Harri Hinz. Bald kommt das Gespräch zu der Frage, ob es außer einer Entlassung auch andere Möglichkeiten gibt, der Haft und dem Lagerleben zu entrinnen. Da wir uns schon etliche Monate kennen und einander vertrauen können, sagt Harri Hinz plötzlich halblaut, kaum hörbar: „Es müßte doch möglich sein da rüberzukommen und abzuhauen“. Stumm sehen wir uns an, und weder Fritz Hurrass noch ich erwidern etwas darauf. Gedacht haben wir zwei wohl dasselbe, aber laut zu denken ist gefährlich. Wem von den Tausenden von Häftlingen wäre nicht schon einmal der Gedanke an Flucht gekommen und sofort wieder verworfen worden angesichts der lückenlosen Bewachung? Schon eine Äußerung über Flucht zieht strengste Bestrafung nach sich, wenn sie durch Denunziation den Russen bekannt wird. Warum auch Illusionen nähren? Der unüberwindliche Stacheldraht, die vier Tag und Nacht besetzten Wachtürme, die das Karree des Lazarettgeländes markieren, die taghell erleuchteten Scheinwerferschneisen zwischen den Drahtzäunen des nachts und die in diesen Schneisen an endlosen Stahlseilen laufenden Schäferhunde ersticken schon im Ansatz jeden aufkommenden Fluchtgedanken. „Vergiß es“ sage ich zu Harri Hinz.

Drei Tage später, es ist noch früh am Morgen, bricht es wie ein nicht erwartetes Unwetter aus heiterem Himmel über uns im Lazarett herein. Helle Aufregung, Lärm und Rufen – verursacht von russischen Soldaten und deutschem Lazarettpersonal – überziehen die friedliche morgendliche Szene als müßte gleich ein Inferno losbrechen.

Harri Hinz ist verschwunden, ist nirgends aufzuspüren und aufzufinden. Wie ein Lauffeuer kam die Feststellung unserer Schwester Helga Scholz zur Lazarettverwaltung und von dort zur sowjetischen Lagerkommandantur. Nun sind die Russen angerückt mit NKWD-Offizieren und Soldaten und stellen das ganze Lazarett auf den Kopf. Mittendrin Dr. Wilda, der Lazarettverwalter, sowie Dolmetscher, Ärzte und Schwestern – ein aufgescheuchtes Hühnervolk! Polternde, fluchende Russen durchsuchen jede Krankenbaracke und jeden kleinsten Winkel in den Steinbaracken der Verwaltung und der Wäscherei. Vergeblich, Harri Hinz ist weg, bleibt unauffindlich. Dann folgen Verhöre. Dr. Leibig, Schwester Helga und alle Kameraden in der benachbarten Stube, in der Harri

Hinz gelegen hat, werden in die Mangel genommen. Niemand weiß etwas auszusagen. Harri Hinz hat sein Geheimnis mitgenommen. Fritz Hurrass und ich können es kaum fassen. Ihm ist die Flucht geglückt. Ob er neulich schon einen Plan hatte? Ob er daran gedacht hat, uns mitzunehmen? Gedanken machen wir uns darüber, doch wir sind uns ohne Worte einig, kein Sterbenswörtchen darüber und über unsere Begegnung vor dem Stacheldraht zu verlieren. Insgeheim freuen wir uns, daß er es geschafft hat.

Einige Tage später lassen die Russen im Lazarett verbreiten, Harri Hinz sei auf der Flucht nach Berlin erschossen worden. Keiner glaubt ihnen. Wir alle kennen die Russen inzwischen gut genug, um zu wissen, daß sie den toten Harri Hinz vorgezeigt, zur Schau gestellt, uns vor die Füße gelegt hätten, sofern ihre Meldung zutreffen würde. Sie unternehmen den dümmlichen Versuch, uns klarzumachen, daß jeglicher Fluchtversuch sinnlos ist. Die Blöße müßten sie sich nicht geben. Das wissen wir auch so. Wir sind überzeugt, daß Harri Hinz ihnen dennoch entkommen ist, an der 2 Kilometer entfernten Bahnlinie auf einen Zug springen und nach West-Berlin flüchten konnte. Wir zehren noch lange von der Schadenfreude, die die Flucht bei uns ausgelöst hat.

Ob Sommer oder Winter, die relativ gute Stimmung in unserer Stube wird immer wieder durch das Sterben eines vertrauten Kammeraden getrübt. So geht erst Max Ehrke von uns, dem bald Gottfried Ginter und Heinz Karsten auf dem Weg ins Wäldchen folgen, das ich nach unserer Ankunft auf dem Weg ins Lazarett als Stätte der Massengräber gedeutet hatte. Später muß auch Albrecht von Maltzahn, der schon mit einer Herzerkrankung ins Lager gekommen war, diesen Weg antreten.

Am Ende der ersten Septemberwoche gibt es ein unverhofftes Wiedersehen mit meinem ehemaligen Schulkameraden Horst Neumann. Es ist wirklich nur ein gegenseitiges Sehen. Unser Sanitäter Bruno führt mich an das Fenster einer Stube im hinteren Teil unserer Baracke, so daß ich von draußen hineinsehen kann. In dieser Stube sind Kameraden untergebracht, die eine Lungenentzündung haben, die hier meistens tödlich ausgeht. Daran ist auch Horst Neumann erkrankt. Wir können uns also nur durch das geschlossene Fenster sehen und uns einige Sätze zurufen. Horst ist bettlägerig und offensichtlich sehr schwach.

Wenig später erfahre ich, daß Horst am Morgen des 8. September früh um 6.00 Uhr nach dem Sanitäter gerufen und ihn gebeten hatte, mich ans Fenster zu holen. Er hatte massive Atembeschwerden. Es ging ihm sehr schlecht. Der Sanitäter hatte ihn auf später vertröstet, um mich nicht so früh wecken zu müssen. Zwei Stunden später kann mich der Sanitäter aber nur noch zu meinem toten Schulkameraden bringen, der bereits in dem Raum in unserer Baracke liegt, in den die Sterbenden und die Toten gebracht werden. Zutiefst erschüttert stehe ich vor der Trage, auf der Horst liegt und nehme stumm Abschied von ihm. In der letzten Stunde seines Lebens hat er mir sicher noch etwas sagen wollen. Ihm und mir war das letzte Wort des Abschiednehmens nicht mehr vergönnt. Ein weiterer mir liebgewordener Kamerad ist das Opfer dieses sinnlosen Sterbens geworden. Ich beginne die zu hassen, die uns das antun.

Nichts will ich unversucht lassen, um zu überleben, um nicht zu den Tausenden von Toten zu gehören, die allein in diesem Lager den Wahnwitz und den Terror des roten Diktators in Moskau mit dem Leben bezahlen müssen. Das kann ich am ehesten im Lazarett als Kranker oder einer, den man für krank halten kann. Das zusätzliche Essen, das ich bis weit in den Herbst aus der Frauenbaracke erhalte, versetzt mich immer mehr in den Zustand, den ich als gesund und fast als normalgewichtig bezeichne. Ich bin in guter körperlicher und geistiger Verfassung in diesem Herbst 1947. Zudem wird Ende Oktober die tägliche Brotration auf 500 Gramm erhöht. Ich kenne nun schon seit Monaten keinen Hunger mehr, und auch Fritz Hurrass und Klaus Drenkhahn haben sich gut erholt.

Unser Barackenarzt, Dr. Leibig, der ganz offenkundig ein Herz für uns junge Burschen hat, die inzwischen Männer geworden sind, hilft uns Monat für Monat über die Runden, wenn der russische Unterarzt Babenko sein Stethoskop an unserem Brustkorb ansetzt und wir mit Baßstimme „99" sagen, so tief die Stimme es zuläßt. Zehn Monate lang kann Dr. Leibig uns insgesamt an Babenko und an der Überweisung ins Südlager vorbeischleusen. Wer weiß, was uns dort erwartet und „geblüht" hätte. Hier werden wir regelrecht in Ruhe gelassen. Fast meine ich vermessen: Hier halten wir es noch jahrelang aus. Aber nein, wir wollen raus, wollen nach Haus. Niemand hat das Recht, uns hier überhaupt einzusperren und schon gar nicht jahrelang, glauben wir. Doch Tage, Wochen, Monate gehen ins Land. Wir verbringen hier noch Weihnachten 1947 und sogar Ostern 1948. Unsere Geduld wird auf eine harte Probe gestellt.

Irgendwann und irgendwo taucht im April 1948 das Gerücht auf, eine Kommission, bestehend aus NKWD-Offizieren und Soldatinnen, sei im Lager angekommen, um Entlassungen vorzubereiten. Wenig später werden im Südlager vier Baracken geräumt. Wie es heißt, werden dort nach und nach Häftlinge ohne erkennbare Methode der Auswahl und ohne erkennbare einheitliche Merkmale eingewiesen. Angeblich sollen sie in diesen Baracken auch eine bessere Ernährung erhalten. Sollen das Vorbereitungen zur Entlassung sein oder wollen die Russen Häftlinge aufpäppeln, um sie zum Arbeitseinsatz in die Sowjetunion zu transportieren? Wilde Spekulationen, Fragen über Fragen beschäftigen uns. Es tut sich was; das ist das einzige Resultat zu dem wir kommen. Die Hoffnung, bald entlassen zu werden, erhält neue Nahrung.

Mit den Worten „Jungs, bald geht es nachhause" betritt eines Tages Mitte April der Friseur unsere Stube. „Der muß es ja wissen. Der schläft ja mit dem Kopf an der Wand" witzelt Fritz Hurrass. Der Friseur will aus sicherer Quelle erfahren haben, daß in der Tageszeitung „Neues Deutschland“ gestanden hätte, die Häftlinge in sowjetischer Internierung würden in Kürze entlassen. Über die Verpflegung der selektierten Häftlinge im Südlager weiß er zu berichten, daß sie jetzt ein gutes gehaltvolles Essen mit viel Fleisch und Kartoffeln bekommen. Sie erhalten von Zeit zu Zeit auch eine handvoll Machorka. Das ist eine russische Tabakmischung, grob verschnitten. Da täglich eine halbe Stunde in den Baracken vorgelesen werden darf, was in den in der Sowjetzone und in Ost-Berlin erscheinenden Tageszeitungen „Neues Deutschland“ und „Tägliche Rundschau“ steht, bleibt auch Zeitungspapier im Lager, womit sich die Häftlinge Zigaretten drehen können. Auf dem Papier steht aber nur, was die Russen erlauben.

Von Stund’ an beherrscht das Thema Entlassung die Gespräche und unsere Gedanken. Wann geht es los? Wer wird zuerst entlassen? Kommen auch die NS-Funktionäre raus? Was werden sie mit den kranken Häftlingen aus dem Lazarett machen? Wo bleiben die SMT-Verurteilten? Wir haben genug Zeit, um alle möglichen Maßnahmen und Wahrscheinlichkeiten zu diesem Thema zu diskutieren. Was sollen wir tun, damit sie uns nicht vergessen oder wenn sie die kranken Häftlinge nicht vorzeigen mögen?

Wir fragen Dr. Leibig. Kann er uns raten, was zu tun ist in dieser Situation? Sollen wir „auf gesund machen“ und schleunigst versuchen ins Lager zu kommen? Das Resultat unseres Gespräches mit Dr. Leibig ist, daß er uns bei der nächsten Babenko-Visite – jedenfalls Fritz Hurrass und mich – als geheilt vorstellen will. Als der Tag des Babenko für uns kommt, fiebern wir der Vorstellung regelrecht entgegen. Gesund fühlen wir uns schon seit mehr als einem halben Jahr, aber gern haben wir uns noch immer den Anschein gegeben – von Dr. Leibig akzeptiert und vertreten – als seien wir unverändert Tbc-Kranke, die erst geheilt werden müssen. Wird Babenko es nicht mindestens merkwürdig finden, wenn wir plötzlich „gesund sein wollen“? Wir sind mit rund 13 Monaten Aufenthalt im Lazarett – kaum zu glauben – ausgesprochene Veteranen! Oder hat Babenko menschliche Anwandlungen gehabt und genau wie Dr. Leibig bei uns stets beide Augen zugedrückt? Wir vermuten dies!

Babenko aber überrascht uns. Als wir herantreten und den Oberkörper freimachen, damit er sein Stethoskop darauf ansetzen kann, winkt er lässig ab. Umsonst haben wir vorher „99" zu sagen geübt. Er läßt sein Stethoskop in der Seitentasche seines Uniformrocks stecken. Er nickt mit dem Kopf und sagt wieder „Karascho". Was mag das bedeuten? Dr. Leibig, der neben ihm steht, sagt schmunzelnd: „Ihr seid gesund und könnt ins Lager zurück". Steckt Babenko mit ihm unter einer Decke? Wenn ja, uns soll's recht sein.

Auch einige andere Kameraden aus unserer Baracke sollen als geheilt entlassen und aus dem Lazarett ins Lager überstellt werden. Am Tag nach der Entscheidung von Babenko müssen wir in die Steinbaracke, in der seit dem Tage unserer Ankunft vor über einem Jahr unsere eigene Kleidung aufbewahrt worden ist. Wir legen die Drillichanzüge ab und ziehen wieder Jackett, Hose, Hemd an, die Sachen in denen wir hierher gekommen sind. Mein Zeug ist noch in verhältnismäßig gutem Zustand. Es ist ja über ein Jahr geschont worden und vor allem nicht von der sonst häufig stattfindenden Entlausung – von der Hitze des Ofens – strapaziert. Lediglich meine Strümpfe, das eine Paar das ich habe und das ich tagaus, tagein seit 1½ Jahren trage, sind in ihrem ursprünglichen Zustand nicht mehr zu erkennen. Sie sind zigfach gestopft und mit Leinenlappen geflickt. Mit einem an der Spitze gespaltenen Hölzchen, in das wir Fäden aus Jutesäcken zogen, die irgendwie beschafft werden konnten, haben wir gestopft und genäht. Immerhin habe ich keine Löcher in den Strümpfen. „Not macht erfinderisch" – ein altes Sprichwort bewahrheitet sich auch hier.

Dann gehen wir mit Schwester Helga noch einmal zurück in die Baracke, und es heißt Abschied nehmen von den zurückbleibenden Kameraden, von Dr. Leibig, von Schwester

Helga und vom Sanitäter Bruno. Den Dank an unsere Betreuer können wir nur mit dürren Worten abstatten, gemessen an dem, was wir ihnen zu verdanken haben. Dies ist dürftig, leider mehr als dürftig. Verdanken wir diesen hilfsbereiten Menschen – auch den Frauen in der Nachbarbaracke – nicht sogar unser Leben? Vorsorglich – falls wir getrennt werden sollten – verabreden Fritz Hurrass und ich, daß er nach seiner Entlassung über Kyritz fahren wird, meine Eltern aufsucht, um ein erstes Lebenszeichen von mir zu übermitteln. Oder er trifft mich dort, falls ich vor ihm entlassen werde. So sicher sind wir und fast euphorisch, daß wir nachhause kommen.

Der Lazarettverwalter, Dr. Hans Wilda, übergibt unseren kleinen Trupp an einen NKWD-Offizier, der schon mit zwei Soldaten als Bewachung auf uns vor der steinernen Verwaltungsbaracke wartet. Wie hinein gekommen gehen wir durch die Schleuse auch wieder aus dem Lazarett hinaus. Nach einem Marsch von etwa 600 Metern erreichen wir das Eingangstor zum Lager.

Wir marschieren vorbei am russischen Kontrollpunkt, der von einigen teils größeren, teils kleineren Gebäuden gebildet wird. Der Weg führt uns durch eine Schleuse direkt zu den nun vor uns liegenden Baracken des Südlagers. Es liegt dem Lazarett am nächsten. Daher wissen wir, es ist das Südlager. Die Russen geben uns keinerlei Hinweise und Auskünfte zu den Örtlichkeiten. Das hängt sicher mit ihren Sicherheitsbestimmungen zusammen. Auch hier sollen die Häftlinge möglichst ohne die geringsten Orientierungsmöglichkeiten bleiben, damit sie bei Fluchtversuchen hilflos und desorientiert sind. Das System ist erprobt und hat sich bewährt.

Die Holzbaracken des Südlagers liegen in zwei Reihen hintereinander. Davor befindet sich eine etwa 20 Meter tiefe und 50 Meter breite freie Fläche, auf die wir jetzt geführt werden. Der NKWD-Offizier gibt bekannt, in welche Baracke wir kommen. Ich muß in die Baracke 17. Leider werden wir, Fritz Hurrass und ich getrennt. Er muß ins Nordlager.

Von diesem freien Platz aus können wir bereits erkennen, wie alt, unansehnlich und farblos unsere neue Behausung ist. Die an sich gute Stimmung, in der wir hierher marschiert sind, sinkt auf den Nullpunkt. Aber was hilft es? Allmählich setzt sich bei mir und den anderen Kameraden, die mit mir hier eingewiesen werden, die Hoffnung wieder durch, daß es nicht mehr lange dauern kann, bis wir entlassen werden.

Beim Betreten der Baracke 17 schlägt mir ein Schwall schlechter und verbrauchter Luft entgegen, obgleich die Barackentür offensteht. Eher Dämmerlicht statt Tageslicht erhellt den Mittelgang der Baracke, durch den ich gehen muß, um zu dem mit Holzverschlag abgeteilten Raum des Barackenältesten zu gelangen. Im Vorbeigehen kann ich in die durch entsprechende Anordnung der Holzpritschen eingeteilten „Stuben" sehen. Müde und zerquälte Gesichter von zerlumpten Gestalten jeden Alters sehen mich an, als wollten sie fragen nach dem Woher und nach dem Wohin? Andere sitzen auf Schemeln oder auf ihren Pritschen. Achtlos und teilnahmslos gehen wieder andere an mir vorbei. Die ganze Baracke atmet Eintönigkeit, Langeweile, Lethargie und Resignation. Die typische Atmosphäre einer Unterkunft von Häftlingen, deren Tag darin besteht, ihn irgendwie totschlagen zu müssen, ohne einer auch nur halbwegs sinnvollen Beschäftigung nachgehen zu können. Es bietet sich mir dasselbe Bild wie in Ketschendorf. Nur dort waren die Unterkünfte in den ehemaligen Siedlungshäusern im Vergleich zu diesen ausgesprochen komfortabel. In diesem Augenblick erfaßt mich das Lager-Dasein wieder schlagartig und mit brutaler Deutlichkeit.

Die Anmeldung beim Barackenältesten scheint ein unwesentlicher Vorgang zu sein. Er nimmt meinen Namen zur Kenntnis, und der Schreiber trägt ihn in eine Liste ein. Ich soll in Stube zwei vorne links eine Pritsche belegen. Das ist es schon. Seltsam, hier scheint eine spürbare Gleichgültigkeit ausgebrochen zu sein. Was das auf sich hat, verbirgt sich mir noch.

Ich gehe den Mittelgang zurück zu der mir zugewiesenen

Stube. Es ist in der Baracke ziemlich düster. Es starren mich Schmutz und Elend aus allen Winkeln an. Schmutziges Holz, Pritschen, Tische, Schemel und die Barackenwände, von langen Jahren des Gebrauchs und der Benutzung graubraun geworden, verfärbt, vergilbt und fleckig vom Fußboden bis zum Dach, so erlebe und empfinde ich meinen „Einzug" in das neue Quartier. Seit ewigen Zeiten scheinen hier Häftlinge und Gefangene gehaust zu haben. Sie können nicht dafür, daß es so aussieht. Der mögliche Säuberungsdienst wird bestimmt täglich wahrgenommen.

Nach und nach überkommt mich das Gefühl, in eine wirklich gespenstische Welt zu kommen. Doch dann besinne ich mich und weiß genau wo ich mich befinde. Ich tauche wieder ein in die Anonymität des Lagers, gehe unter in der Zahl der rund 10000 Häftlinge dieses Lagers, die dem Hungertod, Krankheiten und Seuchen noch nicht zum Opfer gefallen sind. Eine innere Stimme sagt mir: Abschalten! Sie befiehlt mir: Nicht zur Kenntnis nehmen! Sonst gehst Du hier vor die Hunde – seelisch.

Es halten sich nur wenige Kameraden in der Stube auf, als ich in den vorderen Barackenteil komme. Einige sind draußen beim Spaziergang. „Guten Morgen, ich heiße..." Das Echo ist schwach und dürftig. Etwas ist anders als es sonst war. Kein Interesse findet der Neuzugang. Etliche Pritschen sind nicht belegt. Ich habe die freie Auswahl. In einer unteren Pritsche entdecke ich einen noch halbwegs sauberen Strohsack. Ich belege sie, indem ich meine Wolldecke, meinen Mantel und meine Mütze auf sie lege. Das ist immer noch mein ganzes Gepäck.

Das Mittagessen an diesem ersten Tag im Lager überrascht mich: Gulasch mit einigen großen Fleischstücken, vier mittelgroße Pellkartoffeln und Gemüse in einer Steingutschüssel. Das Essen ist wirklich schmackhaft und gehaltvoll. An den Möglichkeiten der Zubereitung hat es in all den Jahren des Hungers offenbar nicht gelegen. Wenn die Russen den Köchen jedoch nur Zugang zur Wasserleitung und den

Sauerkraut-Silos gewährt haben, konnte nichts anderes als Hungertod oder bestenfalls ein körperlicher Zustand der Distrophiestufe III dabei herauskommen. Derart abgemagerte Häftlinge wollen sie wohl nicht der Öffentlichkeit preisgeben. Immer mehr festigt sich unser Eindruck, daß wir in absehbarer Zeit entlassen werden sollen.

Nahrhaft ist das Essen sicher, aber es bringt auch Probleme. Im Laufe des Nachmittags bekomme ich Leibschmerzen, die gegen Abend ausgesprochen heftig werden. Mit wenig Appetit esse ich die Suppe, die es am Abend gibt. Kurz danach muß ich urplötzlich schleunigst zur Latrine laufen. „Erreicht den Hof mit Müh' und Not", und dabei denke ich an meine Ruhrerkrankung vor einem Jahr zurück. Aber der einsetzende Durchfall hat andere Ursachen: Die Pellkartoffeln kommen fast so heil und unverdaut zum Vorschein wie ich sie gegessen habe. Obgleich ich im Lazarett durch das zusätzliche Essen aus der Frauenbaracke an bessere Kost gewöhnt war, scheinen die Verdauungsorgane nicht auf Anhieb so fettes Essen und vor allem die ungewohnten Pellkartoffeln verdauen und annehmen zu können. Als ich es in der Stube meinen neuen Kameraden erzähle, sagt einer lapidar: „Das gibt sich. Das hatten wir bei dieser Verpflegung in den ersten Tagen auch".

Am Abend nach dem Zählappell lege ich mich sehr zeitig auf die Pritsche, denn die drei Schemel, die der Stubengemeinschaft zugeteilt sind, haben andere Kameraden schon besetzt. Mir ist nicht nach Gesprächen zumute. Da niemand so recht Notiz von mir nimmt, ziehe ich mich lieber zurück und hänge meinen eigenen Gedanken nach. Ich fühle mich in dieser neuen Umgebung nicht wohl, obgleich die Kameraden nicht unfreundlich sind. Allem Anschein nach hält sich hier jeder etwas zurück. Vielleicht bilde ich mir das auch nur ein oder empfinde es so, weil ich aus der harmonischen Atmosphäre unserer Stubengemeinschaft im Lazarett anderes gewöhnt bin. Das hier ist nun mal die ungeschminkte rauhe und harte Wirklichkeit des Lagerlebens. Ich werde mich wieder daran gewöhnen, gewöhnen müssen.

Während mir das durch den Kopf geht, erlebe ich an diesem ersten Tag im Südlager eine zweite Überraschung – den Besuch einer Ratte. Da die Dielen des Fußbodens an einigen Stellen Löcher haben – teils so groß wie ein Tennisball – muß die Ratte durch ein solches Loch geschlüpft und unter meiner Pritsche hindurchgelaufen sein. Plötzlich taucht sie vor meiner Pritsche auf. Mit meinem ausgestreckten Arm könnte ich sie greifen. Aber ich werde mich hüten! Ich traue meinen Augen kaum. Sie richtet sich auf und macht „Männchen". Alle Kameraden sind mucksmäuschenstill und beobachten das Schauspiel. Ich denke noch: Warum verjagen sie die Ratte nicht? Da läßt sie sich schon wieder auf die Vorderbeine fallen und läuft weiter. Die Kameraden klären mich auf. Jeden Abend, fast zur gleichen Zeit kommt die Ratte vorbei, macht mal Männchen, mal auch nicht und verschwindet wieder. Dabei läuft sie meistens quer durch die Stube, unter der mir gegenüber liegenden Pritsche hindurch in die benachbarte Stube. Auch ich werde mich vermutlich an dieses „Rattenritual", das jeden Abend seine Wiederholung findet, gewöhnen. Allerdings wäre es mir lieber, wenn sie nicht ausgerechnet unter meiner Pritsche hervorkäme. Seltsam, im Gegensatz zu den Wanzen empfinde ich die Ratte nicht als Ungeziefer. Aber das liegt sicher daran, daß sie uns nicht belästigt und ihr Auftritt auf mich eher possierlich wirkt als störend.

Am Morgen des zweiten Tages im Südlager erhalte ich wie alle Kameraden eine Zuteilung von Hefe bei der Verteilung von Brot, Zucker und von schwarzem Tee. Es ist ein würfelförmiges Stück von schätzungsweise 20 Gramm. Verwundert frage ich meinen Tischnachbarn, was das auf sich hat. Er erzählt mir, daß sie bereits vom ersten Tage der Ernährungsumstellung in dieser Baracke Hefe erhalten hätten. Niemand habe ihnen bisher erklärt, warum. Ein anderer gibt mir eine Erklärung, die ich für zutreffend halte. Die Hefe soll der Blutreinigung dienen, die im Zuge der Ernährungsumstellung notwendig sei. Manche essen die Hefe, andere essen sie nicht. Mir leuchtet der Zweck ein, und ich esse sie. Ich denke, schaden kann es bestimmt nicht. Wir können nur staunen, was die Russen plötzlich alles aufbieten, damit wir wieder wie normale Menschen aussehen und sie uns nicht im Zustand totaler Unterernährung – also als „Klappergestelle" – im Blickfeld der Öffentlichkeit erscheinen lassen müssen. Die meisten meiner Kameraden – gleichgültig wie groß und wie breit sie sind –, die nicht wie ich das Glück hatten monatelang mit dem zusätzlichen Essen aus der Frauenbaracke des Lazaretts versorgt zu werden, wiegen zumeist unter 50 Kilogramm, nur wenige darüber. Ich wiege jetzt schätzungsweise 55 Kilogramm, habe also 16 Kilo nach dem Ende der Ruhrerkrankung zugenommen. Körperlich fühle ich mich durchaus gut. Ich hätte nie gedacht, daß ich mich von so schweren Erkrankungen so gut würde erholen können.

Von Seiten der Russen läßt niemand etwas über die Veränderungen in diesen Wochen verlauten. Offenbar weiß auch die deutsche Lagerverwaltung nichts darüber oder sie ist zum Stillschweigen verpflichtet worden. Hauptthema unter uns bleibt, wir seien die „Aufgerufenen", die demnächst entlassen werden sollen. Bedenke ich aber die körperliche Verfassung der überwiegenden Zahl der Häftlinge, so muß ich mir sagen, daß es wohl nicht demnächst sein wird, sondern noch Monate dauern kann, bis die verpflegungsmäßigen Absichten der Russen ein befriedigendes Ergebnis bringen und sich das Lagertor für uns öffnen wird. Unsere Geduld wird auf eine harte Probe gestellt. Noch müssen wir in diesen Elendsquartieren, unserer Freiheit beraubt, aushalten.

Fast jeden Tag gibt es Neuzugänge in den vier abgeteilten Baracken. Laufend gesellen sich neue Gesichter auch zu uns in der Stube, denn es sind noch immer einige Pritschen frei. Leider gibt es hin und wieder Abgänge ins Lazarett, hauptsächlich Kameraden mit Distrophie III. Manche wirken so schwach und hinfällig, daß sie dort wohl an Herzschwäche sterben werden. Die bessere Verpflegung kam für sie zu spät.

So kommt es zu einem häufigen Belegungswechsel in den Stuben. Echte Gemeinschaften oder persönliche engere Bindungen gibt es kaum noch. Auch ich finde in der Stube keine Kontakte mehr, die in eine ausgesprochene kameradschaftliche und vertraute Bindung einmünden könnten. Es herrscht eine merkwürdige Atmosphäre. Aufbruchstimmung ist nirgends zu beobachten. Bei manchen Kameraden hat man das Gefühl, als ob sie geistesabwesend seien. Und in der Tat sind viele schon in Gedanken zuhause bei den ihren. Vom Geschehen hier mag offenbar niemand mehr Notiz nehmen. Ist das nach teils dreijährigem Lagerdasein nicht verständlich? Ein Stubenkamerad aus Berlin drückt das so aus: „Ick hab' nu die Schnauze jestrichen voll davon!" Seine Stimme bebt im Zorn.

Ich denke, auch als Einzelgänger werde ich diese Zeit überstehen. Unser Umgangston in der Stube und in der Baracke ist ja nicht unfreundlich. Ein freundliches Wort zur rechten Zeit zu jedermann fällt mir auch hier – wie stets – nicht schwer. Je länger wir jedoch darauf warten müssen, daß aus dem Aufruf ein Abruf zur Entlassung wird, desto mehr vermisse ich Fritz Hurrass, seine fröhliche Stimme am Morgen, wenn es scheppert an der Kartusche zum Wecken. Dann fehlt mir sein Weckruf: „Froh und heiter geht das Lagerleben weiter!" Wo mag er abgeblieben sein?

An einem Vormittag Anfang Juli kommt der „Vorleser", der seit einigen Wochen in der Baracke immer die von den Russen genehmigten und selektierten Ausschnitte aus „Neues Deutschland" und in letzter Zeit auch aus „Tägliche Rundschau" vorliest, wild gestikulierend über den Platz vor den Baracken gelaufen. Er schwenkt die Zeitungsfetzen aufgeregt hin und her. Von weitem schreit er uns zu, die wir gerade vor der Baracke stehen: „Amnestie von Marschall Sokolowski. Wir kommen nachhause!" Seine Stimme überschlägt sich fast. Einige stürzen ihm entgegen und wollen ihm das Zeitungspapier aus der Hand reißen. Ich bleibe ruhig und gelassen, denn er wird es uns gleich in der Baracke vorlesen.

Marschall Sokolowski kündigt die Entlassung an. Er erläßt

eine Amnestie. Er ist der sowjetische Militärbefehlshaber in der sowjetischen Besatzungszone. „Kleine und minderbelastete Nazi-Verbrecher werden amnestiert und entlassen", heißt es in der entsprechenden Verlautbarung. Die Entlassung soll bald erfolgen, nehmen wir zur Kenntnis. Wir vertrauen auf das Wort von Sokolowski.

Die ostzonale Presse beeilt sich, in lobenden Tönen den „Gnadenakt" zu feiern. Das darf nun alles vorgelesen werden. Sie schreiben von „Umerziehungslagern", von „gebesserten Nazis", die interniert gewesen seien, damit sie den demokratischen Aufbau in der sowjetisch besetzten Zone nach dem Zusammenbruch Hitlerdeutschlands nicht stören oder behindern konnten.

Schweigend, viele mit gesenktem Haupt und mit ernster Miene, nehmen wir alles zur Kenntnis. Kein einziger Jubelschrei durchbricht die bedrückende Stille der Zuhörerschaft. Hier und da blickt einer den anderen an. Wir wissen, was wir von solchen Kommentaren zu halten haben.

Was mag wohl Altkommunist Ewald Pieck denken? Was Daniel Glückseliger, der Jude aus Wusterhausen, der schon 5 Jahre in NS-Konzentrationslagern war, was die unzähligen sogenannten „Neupolitischen", die verhafteten Mitglieder der seit 1945 zugelassenen demokratischen Parteien wie KPD, SPD, CDU, LDPD? Einerseits gehöre auch ich zu ihnen, aber als Verhaftungsgrund nannten die NKWD-Offiziere meine ehrenamtliche Tätigkeit als Hitlerjugendführer. Ich müßte mich eigentlich als „Zwitter" fühlen. Aber ich fühle mich gar nicht. Ich weiß, daß mir fast zwei schöne wertvolle Jugendjahre gestohlen wurden, daß eine totalitäre Macht sich anmaßt, Zigtausenden von unschuldigen Menschen, Kummer und Leid, mitsamt ihren Angehörigen zuzufügen. Glück im Unglück ist die bevorstehende Entlassung für die Überlebenden. Ein Verbrechen geschah an den Zigtausenden von toten Häftlingen, die die Willkür einer Besatzungsmacht mit dem Leben bezahlen mußten und namenlos verscharrt in den zur Tarnung gedachten Wäldchen liegen.

Diese Gedankengänge schweige sicher nicht nur ich in mich hinein. Zorn und Wut in dieser Stunde zu artikulieren ist gefährlich und wäre fehl am Platze. Es könnte in letzter Stunde die Entlassung gefährden, wenn ein Denunziant den Russen davon Mitteilung machen würde, daß wir noch nicht gebessert sind.

Träge schleppen sich die Tage dahin. Die Eintönigkeit und die Trostlosigkeit des Lagerlebens – treffender wäre der Begriff des „Barackendaseins" – beginnt allmählich wieder die erwartete Entlassung und die Vorfreude auf die Heimkehr zu den geliebten Menschen daheim zu überdecken. So unterliegen wir schwankenden Stimmungen, aber am Ende klammern wir uns doch an die Hoffnung, daß wir bald frei sein werden. Allerdings bleibt reichlich Raum für Spekulationen über das Wann, über das Wer und über das Wie? Ob alle Inhaftierten entlassen werden oder nur bestimmte Kategorien ist eine zentrale Frage? Sollten sich noch SMT-Verurteilte im Lager befinden, die ihre Strafe längst nicht verbüßt haben, ist ein Transport in die Sowjetunion ebenso denkbar wie eine Übergabe an sowjetzonale Justizbehörden oder Strafanstalten. Es gibt Gesprächsstoff zur Genüge.

Mir geht für den Zeitpunkt, für den Tag der Entlassung eine Frage durch den Kopf, nämlich die Frage: Wie kann ich die Bleistiftzeichnung rausschmuggeln, das Porträt, das vor kurzem ein Kamerad, ein begabter Maler von mir auf Papier angefertigt hat, wenn wir vor der Entlassung oder bei der Entlassung von den Russen „gefilzt" werden? Es hat die Maße von schätzungsweise 15 x 20 Zentimeter. Ich möchte es nicht so klein falten, daß es zerknittert. Riskant ist es allemal – gleichgültig ob es Papier oder ein sonstiger Gegenstand ist, der nicht zur offiziellen Habe des Häftlings gehört – etwas mit nach draußen nehmen zu wollen, was den Russen nicht genehm ist.

Ich habe nicht lange gefragt, woher der Kamerad aus unserer Baracke das Papier und den Bleistift hat, als ich erfuhr, daß er für 50 Gramm Machorka schon einige andere Kameraden porträtiert hatte. Offenbar ist es in den letzten Wochen mit der hermetischen Abriegelung des Lagers und der Isolation der Häftlinge nicht mehr so genau und gründlich genommen worden.

Machorka, ein minderwertiger russischer Tabak, in dem auch dünne Stengel der Tabakpflanze verarbeitet werden zu einer Art „Krüllschnitt", wird seit Ausgabe der besseren Verpflegung in diesen im Lagerjargon sogenannten „Hefe-Baracken" zugeteilt. Er ist inzwischen zu einem begehrten Tauschobjekt zwischen Rauchern und Nichtrauchern geworden. In Zeitungspapier zu Zigaretten gedreht, ist dieses für meinen Geschmack stinkende und widerlich schmeckende Kraut geeignet, nicht nur die Lungen der Raucher, sondern auch die Luft in der Baracke zu verpesten. Ich habe nicht einmal probiert, dieses Kraut zu rauchen und habe daher einen Vorrat davon in einer Konservendose gesammelt, die ich mir besorgen konnte. Dafür habe ich mich malen lassen. Ich finde, das Porträt ist gut gelungen. Als Andenken an diese schreckliche Zeit möchte ich es unbedingt mitnehmen.

Mein Porträt drückt die Stimmung aus, die trotz der sehnsüchtig erwarteten Entlassung in den vier „Hefe-Baracken" herrscht. Es kommt keinerlei Fröhlichkeit auf. Wenigstens eine gelöste und entspannte Atmosphäre wäre doch denkbar. Selbst jetzt stimmt niemand ein Lied an. Ganz selten singt mal einer halblaut vor sich hin oder „pfeift sich eins". Welche Lieder sollten wir hier auch anstimmen? Etwa ein Volkslied oder gar ein Marschlied? Unter Hitler sangen wir als Pimpfe im Jungvolk „Es zittern die morschen Knochen". Für viele der Häftlinge wäre der Text zu Beginn zutreffend für ihren körperlichen Zustand. Aber lassen wir das. Wir sind ja „gebesserte Nazis" laut „Tägliche Rundschau" und „Neues Deutschland". Nur hat niemand in den „Umerziehungslagern" sich jemals mit einem Wort oder gar Satz darum bemüht, „uns den Nazi-Geist auszutreiben".

In diesen Wochen fällt eine Erscheinung auf, die ich schon

früher vereinzelt beobachten konnte, die allerdings jetzt regelrecht grassiert. Die guten Vorsätze und die Vorhaben für das Leben „danach“ schießen wie Pilze aus der Erde und werden zu beherrschenden Gesprächsthemen. Einen dieser Vorsätze will ich mir auch zueigen machen. Das Tagesdatum meiner Entlassung soll zu einem 2. Geburtstag werden. Diesen Tag will ich feierlich begehen mit einer „Sauerkraut-Gedenksuppe“ à la Fünfeichen zum Mittag und trocken Brot mit einem Löffel voll Zucker am Morgen und am Abend. Manche Kameraden schwören sogar darauf, es zu tun.

Indes rückt mein 22. Geburtstag am 20. Juli näher, den ich vermutlich noch im Lager verbringen muß und nicht zuhause feiern kann. Es wird der zweite Geburtstag sein, den ich unter diesen Umständen erlebe. Wahrlich, kein Grund zum Feiern oder für irgendeine frohe Stimmung.

Nachdem unsere Baracke um den 15. Juli vollzählig belegt ist, setzt Verlegung in die Quarantänebaracke ein. Läufer der Lagerleitung sammeln die Häftlinge und bringen sie truppweise dorthin. Endlich kommt Bewegung in das Geschehen. Am 22. Juli werde auch ich abgeholt und in die Quarantänebaracke gebracht.

Es spricht sich schnell unter uns herum, daß es die letzte Station vor der Entlassung ist und hier angeblich die Formalitäten abgewickelt werden. Von den Russen kommt bis zur letzten Stunde keinerlei Information und nicht der geringste Hinweis auf den Ablauf oder worauf wir uns einzurichten haben. Es geht abgeschottet von Etappe zu Etappe. Es würde uns nicht wundern, wenn ein Soldat schlicht und einfach das riesengroße Lagertor aufreißen würde und uns mit einem letzten – dieses Mal vielleicht sogar freundlichen – „Davaj!“ hinaus jagen würde.

Wir spüren noch einmal ganz deutlich am Verhalten der NKWD-Offiziere die Menschenverachtung. Vielleicht wollen uns die Erfüllungsgehilfen Stalins auch bewußt noch einmal mit Nichtachtung strafen. Offenbar läßt sich ihr verbrecherisches Handwerk mit Anstand nicht verrichten. Einen primitiven Eindruck haben wir eigentlich nie von ihnen bekommen. Aber bei vielen Menschen ist Bildung eben lange nicht gleichbedeutend mit zivilisiertem oder humanem Verhalten.

Ein halbwegs freundlicher und umgänglicher Abschluß dieses finsteren Kapitels oder der Versuch mit einem Achselzucken zu verstehen zu geben, wir mußten so handeln, wir konnten nicht anders, scheint uns hier nicht bevor zu stehen. Die „großherzige Begnadigung" durch Marschall Sokolowski führt hier zu keinem entsprechenden Verhalten. Graut ihnen am Ende doch vor den Folgen ihres befohlenen Tuns und vor der Brutalität und der Grausamkeit, die sie uns angetan haben oder antun mußten? Ich werde es wohl nie erfahren.

Entlassung und Heimkehr

Endlich, am 27. Juli 1948 ist es soweit. Beim Scheppern der Kartusche, dem morgendlichen Weckruf, ahne ich noch nicht, daß der denkwürdige Tag angebrochen ist, an dem ich die Freiheit wiedererlangen werde. Dieser Tag beginnt wie jeder andere der 649 Tage, die ich im Keller des NKWD in Kyritz, im Gefängnis in Brandenburg und in den Sonderlagern Ketschendorf und Fünfeichen verbracht habe. Vom ersten Tag an in der Quarantänebaracke wissen wir allerdings, daß mindestens einer von uns geholt wird, wenn ein Läufer in unsere Stube kommt. Es folgt der namentliche Aufruf zur Entlassung. Seid wir in dieser Baracke sind, legen fast alle Kameraden ihre wenigen Habseligkeiten griffbereit parat, um schnellstens dem Läufer folgen zu können. Als ob die Russen es sich noch einmal anders überlegen könnten, wenn der Aufgerufene nicht prompt erscheint! Es mögen inzwischen schon über Tausend Mann sein, die in den letzten Wochen das Glück hatten, ihren Namen zu hören, abgeholt und entlassen zu werden. Wir haben sie beneidet und warten jeden Tag erneut darauf, den eigenen Namen zu hören.

Kaum habe ich meine morgendliche Brotration gegessen, kommt ein Läufer und ruft mich auf: „Völkner, Dieter, Vater Hermann!“ Höre ich meinen Namen wirklich oder ist es eine Sinnestäuschung, der Wunsch der Vater des Gedankens? Ist es wahr? Mein „Ich“ fällt in einen Zustand zwischen Traum und Wirklichkeit. Automatisch greife ich nach Mantel, Wolldecke, Pullover und Mütze, die auf meiner Pritsche liegen. Es ist wahr. Er nimmt mich mit.

Der Läufer bringt mich in einen großen Raum an der Stirnseite der Baracke, in dem sich NKWD-Offiziere, weibliche Soldaten und eine größere Gruppe von Häftlingen aufhalten. Mehrere Tische stehen in einer Reihe, auf denen stapelweise Akten liegen. An anderen Tischen sitzen die Offiziere und die Soldatinnen. Etwas im Hintergrund des

Raumes erkenne ich den Chef der Lagerpolizei, Hauptmann Riedel.

Von einem Stapel nimmt eine Soldatin eine Akte, nachdem ich vorgetreten bin, als der Läufer meinen Namen genannt hat. Ein NKWD-Offizier nimmt die Akte und sagt: „Kommen Sie hier herüber!“ Er geht mit mir an den Tisch, an dem eine Soldatin sitzt – offenbar als Schreibkraft eingesetzt – die zahlreiche Listen vor sich liegen hat. Aus der aufgeschlagenen Akte liest der Offizier noch einmal meinen Namen vor. Darauf beginnt die Soldatin eilig in einer Liste zu suchen, findet offenbar meinen Namen eingetragen und setzt eine weitere Eintragung hinzu. „Karascho“ sagt sie, „Karascho“ sagt er, und am liebsten hätte ich auch noch „Karascho“ gesagt. Ich bleibe jedoch lieber stumm, denn so „Karascho“ kann ich das alles nicht finden, was uns widerfahren ist. Meine Stimmung ist aber gut, und ich bin kein bißchen aufgeregt, wie noch zuvor beim Betreten des Raumes.

Wird meine Stimmung so gut bleiben? Es herrscht eine seltsame Atmosphäre in dem Raum. Mit betonter Sachlichkeit, geschäftsmäßigen Mienen und unbewegten Gesichtern verrichten die NKWD-Offiziere ihre Arbeit. Unbewegt bleiben daher auch unsere Mienen. Selbst die russischen Frauen in Uniform dürfen hier offensichtlich keine Miene verziehen, geschweige denn den Ansatz eines Lächelns erkennen lassen. Müssen sie sich entsprechend einer Dienstanweisung so verhalten? Ist das noch die Feindseligkeit oder gar unversöhnlicher Haß der Menschen eines Volkes, denen wir im Krieg unendliches Leid, Not und Tod gebracht haben im Namen des deutschen Volkes? Wenn das Letztere der Grund wäre, könnte ich es verstehen und akzeptieren. Aber nicht nur das. Ich würde es auch verzeihen und entschuldigen. Aber sollen wir ihnen das verzeihen, was sie uns angetan haben? Wenn nicht eine Seite die Hand zur Versöhnung reicht, nimmt die Vergeltung nie ein Ende. Jedenfalls hier ist noch kein Zeichen für den Beginn einer Versöhnung und das Ende von Haß und Rache zu spüren.

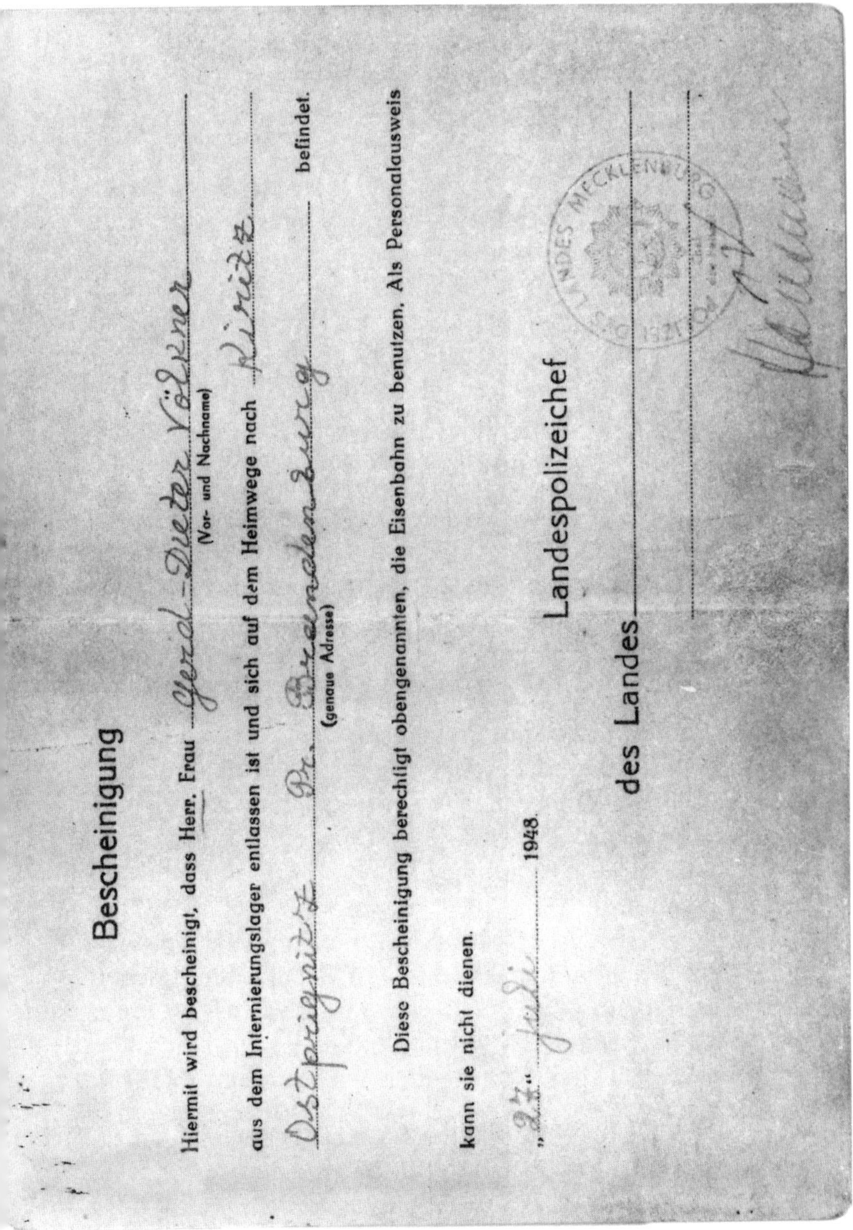
Bescheinigung

Hiermit wird bescheinigt, dass Herr. Frau Gerd-Dieter Völkner
(Vor- und Nachname)

aus dem Internierungslager entlassen ist und sich auf dem Heimwege nach Kyritz

Ostprignitz Br. Brandenburg befindet.
(genaue Adresse)

Diese Bescheinigung berechtigt obengenannten, die Eisenbahn zu benutzen. Als Personalausweis kann sie nicht dienen.

„27." Juli 1948.

Landespolizeichef
des Landes

Der NKWD-Offizier nimmt ein mittelgroßes Blatt Papier aus dem Aktendeckel und überreicht es mir. Die „Entlassungsprozedur“ nimmt ihren Fortgang. Ich werfe einen flüchtigen Blick auf das Papier und sehe, daß es ein ausgefülltes Formular ist. Es ist bezeichnet mit „Bescheinigung“. Ehe ich jedoch den Text lesen kann, höre ich ein erneutes „Karascho“ von dem Offizier, der sich ohne ein weiteres Wort abwendet, einem nächsten „Fall“ zuwendet. Damit ist für mich klar, daß ich mich zu der Gruppe bereits abgefertigter Kameraden zu begeben habe. Inzwischen sind einige andere Läufer mit zur Entlassung vorgesehenen Kameraden eingetroffen. Es wird weiter zügig von den Russen gearbeitet.

War das alles, denke ich oder was folgt nun? Ich denke an mein papierenes Porträt, das ich in den letzten Tagen am Morgen vorsorglich schon am Körper unter dem Unterhemd verstaut hatte – für einen Aufruf gewappnet. Mittags hatte ich es wieder herausgenommen, damit es nicht zerknittern konnte. Es scheint keine Leibesvisitation zu geben, denn bald sind 70 bis 80 Kameraden an den Tischen der „Entlassungskommission“ vorbeigeschleust und in einer Ecke des Raumes versammelt. Da steht auch Hauptmann Riedel. Ob er ebenfalls entlassen wird? Man sieht ihm und seiner gepflegten Polizeiuniform die drei Jahre Lagerhaft nicht an. Neben der besseren Verpflegung genoß er die Unterbringung in einer eigenen Schlafbaracke zwischen Nord- und Südlager, gemeinsam mit seinem Stellvertreter Leutnant Urban, im Lagerjargon „der Greifer“ genannt.

Als schätzungsweise 100 Kameraden abgefertigt sind, gibt ein NKWD-Offizier dem Hauptmann Riedel ein Zeichen. Der fordert uns nun auf, die Baracke durch den Vordereingang zu verlassen und uns vor der Baracke zu versammeln. Zwanglos und in aller Ruhe gehen wir nach draußen und stellen uns irgendwie auf. Der NKWD-Offizier folgt uns, begleitet von einer Soldatin. Er beginnt mit lauter Stimme von einem Papier etwas abzulesen. Schon nach wenigen Sätzen übersetzt die Soldatin es in die deutsche Sprache. Wir erfahren, daß wir mit dem heutigen Tage aus dem Internierungslager Fünfeichen entlassen werden. Ich dachte mir das schon, geht es mir reichlich sarkastisch durch den Kopf. Was nun kommt, nennt man Verpflichtung – auch „Vergatterung". Nach den Worten der Dolmetscherin sind wir zum Stillschweigen verpflichtet. Wir dürfen niemals über das sprechen und berichten, was wir im Gewahrsam und in den Lagern des NKWD erlebt haben. Mit einer unmißverständlichen Drohung endet die Vergatterung. Sollte jemand dagegen verstoßen, muß er damit rechnen – wo immer in der Welt er sich aufhält – zurückgeholt und wieder ins Lager gebracht zu werden! Riedel, der unterdessen etwas hilflos neben dem Offizier gestanden hat, soll das wohl im Auftrag der Russen bekräftigen. Mit einem Lächeln, das schnell zu einer süffisanten Grimasse verfällt, sagt er: „Leute haltet Euch daran, sonst seid Ihr bald wieder hier!" Mehr soll und mehr darf er uns wohl nicht sagen.

Der NKWD-Offizier kehrt uns grußlos und ohne ein weiteres Wort den Rücken und geht mitsamt der Dolmetscherin in die Baracke zurück. Inzwischen sind vier Militärlastwagen vorgefahren, die wir – an solche Übungen schon gewöhnt – besteigen. Neu – das ist ein erstes Zeichen der Freiheit – ist, daß wir ohne Begleitkommando, ohne daß russische Soldaten mit einer Maschinenpistole im Anschlag mit aufsitzen, abtransportiert werden. Niemand hat uns gesagt, wohin die Fahrt geht. Warum sollten sie sich auch noch die Mühe machen? Schadet nicht! Wir vermissen nichts, keinen Abschiedsgruß von Riedel und von den Russen. Und wenn uns die Fahrer irgendwo auf einem Acker absetzen würden, wär's auch egal.

Die Fahrt geht zum Bahnhof von Neubrandenburg, wie wir schon vermutet hatten. Ich nutze die Zeit, einen erneuten Blick auf die mir ausgehändigte Bescheinigung zu werfen. Darauf wird mir bescheinigt, „daß Herr Gerd-Dieter Völkner aus dem Internierungslager entlassen ist und sich auf dem Heimweg nach Kyritz, Ostprignitz, Pr. Brandenburg, befindet. Diese Bescheinigung berechtigt obengenannten, die Eisenbahn zu benutzen. Als Personalausweis kann sie nicht dienen. 27. Juli 1948".

Dienstsiegel und Unterschrift – man hält es nicht für möglich – vom Landespolizeichef des Landes Mecklenburg i. V., Hausmann. Die Buchstaben des Textes lassen eindeutig die auf kyrillische Buchstaben fixierte Handschrift, also von Russen, erkennen. Eine deutsche sowjetzonale Polizeibehörde mußte wohl unterschreiben, was der NKWD sich zur Täuschung der Öffentlichkeit ausgedacht hat. Sie wollen ihre Hände in Unschuld waschen und, dreist und verlogen, deutsche Behörden für das Geschehen verantwortlich machen.

Bald sind wir am Bahnhof von Neubrandenburg. Kaum halten die LKW, und noch ehe die Fahrer aus ihrem Führerhaus ausgestiegen sind, klettern bereits einige der Kameraden von den Fahrzeugen. Diesmal geht es ohne Kommando, ohne ein letztes „Davaj!". Unverzüglich streben alle dem Bahnhofsgebäude zu, denn nur wenige sind miteinander bekannt oder wissen um ihr gemeinsames Reiseziel. Keiner dieser sich auflösenden Schicksalsgemeinschaft ruft zum Abschied „Auf Wiedersehen", höchstens mal „bloß nicht ‚Auf Wiedersehen' sagen!" Den Kameraden in unmittelbarer Nähe ruft man zu „Macht's gut" oder „Kommt gut heim!" und eilt in den Bahnhof. Großen Andrang gibt es bei den Auskunftstafeln der Reichsbahn mit den Ankunfts- und Abfahrtszeiten der Züge. Wie ich sehe, muß ich eine knappe Stunde warten auf den Zug in Richtung Neustrelitz.

So sitze ich am frühen Vormittag des 27. Juli mit meinem Gepäck – Mantel, Pullover und Mütze gebündelt in der Wolldecke – mitten im Sommer auf dem Bahnsteig. Das ganze Bahnhofsgelände ist voller entlassener Häftlinge. Die wenigen üblichen Passanten sehen uns zumeist recht verwundert an. Was mögen sie sich vorstellen? Mit unseren kahlgeschorenen Köpfen und dem überwiegend zerlumpten Zeug machen wir sicher einen recht abenteuerlichen Eindruck. Sie können nicht wissen, daß wir früher im strammen Marschtritt gesungen haben: „Rauhe Gesellen vom Sturmwind verweht, Fürsten in Lumpen und Loden“. Die sind wir nun tatsächlich geworden. Ich schäme mich meines Aussehens nicht. Im Gegenteil, wir können gar nicht genug Menschen zeigen, was sie aus uns gemacht haben!

Es laufen nur wenige Züge ein. Daher wird das Bahnhofsgelände so schnell noch nicht leer. Mein Heimweg ist einer der umständlichsten und mit dreimaligem Umsteigen zeitaufwendig. Die meisten der Entlassenen stammen aus Mecklenburg und sind bald in ihren Heimatorten. Mag es für mich länger dauern, meine Gedanken eilen dem Zug weit voraus, drängen heimwärts zu meinen Lieben. Ob Fritz Hurrass – wenn er vor mir entlassen wurde – schon da war, um ein erstes Lebenszeichen von mir zu übermitteln?

Dann erinnere ich mich des Porträts, das immer noch an meinem Körper klebt. Ich muß es heraus holen, damit es nicht unansehnlich wird vom Schweiß und nicht zerknittert. Auf dem Bahnsteig ist keine Möglichkeit, sich unentdeckt zu entkleiden. So suche ich die nahegelegene Bahnhofstoilette auf. Ich freue mich, daß es unbeschädigt ist und ich es mitgenommen habe, auch wenn ein gewisses Risiko damit verbunden war. Ist es nicht verrückt, bewußt ein konkretes Stück Erinnerung aus einer solchen schlimmen Phase des Lebens besitzen zu wollen?

Nur wenig mehr als 100 Kilometer liegen zwischen Neubrandenburg und Kyritz. Nach der Auskunft am Schalter, an dem ich die Anschlüsse der Züge in Neustrelitz, Wittstock und Pritzwalk erfragt habe, liegt dennoch fast eine Tagesreise vor mir. Ich muß mich zwingen, nicht ungeduldig zu werden. Habe ich fast zwei Jahre hinterm Stacheldraht die Zeit vertun müssen für Nichts, schöne und unwiederbringliche Jugendjahre verloren, dann ist ein Tag für die Heimkehr kein Verlust und zählt per saldo nicht.

Es ist ein komisches Gefühl, ohne einen Pfennig Geld in der Tasche eine Reise anzutreten. Einen Fahrschein brauche ich zwar nicht, aber ich kann mir nicht mal einen Schluck

Brause leisten, wenn ich durstig bin an diesem warmen Sommertag. An Essen ist schon gar nicht zu denken. Aber ich habe während der Haftzeit ohne Geld existieren können – eher vegetieren müssen – und so werde ich wohl oder übel auch diesen Tag ohne Geld und ohne Essen überstehen. Mit meinen schätzungsweise 60 Kilogramm bin ich jetzt wieder in einem guten „Futterzustand“. Ich werde ganz sicher nicht schlappmachen. In eine Bahnhofsgaststätte zu gehen, auf das Mitleid anderer Menschen zu hoffen, kommt mir nicht in den Sinn.

Fast pünktlich läuft der Zug ein, mit dem ich die erste Etappe der Heimfahrt zurücklegen muß. Der Zug rollt an. Bequem lehne ich mich zurück. Wieviel schöner ist es doch in einem Zugabteil fahren zu können mit freiem Blick in die Landschaft, auf Dörfer und Häuser, als in einem dunklen Viehwaggon oder auf einem LKW mit zugeschlagener Plane. Da es ein normaler Personenzug ist, rollt er mit mäßiger Geschwindigkeit durch die schöne Landschaft der mecklenburgischen Seenplatte. Ich nehme sie zwar optisch wahr, aber ich kann ihr nicht meine ungeteilte Aufmerksamkeit widmen. Die Gedanken an zuhause, an meine Angehörigen, lassen mich nicht los. Das Geräusch der Räder scheint sogar anders zu sein als das Rollen der Räder eines Viehwaggons. Trifft das objektiv zu oder ist es subjektiv eine Begleiterscheinung des Gefühls der Freiheit? Oder erfaßt mich nach diesen Jahren ein neues Lebensgefühl und macht mich sensibler als ich jemals war?

Nur wenige entlassene Kameraden sind in diesem Zug auf dem Weg nach Süden. Die große Zahl der bisherigen Häftlinge auf dem Bahnhof hat sich verlaufen und auf die Züge in die verschiedensten Richtungen verteilt. Ich bin gern mit meinen Gedanken allein, und so geht es wohl den meisten Heimkehrern.

Warum täglich nur maximal 100 Häftlinge entlassen werden, leuchtet mir jetzt ein. Warum die Russen die Tore nicht weit aufmachen und alle in hellen Scharen laufen lassen können, hat gute Gründe. Einer davon ist wahrscheinlich auch der, daß der Bevölkerung nicht bekannt und bewußt werden soll, daß die Lager mit Tausenden von Häftlingen vollgestopft waren. Das vermeiden die Russen durch die „Tröpfchenmethode“. Wenn jeden Tag nur 80 bis 100 Häftlinge rauskommen, können es soviele nicht gewesen sein, soll der Bürger einerseits denken. Andererseits sieht nicht jeder jeden Tag welche und niemand addiert oder multipliziert mit den Tagen der Dauer der Entlassungen. Das wird und kann niemand nachhalten. Die Reichsbahn hätte anderenfalls regelrecht Sonderzüge einsetzen müssen. Ich zähle zu den Glücklichen, die schon innerhalb der ersten Wochen das Lager Fünfeichen hinter sich lassen dürfen.

Nach kurzer Zeit läuft der Zug in Neustrelitz ein. Auf den Anschluß nach Wittstock muß ich fast eine Stunde warten. Einige Kameraden bleiben im Zug, der weiter fährt in Richtung Berlin. Andere, vor allem Mecklenburger, müssen wie ich hier umsteigen.

Auf der Strecke bis Wittstock kommt ein Schaffner ins Abteil, um die Fahrkarten zu kontrollieren. Als ich an der Reihe bin und er vor mir steht, stutzt er. Ich hole meine Bescheinigung hervor und reiche sie ihm. Ob er wohl weiß, was sich dahinter verbirgt? In den letzten Wochen sind ihm sicher schon einige dieser seltsamen Gestalten begegnet. Das scheint dadurch bestätigt, daß er nicht lange den Text liest, sondern mir die Bescheinigung nach einem flüchtigen Blick darauf zurück gibt.

Er nickt nur stumm und geht weiter. Ich bin sehr froh, daß er keine Fragen stellt. Zu frisch ist noch der Eindruck von der Vergatterung am frühen Morgen. Was soll und was darf ich überhaupt auf diesbezügliche Fragen antworten, um nicht den Argwohn und den Mißmut der sowjetischen Besatzungsmacht zu wecken, denn das könnte ausreichen, mich erneut abzuholen. An der Vielzahl der im Gefängnis und in den Lagern erfahrenen lapidaren willkürlichen und oft an den Haaren herbeigezogenen Verhaftungsgründen konnte ich ablesen, daß sie mich glatt wieder einsperren, wenn irgend jemand „meine Nase nicht paßt".

Am Nachmittag erreiche ich Pritzwalk und muß zum letzten Mal umsteigen in den Zug nach Kyritz. Oft habe ich in dem einen Jahr meiner Tätigkeit als Hitlerjugendführer diesen Bahnhof durchschritten oder auf dem Bahnsteig gesessen und auf die Abfahrt des Zuges gewartet – so wie jetzt. Eine Stunde habe ich heute Zeit, meine Gedanken zurückwandern zu lassen.

Hier hat alles angefangen. Hier wurden die Weichen gestellt in die Richtung, die meinen Lebensweg fünf Jahre später erneut hierher geführt haben und das Dilemma der letzten zwei Jahre schicksalhaft auslösten.

Hier befand sich die Bannführung der Hitlerjugend, des Bannes 373, und hier „residierte" der Bannführer, Heinz Stromps. Ich sehe noch sein skeptisches Gesicht, als der schmächtige Fähnleinführer des Deutschen Jungvolks, der ich war, bei ihm antrat, um die Ernennung zum Stamm- und Standortführer entgegenzunehmen. Es gab in Kyritz und Umgebung keinen älteren Jungen mehr als mich – damals noch 16jährigen –, dem er das hätte übertragen können.

Oft mußte ich zum Rapport beim Bannführer. Die letzte Dienstbesprechung mit ihm im Mai 1944 war mehr als unerfreulich. Er machte mir zum Vorwurf, daß es uns im Standort Kyritz nicht möglich gewesen war, ein Behelfsheim für Bombenflüchtlinge aus Hamburg nach den schweren Fliegerangriffen im Sommer 1943 zu bauen. Dabei gab es in Kyritz zu der Zeit weder einen Maurerlehrling, noch einen Maurergesellen, geschweige denn einen Maurermeister, mit denen ich einen solchen Befehl hätte ausführen können. Seine letzten Worte waren: „Du kannst von Glück sagen, daß Du einen Einberufungsbefehl zur Wehrmacht hast. Ich hätte Dir sonst ein Disziplinarverfahren angehängt wegen Befehlsverweigerung!" So endete unser letztes Gespräch – aber nicht ohne „Heil Hitler" zum abrupten Schluß.

Aber ob ehemals nur Fähnleinführer oder Stamm- und

Standortführer, die Russen hätten mich wahrscheinlich so oder so abgeholt. Sowohl in Ketschendorf als auch in Fünfeichen waren viele ehemalige Fähnleinführer inhaftiert. Diese Zeit hinterm Stacheldraht wäre mir sicher nicht erspart geblieben. Was hatte doch gleich Fritz Hurrass aus dem Lager Ketschendorf für einen flotten ironischen Zweizeiler mitgebracht? „Und wir tragen unser Leiden mit Geduld. An der ganzen Scheiße sind wir selber schuld". Hier erst sollte sich der Kreis schließen und die Zeit meiner Führerschaft in der Hitlerjugend ihren endgültigen Abschluß finden – hoffentlich.

Am späten Nachmittag steige ich ein in den Zug nach Kyritz. Die letzten 30 Kilometer liegen vor mir und die letzte halbe Stunde bis nachhause. Auf dieser Strecke hält der Zug nur noch einmal im Bahnhof des Dorfes Blumenthal. Hier kenne ich fast jedes Haus, jeden Baum und jeden Strauch beim Blick aus dem Fenster des Abteils. Das reicht mir aber nicht. Ich öffne das Fenster, lasse mir den warmen Sommerwind ins Gesicht und um den kahlen Kopf wehen. Der Duft der Ernte liegt über der Landschaft der Prignitz und weht zu mir herein, der ich allein am Fenster des Abteils stehe. Ich kann nicht mehr ruhig sitzen bleiben voller Ungeduld.

Der Zug hält in Blumenthal. Ich traue meinen Augen kaum. Mitten auf dem Bahnsteig steht der Stationsvorsteher mit der roten Mütze und seiner Signalkelle in der Hand. Den kenne ich. Er heißt Pohlmann und ist ein guter langjähriger Bekannter meiner Eltern. „Hallo, Herr Pohlmann!" rufe ich, da er mich nicht sieht oder vielleicht auch nicht erkennt. Mit dem kahlen Kopf sehe ich schon ein wenig anders aus als früher. „Würden Sie bitte meine Eltern anrufen und ihnen Bescheid sagen, daß ich in einer viertel Stunde zuhause ankomme!" rufe ich nun. Er stutzt, da er mich offensichtlich nicht erkannt hat. „Völkner aus Kyritz!" ergänze ich und fahre fort: „Meine Mutter fällt in Ohnmacht, wenn ich unerwartet vor der Tür stehe!" „Mein Gott" entfährt es ihm halblaut, aber so, daß ich es hören kann. „Ich rufe sofort an, wenn der Zug draußen ist, Herr Völkner!“ Wie das klingt – Herr Völkner, und nicht mehr Völkner, Dieter, Vater Germann. Ich habe es wieder mit zivilisierten Menschen zu tun. In der Aufregung vergesse ich leider, mich bei ihm zu bedanken.

Für meine Empfindungen kann er nicht schnell genug die Kelle hochhalten, damit der Zug sich wieder in Bewegung setzt. Bald verlangsamt der Zug erneut das Tempo, und die ersten Häuser am Stadtrand von Kyritz kommen in Sicht. Nicht allzuweit vom Bahndamm entfernt, sehe ich auf der einen Seite das rote Backsteingebäude meiner ehemaligen Schule, der Jahnschule, und kurz danach auf der anderen Seite das Kreiskrankenhaus. Meine Heimatstadt ergreift Besitz von meinen Gedanken, Gedanken der Freude über das Glück der Heimkehr.

Kurz nach 17.00 Uhr hält der Zug im Bahnhof von Kyritz. Ich weiß nur, daß ich aussteigen muß. Sonst scheint mein Wahrnehmungsvermögen paralysiert zu sein. Wie in Trance überquere ich den Bahnhofsvorplatz. Ich überquere aber nicht erst die Fahrbahn der Straße, an der der Bahnhof liegt. Mitten auf der Fahrbahn lege ich die letzten 100 Meter bis zu meinem an dieser Straße gelegenen Elternhaus zurück.

Von weitem sehe ich meinen Vater aus dem Haus kommen. Er geht mir entgegen. Pohlmann hat also angerufen. Wenige Meter trennen uns noch, da höre ich meinen Vater, dessen unrasiertes Gesicht mir auffällt, sagen: „Nicht umarmen. Ich habe eine Bartflechte. Das ist sehr ansteckend.“ So leid es mir tut, daß die Umarmung meines Vaters unterbleiben muß, hat es auch etwas Gutes: Die Wirklichkeit der Situation zieht mich aus dem tranceähnlichen Zustand.

Seite an Seite mit meinem Vater gehe ich ins Haus Am Bahnhof Nr. 6, in dem wir wohnen. In der geöffneten Wohnungstür steht meine Mutter, aufgelöst in Tränen. Jetzt muß auch ich weinen. Jetzt kann auch ich endlich weinen. Mit diesen Tränen kommt für meine Eltern endlich die Erlösung von Kummer, Leid und Trostlosigkeit der letzten Jahre über den verloren geglaubten Sohn. Wir umarmen uns stumm und finden keine Worte füreinander, denn der Augenblick des Wiedersehens überwältigt uns. In diesem Aufruhr der Gefühle nehme ich zunächst nicht wahr, daß mein jüngerer Bruder nicht zugegen, nicht im Haus ist.

Kaum bin ich einen Schritt weiter über die Schwelle zu meiner elterlichen Wohnung getreten, reißt es mich fort, kommt der totale Zusammenbruch der Nerven und der Seele, die so lange Zeit malträtiert worden sind.

Es beginnt damit, daß ich völlig die Beherrschung und die Kontrolle über mich verliere. Körper und Geist stürzen in ein nie gekanntes Vakuum. Wie von Sinnen schreie ich zusammenhanglose Worte und Sätze. Mein Vater schiebt meine Mutter und mich geistesgegenwärtig weiter in den Flur und schließt die Wohnungstür hinter uns. Es soll nichts nach außen dringen. Deshalb gehen meine Eltern gleich mit mir in das hinterste Zimmer der Wohnung.

Ich lasse mich kraftlos auf das Sofa sinken, auf das sich auch meine Eltern setzen. Sie reden beruhigend auf mich ein – vergebens. Sie sagen mir, daß Fritz Hurrass vor einigen Tagen auf dem Heimweg bei ihnen vorbeigekommen sei, um Grüße von mir zu bestellen und ihnen Hoffnung zu machen, daß ich ebenfalls bald entlassen werden würde. Als er mit seinem kahlgeschorenen Kopf vor der Wohnungstür stand, hätte meine Mutter schon geahnt, woher er kam. Mein Verstand kann das jetzt noch nicht erfassen, denn ich bin meiner Sinne nicht mehr mächtig. Erst später wird mir bewußt, daß dieser treue Weggefährte Wort gehalten hat.

Der „Blackout“ dauert über eine Stunde. Ich nehme die Fragen meiner Eltern, die mich auf dem Sofa in ihre Mitte genommen haben, nicht wahr. Sie können nicht in mein Bewußtsein vordringen. Es ist von der Reflektion des erlebten Grauens blockiert. Auch Zorn, Wut und Haß gegen unsere Peiniger und die Gedanken über das eigene erlittene Elend, das Elend und das Massensterben der Tausenden von Menschen, deren sinnloser Tod, brechen mit elementarer Gewalt aus mir hervor. Sie bahnen sich ihren Weg in einem hemmungslosen Weinkrampf. Dazwischen schütteln mich haßerfülltes Schreien und Fluchen. Will das kein Ende nehmen?

Unsere gemeinsame Freude und das überwältigende Glücksgefühl der Heimkehr können sich nur mühsam und erst allmählich dagegen durchsetzen. Nur gut, daß mein Bruder nicht zuhause ist.

Am Abend ist es überstanden. Der Aufruhr von Nerven und Seele ebbt ab und schwindet endlich ganz. Endlich finde ich auch mein seelisches Gleichgewicht wieder. Der Ausbruch von Zorn und Haß mündet in Tränen des Glücks und der Wiedersehensfreude. Beides verschmilzt zu einem unauslöschlichen Brennpunkt meines jungen Lebens.

Epilog

In den ersten Jahren nach der Heimkehr hatten mich noch in mancher Nacht Alpträume befallen, in denen russische Soldaten mit Maschinenpistolen an die Haustür schlugen, um mich wieder abzuholen, ich ihnen aber mit einem Sprung aus dem Fenster entkommen konnte. Doch dann verblaßten diese Erinnerungen nach und nach. Das Leben, ein ganz normales Leben in Freiheit und Selbstverwirklichung, überlagerte sie.

Wie beim Wegziehen eines Vorhangs traten nach der Wende in der DDR die Erinnerungen mit scharfen Konturen erneut in mein Leben, ganz besonders als ab Frühjahr 1990 in der Nähe der früheren Sonderlager die Massengräber gefunden wurden. Bei meinen Reisen in die neuen Bundesländer zog es mich, wie von einem inneren Zwang getrieben, an die Stätten des Grauens zurück. Die Suche nach den Spuren der Wege, die ich als junger Mensch in der Gewalt brutaler Vollstrecker einer wahnwitzigen Ideologie gehen mußte und nach Weggefährten aus den Kerkern und Lagern begann.

Bei einer der ersten Fahrten entdeckte ich auf der Autobahn Hamburg–Berlin eine Abfahrt „Putlitz". Von dort stammte Eugen Abel, der mit mir in der Zelle des NKWD-Gefängnis Brandenburg über Wochen zusammen gewesen war. Wegen seines Einsatzes als Oberleutnant der Fallschirmjäger bei der Befreiung Mussolinis auf dem Gran Sasso war er verhaftet und zu 10 Jahren Zwangsarbeit in Sibirien verurteilt worden. Ob er das überlebt hatte? Ich wollte es wissen und fuhr nach Putlitz. Nach einigem Suchen konnte ich eine Lehrerin, eine ehemalige Kollegin von ihm, ausfindig machen und von ihr erfahren, daß er nach der Verbüßung von sieben Jahren seiner Strafe heimgekehrt und wieder als Lehrer tätig gewesen war. Sie erzählte mir, daß starke Erfrierungen an Füßen und Beinen im Abstand von Jahren immer wieder Amputationen notwendig gemacht hätten, die ihn nur wenig über 60 Jahre alt werden ließen.

Auch Fritz Hurrass aus Finsterwalde, meinen treuen Weggefährten im Lazarett von Fünfeichen, fand ich nicht mehr unter den Lebenden. Ein Herzinfarkt hatte 1972 seinem Leben ein Ende gesetzt. Mir wurde bewußt, daß wohl mancher ehemalige Häftling, der zwar überlebte, doch so schwere gesundheitliche Schäden davongetragen hatte, daß auch er zu einem späten Opfer dieser Zeit wurde.

Ich kam nach Kyritz, wo das Unheil für mich 1946 seinen Anfang genommen hatte. Äußerlich noch unverändert stand die Bergmannsche Villa in der damaligen Schulze-Kersten-Straße, in der die Kommendatur des NKWD war und in der ich im Keller im wahrsten Sinne des Wortes „auf Kohlen saß“. Lediglich die grünen Holzblenden und die Gitter vor den Fenstern waren entfernt worden, nachdem die Stasi, Nachfolger des NKWD in diesem Gebäude, es hatte räumen müssen.

Von dort setzte ich meine Reise in die Vergangenheit in Richtung Brandenburg fort. Im Oktober 1946 war ich mit Richard Strenge über die alte Reichsstraße 5 und dann die „102“ entlang über Rathenow nach Brandenburg ins Gefängnis transportiert worden. 44 Jahre später nahmen mich die Erinnerungen wieder gefangen. Aber das Fazit war positiv. Kein Unheil drohte mir, keine Verfolgung. Die Zeiten der Unfreiheit und von politischem Terror hatten nun auch hier ein Ende gefunden.

Ein unbeschreibliches Gefühl der Freude und Genugtuung erfüllten mich, als ich im Sonnenschein dieses Frühlingstages die alten, von Laubbäumen gesäumten, wenn auch noch mit Schlaglöchern übersäten Straßen befuhr. Wie schön, daß ich die Wiedervereinigung erleben durfte. Niemals hatte ich es für möglich gehalten, den Spuren von damals noch einmal folgen zu können. Unendliche Dankbarkeit und ein „Gott sei Dank“ erfüllten mein Herz, daß ich vor dem Schlimmsten bewahrt blieb. Hatten wir, die wir überlebten, nicht ein Anrecht erworben, den Sieg der Freiheit über die Unfreiheit und Unmenschlichkeit besonders auszukosten? Ich gab mich diesem Gefühl hin, so total, wie ich damals hatte leiden müssen.

Aber schon bald sollten diese Stimmung und diese Gefühle umschlagen. Die nächste Station der Reise war Sachsenhausen, das nach Kriegsende auch zu den Sonderlagern des NKWD gehörte. Ich hatte es damals nur vom Bahndamm, aus dem Viehwaggon heraus gesehen. Eine bedrückende Atmosphäre umfing mich und ergriff Besitz von mir, als ich auf dem Gelände dieses riesigen Lagerkomplexes und anschließend im Schmachtenhagener Forst, wenige Kilometer entfernt, vor den Massengräbern der Zeit nach 1945 stand. Hier hatte auch der Lebensweg meines verehrten ehemaligen Mathematiklehrers der Jahnschule in Kyritz, Studienrat Waldemar Schneider, 1947 geendet.

Ein weiträumiges Areal grenzte ein rot-weißes Plastikband ein. Vom Suchen und Graben war der Waldboden uneben geworden. An einzelnen Stellen waren schlichte Holzkreuze aufgestellt worden – offenbar von Angehörigen der dort Verscharrten. Vereinzelt lagen Blumensträuße vor den Holzkreuzen.

Bei weiteren Reisen folgten Besuche der Stätten des Grauens in Ketschendorf, das nun zu Fürstenwalde gehört, und in Fünfeichen bei Neubrandenburg. Hier hatte ich selbst mehr als ein Jahr quälenden Aufenthaltes erdulden müssen. Mit Erschütterung stand ich auch dort vor den Massengräbern. Erst jetzt wurde mir das ganze Ausmaß der ungeheuerlichen Vernichtung des Lebens Zigtausender unschuldiger Menschen voll bewußt.

In diesen Wochen und Monaten reifte mein Entschluß, das selbst in den Kerkern und Lagern des sowjetischen NKWD Erlebte aufzuschreiben, als eine Aufarbeitung der Schrecken dieser Zeit, als ein Gedenken der Opfer und als eine Mahnung.

Anhang

Internierungslager Fünfeichen bei Neubrandenburg
(Sonderlager Nr. 9 des NKWD)

Fünfeichen liegt südlich des Stadtgebietes von Neubrandenburg. Es handelte sich ursprünglich um einen Gutsbetrieb, der 1938 aus privatem Besitz in den der Wehrmacht überging. Unmittelbar nach Beginn des 2.Weltkrieges wurde etwa 500 Meter nördlich des ehemaligen Gutshauses ein Kriegsgefangenenlager errichtet, das bis Kriegsende mit Gefangenen vieler Nationen belegt war.

Ab Juni 1945 wurden in dieses ehemalige Kriegsgefangenenlager deutsche Häftlinge durch den NKWD eingeliefert. Die Zahl der Häftlinge stieg auf etwa 12 500 im Januar 1946 an. Insgesamt durchliefen mehr als 14 800 Männer, Frauen und Jugendliche dieses Sonderlager Nr. 9. Ende Januar 1947 wurden fast 700 noch relativ „kräftige“ Personen in Zwangsarbeitslager Sibiriens deportiert. Ab Juni 1948 begann die Auflösung des Lagers durch Entlassungen oder Verlegung in andere Sonderlager. Ende des Jahres 1948 war die Auflösung beendet.

Neueste Recherchen ergaben, daß während der Inhaftierung in Fünfeichen 4786 Lagerinsassen an Hunger, Seuchen und Krankheit starben. Es ist nicht bekannt, wie viele außerdem noch nach der Entlassung an den Folgen der Inhaftierung ums Leben kamen oder nach ihrer Verlegung in andere Sonderlager.

Erst 1990, nach der Wiedervereinigung, war es ehemaligen Häftlingen des Lagers, Angehörigen und Freunden möglich, an den Gräberfeldern von Fünfeichen der Toten zu gedenken. 1991 gründete sich aus Betroffenen und deren Angehörigen die „Arbeitsgemeinschaft Fünfeichen“, die das Andenken an die Opfer dieses Lagers bewahren will. Es entstand eine Mahn- und Gedenkstätte Fünfeichen, die im April 1993 feierlich der Stadt Neubrandenburg übergeben wurde. (Kontaktadresse: Arbeitsgemeinschaft Fünfeichen, z. Hd. Herrn Kurt Groth, Helmut-Just-Straße 17, 17036 Neubrandenburg, Tel. 03 95 / 7 07 16 73).

Internierungslager Ketschendorf bei Fürstenwalde
(Sonderlager Nr. 5 des NKWD)

Das Lager wurde vom sowjetischen NKWD in einer 1940 gebauten Arbeitersiedlung (Reifenwerk-Siedlung) Ende April 1945 eingerichtet. Die Bewohner mußten kurzfristig die Häuser räumen und die für 500 Personen konzipierte Siedlung wurde mit 500 Mädchen und Frauen, mindestens 1500 Jugendlichen, 6000 Männern und ca. 2000 Wlassow-Soldaten und Zivilrussen belegt. Die Inhaftierten mußten auf das engste zusammengepfercht auf dem blanken Fußboden der Häuser kampieren, vom Keller bis zum Dachboden. Erst später wurden mehrstöckige Schlafregale aus alten Brettern in den Räumen aufgestellt.

Bei Auflösung des Lagers 1947 wurde niemand von den Überlebenden entlassen, sondern es wurden Transporte nach Sibirien und zu den Sonderlagern Sachsenhausen, Fünfeichen, Mühlberg, Jamlitz und Buchenwald zusammengestellt.

In der kurzen Zeit des Bestehens des Lagers Ketschendorf gab es nach dem jetzigen Erkenntnisstand aufgrund von Unterlagen des DRK-Suchdienstes 4587 Tote. Die Verstorbenen wurden außerhalb des Lagers in der Nähe der Autobahn A 12 (Berlin–Frankfurt/Oder) anfangs in Einzelgräbern oder in kleinen Sammelgräbern begraben, später würdelos in großen Massengräbern verscharrt.

Nach der Wende bildete sich bereits im März 1990 aus Überlebenden des Lagers die „Initiativgruppe Internierungslager Ketschendorf“. Sie organisiert bis heute Gedenkfeiern und sorgte für die Errichtung eines Gedenkhains und von einem Gedenkstein und Gedenktafeln. (Kontaktadresse: Geschäftsstelle der Initiativgruppe Internierungslager Ketschendorf e.V. Mühlenstraße 26 (Stadtmuseum), 15517 Fürstenwalde, Tel. 0 33 61/30 78 73).

Allgemeiner Hinweis

Fünfeichen und Ketschendorf waren zwei von 11 Sonderlagern, die von der sowjetischen Besatzungsmacht auf deutschem Boden eingerichtet wurden. Schätzungen besagen, daß etwa 180 000 Häftlinge diese Lager durchliefen, von denen etwa jeder Dritte den Tod fand.

Die Inhaftierungen erfolgten aus ganz unterschiedlichen Gründen. Im Vordergrund stand der Verdacht auf aktive Tätigkeit in nationalsozialistischen Organisationen und/oder der Verdacht der Beteiligung an Kriegsverbrechen. Die Direktive Nr. 38 des Alliierten Kontrollrates vom 12. 10. 1946 spricht von der „Verhaftung und Bestrafung von Kriegsverbrechern, Nationalsozialisten und Militaristen und Internierung, Kontrolle und Überwachung von möglicherweise gefährlichen Deutschen". Da die sowjetische Besatzungsmacht und zunehmend auch die deutschen Machthaber in der sowjetischen Besatzungszone bestimmten, wer ein „gefährlicher Deutscher" war, waren jeder Willkür Tür und Tor geöffnet.

Literaturhinweise zu diesem Thema

Michael Klonovsky und Jan von Flocken
Stalins Lager in Deutschland, Deutscher Taschenbuch Verlag 2966, 1993, ISBN 3-423-02966-8

Dieter Krüger
Fünfeichen 1945–1948, Federchen Verlag, 1990, ISBN 3-910170-02-1

Gerhard Finn
Die politischen Häftlinge der Sowjetzone 1945–1959, Verlag Wissenschaft und Politik, 1989, ISBN 3-8046-8725-3

Jan Lipinsky
Ein sowjetisches Speziallager (Ketschendorf)
Deutsche Studien, 33. Jhrg., H. 131/132/, Ostakademie Lüneburg

Faltblätter
Mahn- und Gedenkstätte Fünfeichen
Herausgegeben von der Arbeitsgemeinschaft Fünfeichen

Friedhof Fünfeichen
Herausgegeben vom Regionalmuseum Neubrandenburg

Die Straße, die in den Tod führte
Herausgeber: Initiativgruppe Internierungslager Ketschendorf e.V.

VERLORENE JAHRE

1945 – 1950

Autor: Arnold Delander
194 Seiten; 14 Fotos; 2 Karten; DM 29,–
ISBN 3-9803049-4-9

Der 19jährige Arnold Delander aus Vorpommern wird im August 1945 vom sowjetischen Geheimdienst unter dem Vorwurf der „Werwolf-Tätigkeit“ verhaftet und in das Internierungslager Fünfeichen bei Neubrandenburg eingeliefert. Einsamkeit, Hunger und Krankheit zermürben die dort unschuldig Inhaftierten. Die Sterberate ist erschreckend hoch, doch A. Delander überlebt und wird, da noch arbeitsfähig, zu Beginn des Jahres 1947 nach Sibirien deportiert. Es folgen dort drei Jahre Gefangenschaft, gegen Ende auch in engerem Kontakt zur einheimischen Bevölkerung. Fast ist es ein „Paradies“ nach den Schrecken von Fünfeichen.
Internierung und Deportation waren ein „Schweigethema“ in der DDR. Nun, nach der Wiedervereinigung, darf A. Delander berichten. Er tut es in einfacher, schlichter Sprache und sieht darin „eine Verpflichtung, all der vielen umgekommenen Kameradinnen und Kameraden zu gedenken und sie niemals zu vergessen“.

ABITUR 1949

Lebenswege in Ost und West

Herausgeber: Gerda Tiersch; Friedrich-Wilhelm Kremer
176 Selten; 58 Abbildungen; DM 29,80
ISBN 3-9803049-3-0

23 Abiturienten eines Jahrgangs und aus einer Schule der damaligen Ostzone berichten über die Zeit nach dem Abitur bis zum Ende ihrer Ausbildung im Zeichen der deutschen Teilung und in einem zweiten Teil über das Erleben der Wiedervereinigung. Zwei Drittel von ihnen lebten zum Zeitpunkt der Wiedervereinigung in der Deutschen Demokratischen Republik, ein Drittel in der Bundesrepublik Deutschland.
Aus den Beiträgen wird exemplarisch deutlich, wle stark trotz aller individuell geprägter Einzelschicksale das Leben dieser Generation durch die Folgen des Zweiten Weltkrieges und des „Kalten Krieges“ bestimmt und überschattet war. Die Beiträge lassen sich im Kern ihrer Aussage auf Schicksale vieler anderer Deutscher dieser Generation übertragen.
Dieses Buch ist ein Dokument der Zeitgeschichte. Es soll auch dazu beitragen, das Verständnis unter den Menschen aus Ost und West zu verbessern.

PANINKA
oder die Wahlverwandtschaft

Autor: Erhard Groll
240 Seiten; DM 32,–
ISBN 3-9803049-6-5

Stolp, Februar 1945. Als junger Soldat in seine Heimatstadt versetzt, kann sich Manfred Bergmann der Gefangennahme durch die Sowjets entziehen und auch noch das Mädchen „Paninka", eine Gutsbesitzerstochter, vor der Soldateska retten. Vor den Augen des Lesers entsteht Pommern bei Kriegsende, wird die unumschränkte Herrschaft der Eroberer und der Beginn der Besiedlung durch die Polen in dieser autobiographischen Erzählung geschildert, verwoben mit elner zarten Liebesgeschichte. – „Wenn ich an Armgard denke, ist mir fast brüderlich zumute, wenn ich aber in Gedanken Paninka sage, schwingt sich dieser Name wie eine Singstimme weit in die Höhe, wie eine russische Tenorpassage." – Ein erschütterndes, spannendes Buch zur Zeitgeschichte.

GEFLOHEN – GEBLIEBEN – VERTRIEBEN
Pommern 1945

Herausgeber: Wilfried Dallmann; Friedrich-Wilhelm Kremer
244 Seiten; 43 Abbildungen; 5 Karten; DM 34,–
ISBN 3-9803049-2-2

„Versöhnung und Frieden müssen auf Wissen und Wahrheit gegründet sein, wenn sie ein festes Fundament haben sollen (Christian Graf von Krockow)." – Unter diesem Motto berichten 14 Autoren über Flucht und Vertreibung aus Pommern. Einigen gelang 1945 erst in letzter Minute unter großen Entbehrungen bei Schnee und Kälte die rettende Flucht. Viele wurden von den Angriffswellen der Roten Armee überrollt. Sie traf die Vergeltung der Sieger für in den Jahren zuvor Erlittenes. Ebenso erging es denjenigen, die ihre Heimat nicht verlassen wollten oder konnten. Sie waren bald darauf auch der Verfolgung und Demütigung durch polnische Bevölkerungsteile ausgesetzt. Schließlich begann die Vertreibung aus der Heimat. Ausgeplündert wurden sie in die deutschen Gebiete westlich der Oder abgeschoben.